RÉCITS

D'UN

TOURISTE AUVERGNAT

PAR

J.-B.- M. BIÉLAWSKI

CHEVALIER DE LA LÉGION D'HONNEUR

Ouvrage illustré par Louis BOUTON, graveur a Paris, d'après photographies levées par l'Auteur.

YSSOIRE

CLAUDIUS CAFFARD, IMPRIMEUR-LIBRAIRE

15. — Boulevard de la Manlière. — 15.

RÉCITS

D'UN TOURISTE AUVERGNAT

OUVRAGES DU MÊME AUTEUR

—

Le Polonisme latin, le Panslavisme moskovite et l'Europe, 1863 (épuisé).

Boutade d'un Etudiant auvergnat. 1866 (épuisé).

Souvenirs d'Auvergne et impressions de jeunesse, 1867 (épuisé).

Histoire de la Comté d'Auvergne et de sa capitale Vic-le-Comte (1re édition), **1868** (épuisé).

32me RÉGIMENT de MOBILES. — Histoire du Bataillon de Riom : Campagnes de la Loire et de l'Est (1870-1871) (épuisé).

Tableau des Outils et Haches en pierres polies, recueillis dans les environs d'Yssoire, 1885 (épuisé).

Histoire de la Comté d'Auvergne et de sa capitale Vic-le-Comte (2e édition avec 14 gravures inédites) **1887**. — Prix 6 francs.

TIRAGES JUSTIFIÉS

—

Papier ordinaire 1000
— Vélin. 350
— Hollande 150
— Japon 20

RÉCITS

D'UN

TOURISTE AUVERGNAT

PAR

J.-B.- M. BIÉLAWSKI

CHEVALIER DE LA LÉGION D'HONNEUR

OUVRAGE ILLUSTRÉ PAR LOUIS BOUTON, GRAVEUR A PARIS, D'APRÈS PHOTOGRAPHIES LEVÉES PAR L'AUTEUR.

YSSOIRE

CLAUDIUS CAFFARD, IMPRIMEUR-LIBRAIRE

15. --- Boulevard de la Manlière. --- 15.

Un Touriste Auvergnat

A NOS SOUSCRIPTEURS

> Le monde est une grande lyre.
> Où l'Esprit sans cesse a vibré.
> Tout chante ! et l'âme à l'Ame aspire,
> Et veut se joindre au chœur sacré.
>
> HERDER.

Eh bien ! va, mon livre, va trouver nos amis, les amis de l'Auvergne et de la France. C'est pour eux que tu es écrit.

Va remercier ceux qui ont bien voulu s'associer à la pensée patriotique de l'écrivain, encourager son bon vouloir et l'aider dans son entreprise.

C'est à ces compatriotes généreux et clairvoyants qu'un paysan auvergnat te dédie. Va donc, livre de l'âme, va droit ton chemin, et puisses-tu glorifier notre splendide Auvergne autant que nous le désirons tous !

Yssoire, le 1er Octobre 1887.

J.-B. M. BIÉLAWSKI.
Chevalier de la Légion d'honneur.

Droits de traduction et de reproduction réservés.

Tout exemplaire non revêtu de la signature ou de la griffe de l'auteur sera réputé contrefait.

Reliure serrée

A LA VILLE D'YSSOIRE !

Nous donnons le récit simple et vrai de nos promenades dans les environs d'Yssoire, en élargissant le plus possible le cercle de nos investigations.

Nous allons de ci, de là, sans itinéraire fixé à l'avance, au gré de nos caprices et du temps, en touriste, en flâneur. Un flâneur auvergnat !... Que va dire de cela le Parisien, né spirituel ?...

Bah ! Les propos en l'air font sur nous faible impression. Notre humeur est facile. Nous sommes liants par nature et peu susceptibles, quoique légèrement frondeurs à l'occasion. Nos amis sont d'ailleurs indulgents. Notre unique souhait est de mériter les sympathies, d'avoir tous nos lecteurs pour amis, et quelquefois aussi pour compagnons de route. Quant à ceux qui ont été assez aimables pour nous fournir des renseignements sur les localités que nous visitons, pour nous procurer des documents historiques ou scientifiques et devenir ainsi nos collaborateurs, — un club de flânerie agreste ! — notre reconnaissance ne leur a pas été ménagée.

Coquettement assise sur la lisière Nord d'une limagne en miniature, baignée par la Couze sortie du beau lac Pavin, la ville d'Yssoire est admirablement située pour être un quartier général d'explorations : la variété ni l'intérêt ne peuvent faire défaut. Parfois même, en plus d'une occasion, si nous avons l'audace de médire un brin sur son compte, la charmante provinciale aux atours champêtres, nous tâchons de lui faire galamment notre cour, et elle ne voudra point nous tenir rigueur.

« *A Yssoire, bon vin à boire,*
« *Bon pain à manger et belle fille à voir*

Un proverbe ne ment jamais. Le nôtre devait être véridique, bien avant *Charrier* ou *Julien Blauf*.

Avec ses vallons enchanteurs rayonnant de toutes parts, sa ceinture imposante de hauts plateaux qui s'étagent ainsi que les immenses gradins d'un amphithéâtre de géants pour grimper jusqu'au Cézalier, d'une part, ou gagner les crêtes lointaines des montagnes du Forez qui découpent le ciel à l'Est-Nord-Est, avec son fier cortège de puys verdoyants, de pics désolés que couronnent çà et là des ruines mélancoliques, Yssoire est une terre promise pour ceux qui aiment les beautés et les sciences naturelles. Que de sites pittoresques à admirer! Que de souvenirs historiques à évoquer! sans oublier l'examen du sol sur lequel nous vivons et l'étude des éléments constitutifs de nos roches.

La minéralogie, elle aussi, a bien ses charmes, et, par aventure, on trouve plaisir à faire un peu de paléontologie. Mais ne nous laissons pas effrayer par de grands mots, bien trop savants pour un simple curieux qui cherche à savoir quelque chose du présent ou soulève par hasard, d'une main distraite, un petit coin du voile qui nous dérobe le passé.

Quand nous sommes las d'une course un peu longue ou d'une causerie trop abstraite, nous nous arrêtons pour voir couler l'eau, pour écouter le ramage des oisillons sous la feuillée, pour regarder un arbre, une roche escarpée, pour admirer un point de vue, décrire un paysage. D'autres fois, nous essayons, d'un œil rêveur, de suivre les nuages dans leur fuite rapide, ou de sonder les profondeurs infinies d'un ciel pur et limpide.

Nous tenons, en outre, à prévenir nos amis de quelques particularités méritoires. Nous n'allons jamais en chemin de fer, si ce n'est par grande exception. Les chemins de fer n'ont pas été inventés pour les touristes et les flâneurs, gens sérieux, bien avisés, pacifiques, jamais pressés d'arriver, désireux avant tout d'examiner à loisir et de bien observer.

« Car que faire en flânant, à moins que l'on n'observe ? »
R. TOPFFER.

Quoique plus accommodante, la diligence n'a pas non plus nos faveurs. Comme elle est démodée, d'ailleurs, cette diligence !

Il est donc entendu que nous cheminons modestement à pied, le nez au vent, et encore le moins possible sur les grandes routes, monotones, ennuyeuses, bonnes pour les géomètres et les braves gens qui se rendent au marché. Nous suivons de préférence les petits sentiers qui remontent mollement le long des rives fleuries de nos frais ruisseaux, ou serpentent hardiment sur le flanc de nos montagnes pour se perdre vers les cîmes élevées. De tous les chemins, ces petits sentiers là sont encore les plus courts. Personne ne voudra nous contredire. Mais pourquoi tarder plus ?

« Des jours de la jeunesse, ... hélas !
« Et du temps qui nous presse,
« Hâtons-nous de jouir !
E. SCRIBE.

En avant donc, et d'un pas allègre ! Les étapes nous seront légères.

J.-B. M. BIÉLAWSKI.

PREMIÈRE PARTIE

**Le Bassin de la Couze d'Ardes et le Lembron.
Le Dauphiné d'Auvergne.**

Chapitre Ier.

VICHEL. — LE PUY DE MONTCELET ET LES RUINES DE SON ANTIQUE FORTERESSE

ans la vie, il n'y a rien d'absolu. Les meilleures résolutions ne tiennent pas contre la nécessité. Au reste, les exceptions confirment la règle. C'est pourquoi nous prenons aujourd'hui par exception le chemin de fer jusqu'au Breuil. Quinze minutes d'un trajet trop rapide pendant lequel nous ne faisons qu'entrevoir un coin du merveilleux panorama offert par la vallée sans rivale de l'Allier. Nous sommes pressés. Nous ne nous arrêtons pas davantage à Saint-Germain-Lembron que nous visiterons plus tard avec détails.

De Saint-Germain pour aller à Vichel, il faut grimper d'assise en assise sur la route nationale n° 9, de Paris à Perpignan, l'espace de trois kilomètres environ. On arrive ainsi au sommet d'une croupe qui sépare deux versants, et l'on tourne à droite pour prendre le chemin vicinal qui conduit au village,

Bâti à l'entrée d'une gorge qui regarde le levant et va

se perdre à l'Ouest au milieu du grand plateau servant de piédestal immense au puy de Montcelet, Vichel, dont la population est d'environ 410 habitants, ne remonte pas bien loin.

L'église, petite et simple, se rapporte au XIVe siècle et servait de chapelle à un château de peu d'importance. Il y avait un prieuré qui fut réuni à l'abbaye de Manglieu par lettres patentes de 1663. On remarque les restes d'un mur d'enceinte flanqué de tours grossières et basses, dont une subsiste encore.

L'ancienne paroisse était établie dans la plaine au nord du puy, sur le bord d'un étang desséché dont on reconnait facilement le pourtour. Elle s'appelait *Saint-Cirgues-sous-Moncelez* et subsista jusque vers le milieu du XVIIe siècle. Les gens de Moriat venaient y entendre la messe. A part quelques pierres enduites de mortier et des débris de tuiles dispersés sur le sol, il ne reste aucune trace de l'église-vieille dont le nom est demeuré néanmoins à un terroir.

M. Augustin Chassaing, juge au Tribunal civil du Puy, vient de faire paraître (1886) un savant recueil de documents historiques relatifs au Brivadois et à l'Auvergne, sous le titre de *Spicilegium Brivatense*. Nous y puiserons de précieux renseignements.

Nous y lisons qu'au mois de mai 1247, Béraud de Mercœur fait hommage au comte de Poitiers, Alfonse, du château-fort de Montcelet (castrum Moncelès), d'Augnat (Aunac) et la Marge, du fief d'*Unsac*, de Segunzac, Saint-Gervazy et *Lès* (Letz) avec leurs dépendances (p. 49). — Le 13 novembre 1262, le même hommage de Montcelet est rendu par Hugues Dauphin (p. 103).

Dans la Coutume de 1786 que nous consulterons bien souvent, Chabrol raconte que Montcelet ou Moncelez faisait partie du Dauphiné d'Auvergne. Par testament de l'an 1265, Robert Ier en dispose en faveur d'un de ses fils; mais il reconnaît, par le même acte, que le chevalier G. de Pagnac en jouissait par engagement. Lui-même n'avait qu'un titre pareil, puisqu'il ajoute que son fils rendra Montcelez aux héritiers de Hugues *Alcherii militis*, s'ils lui paient ce qu'ils doivent. Gilbert, comte de Ventadour, le possédait en 1540; il passa ensuite aux enfants du comte de Mâcon. Prohet, à ce que rapporte Chabrol, prétend qu'il y avait en ce lieu des inscriptions du premier des Césars et qu'il tire son nom de *mons Cœsaris*. L'étymologie la plus vraisemblable est celle de *mons Solus* ou *Celsus* ou plus régulièrement *Élatus* (élevé).

Hardiment perchée sur un pic conique de 789 mètres d'altitude, élevée et isolée, comme son nom l'indique, dominant la plaine et les montagnes, la forteresse de Montcelet dressait fièrement dans les airs sa formidable silhouette féodale qu'aucune ombre voisine ne pouvait obscurcir.

C'était bien là un véritable château d'embuscade, un poste superbe d'observation destiné à commander les hauteurs et les défilés. Et quel luxe de précautions, quel fouillis de bâtisses accumulées successivement pour empêcher toute surprise de l'ennemi, pour garantir au Maître pleine et entière sécurité dans les plis et replis du géant édifié par le sombre génie de la barbarie. Oui, c'était bien là le repaire de la force et de la violence, approprié à ces temps désolés de la guerre en permanence, sans trêve ni merci; c'était l'aire inaccessible d'où l'aigle pouvait guetter sa proie et fondre sur elle. Mais un souffle est venu qui a suffi pour tout renverser. Et, de cette puissance qui semblait défier le ciel lui-même, que reste-t-il aujourd'hui ?

Sous un linceul de poussière et de mousse flétrie, au milieu de débris informes contre lesquels trébuche le pied du touriste, on a peine à suivre les tours et détours du monstre dont la lourde cuirasse de pierre s'est écrasée dans une chute irrémédiable. Au milieu du labyrinthe de ruines qui entourent le pic et grimpent sans ordre apparent de sa base à la cîme, on reconnaît trois enceintes, trois étages grandioses ménagés dans le roc.

Sur la petite esplanade qui sert de corniche à l'escarpement, on trouve à l'est un pan de mur de 3ᵐ50 de long. A l'angle nord-ouest, une tour carrée de 6ᵐ40 de côté se dresse bien encore dans les airs ; mais elle a perdu son faîte et chancelle sur ses fondements : de larges crevasses déchirent ses flancs. Les murailles présentent une épaisseur de 1ᵐ10; elles sont construites avec des prismes basaltiques à cinq et six pans, couchés en long les uns sur les autres et formant parpaing. Cet appareil devait augmenter singulièrement la solidité des murs.

Les angles de la tour, les chaînes, les embrasures plein-cintre de ses ouvertures sont en pierre de taille d'un grès compacte dont la couleur gris-jaune tranche sur le noir de l'ensemble.

Saisis par l'aspect de tant de ruines qui disparaissent elles-mêmes un peu chaque jour, nous courbons la tête sous l'impression d'un sentiment d'inexprimable mélancolie. Un temps d'automne pluvieux contribue encore à nous attrister. De lourds nuages courent dans les airs ; le vent souffle par rafales. La vieille masure qui nous abrite mal grelotte avec de longs frissons : un débris de squelette qui semble souffrir par delà même un trépas plusieurs fois séculaire.

Parfois, il se produit dans l'espace immense de ces mou-

La tour de Moncelet en 1887.

vements impétueux qui surprennent et transportent. La tourmente saisit des masses de nuées qui tourbillonnent, et les retourne comme une draperie flottante. A travers les éclaircies de la brume, dans ces lueurs rapides, nous entrevoyons quelque chose de fantastique : de grandes plaines noyées dans le brouillard, les croupes indécises de montagnes lointaines et, çà et là, plus près, Nonette. Usson, Solignat, puys solitaires, balises gigantesques restées debout comme les témoins des époques géologiques perdues dans la nuit des âges.

Autour de Montcelet s'étend, couronne large et plate, *la Chaud* de Vichel. Dans l'idiome auvergnat, *la Chaud* signifie un lieu où il y a des terrains vagues, *des vacants*. Nous trouverons le même terme appliqué à bien d'autres plateaux.

La Chaud de Vichel a peu ou point de pente; la pluie y détermine promptement de grandes flèches d'eau et de vrais lacs. Elle se relève même sur une certaine étendue à l'aspect du couchant, surtout au-dessus de Saint-Gervazy, et vient s'appuyer contre un rempart de basalte à moitié démoli qui s'écroule vers le fond de l'abîme.

On rencontre sur cette plaine des haches néolithiques. Nous en avons recueilli une en *fibrolite* (silicate d'alumine anhydre). Le lieutenant-colonel Poupon et notre ami, M. Groisne, receveur d'enregistrement, nous ont donné, le premier un talon de hache également en fibrolite, le second une hache en silex découverte entre Collanges et Vichel.

La présence de l'homme préhistorique sur le Plateau central de la France, dans les temps les plus reculés, ne saurait faire le moindre doute aujourd'hui. Les témoignages abondent; nous les signalerons au fur et à mesure à chaque occasion. Nous reviendrons d'ailleurs sur ce sujet si intéressant à tous égards et lui consacrerons un article spécial.

On prétend qu'il existe un menhir sur la Chaud de Vichel. Nous l'avons cherché en vain, et personne dans le pays n'a pu nous renseigner à cet égard,

Toutefois, à la base même du puy de Montcelet, aspect S. S.-E., on remarque les traces bien visibles d'une importante cité mégalithique.

Chapitre II.

—

Saint-Gervazy ; son vieux Sully. — La Cabane du Loup ou Grotte des Fées de Unsac ; Souvenirs du Dolmen guerrier.

vant de prendre congé de notre complaisant cicerone, M. E. Roux, instituteur, nous nous reposons un instant sur la Chaud de Vichel pour contempler une scène vraiment admirable. Par là, on domine de haut ; l'œil embrasse un vaste horizon, un pays pittoresque et merveilleusement accidenté.

A nos pieds, tout là-bas, bien au-dessous, on aperçoit le village de Saint-Gervazy qui s'abrite dans un étroit ravin. L'on y descend en se laissant glisser sur une pente interminable et fort raide, mais envahie par de belles vignes qui grimpent hardiment à l'assaut de la côte et donnent un vin renommé à juste titre.

Saint-Gervazy est une commune d'environ 610 habitants, à cheval sur le petit ruisseau de la Valove, ce qui l'expose à de fréquentes inondations. Quand la saison est pluvieuse, cette localité se transforme en un véritable marais dans la boue liquide duquel on barbote jusqu'à mi-jambe.

A l'époque féodale, Saint-Gervazy appartenait à une famille de ce nom et suivait la coutume de Saint-Hérem. Jean de Saint-Gervazy en fit donation à son épouse Béatrix d'Oradour.

Il y avait une basilique romane du XIe siècle ; mais elle a été entièrement dénaturée par des modifications et des reconstructions multipliées. Le clocher est récent. Dans l'église actuelle, ainsi restaurée depuis une vingtaine d'années, on remarque les écussons des Saint-Gervazy, des De Lastic et des De Larochefoucauld.

Le château de Saint-Gervazy, construction massive, carrée, flanquée de tours aux angles et ne manquant pas d'un certain caractère, existe encore, mais dans un grand état de délabrement. Quelques parties mieux conservées servent pour le presbytère et la mairie dans laquelle on voit d'assez curieuses boiseries en vieux chêne sculpté. Trois tours sont intactes ; un pignon remplace la quatrième qui a été presque rasée. La plus grosse, située à l'angle sud-ouest, attire l'attention grâce à la petite tourelle de l'escalier qui s'accroche après elle à la hauteur du premier étage, en s'appuyant sur un arceau jeté dans l'encoignure au-dessus du vide.

Devant l'entrée du château, à l'aspect nord, un énorme ormeau, un Sully, étonne par ses proportions. L'âge et le temps ont découronné sa tête ; mais il porte encore vaillamment sa verte vieillesse et des branches aussi grosses que des troncs ordinaires.

De Saint-Gervazy nous montons au bourg de Unsac. C'est ici qu'est la maison d'école où nous retrouvons une vieille connaissance, notre ami A. Boudet.

A Unsac, il y eût un très vieux château dont il ne reste absolument rien.

A une courte distance de là, abrité dans un ravin, le hameau de Sgonzac montre encore les restes informes d'un petit fort dont la porte d'entrée Sud est assez bien conservée.

L'antique signification de ces deux noms de lieux nous échappe ; mais ici le suffixe ethnique *ac* doit provenir d'un vieux radical celtique.

Tout proche de Unsac, à proximité du chemin de Barèges à Moriat, non loin de Scourdois, on montre les débris d'un très curieux monument celtique connu sous le nom de *Grotte des Fées* et qualifié mieux encore dans le pays par la désignation de *Cabane du Loup*. Il y eût sans doute là des cromlecks (cours de justice).

La Cabane du Loup est située sur une petite lande granitique et nue. Elle se compose aujourd'hui de huit pierres énormes, sortes de dalles grossières, dressées et rangées avec symétrie de manière à former une chambre longue qui est parfaitement orientée. Six de ces dalles sont disposées, trois par trois, sur deux lignes parallèles et servent de murs à l'appartement. Celles de la paroi sud ont respectivement $1^m 15$, $1^m 42$, $1^m 48$ de large. La largeur moyenne des autres est de $1^m 20$, $1^m 35$, $1^m 45$. Elles ne sont pas plantées droit, mais forment avec le sol un angle intérieur d'environ 74 degrés, ainsi que cela se voit dans les rives opposées d'un pignon. En chantier, ces pierres présentent une saillie moyenne de $1^m 60$; mais, à cause de leur inclinaison, elles n'ont qu'un relief vertical de $1^m 50$.

L'écartement des murs, qui est de $2^m 65$ au niveau du terrain, se réduit à $1^m 80$ vers leur sommet. La longueur dans œuvre est d'entour $4^m 05$.

L'entrée qui regarde le couchant est fermée par deux

La Cabane du Loup ou Grotte des Fées de Ussac (1887).

grandes pierres ayant 0^m 75 et 2^m 40 de large. La porte orientale devait être close, elle aussi, et un toit recouvrait le tout, si l'on en juge par d'autres dalles qui gisent alentour sur le sol. On en compte quatre. L'une d'elles, de proportions considérables (3^m de long sur 2^m 15), pouvait très bien servir de couvercle: il fallut un dessein bien arrêté, de vigoureux efforts pour déplacer, renverser cette masse qui pèse plus de onze mille kilogrammes.

Et maintenant, qui nous dira le secret de ces pierres moussues, aussi vieilles que le monde ?

C'est le dolmen de l'antique Arvernie, le monument funéraire élevé à la mémoire de quelque grand chef tombé dans la victoire, au milieu de la mêlée. L'orbe du bouclier sur la bouche, cheveux épars, les bardes belliqueux l'ont animé au carnage. Par leurs farouches refrains, ils ont exalté sa vaillance; mais le brave est tombé. Et de leurs robustes mains, ses compagnons d'armes lui ont façonné une dernière demeure qu'ils croyaient inviolable. Les prêtres de la Gaule primitive en ont fait un autel. C'est sur cet autel qu'ils viennent accomplir les rites de leur culte mystérieux, afin de mieux glorifier le héros divinisé par de sanglants exploits.

Dans les grandes solennités ou lorsqu'un danger menace, c'est autour du dolmen que s'assemble le conseil de la nation. Il est minuit. Des bruits étranges se font entendre dans la forêt sacrée ; des lueurs fauves illuminent parfois ses profondeurs et semblent en augmenter les ténèbres. Les *Semnothées* s'apprêtent à cueillir le *rameau des spectres;* les *Eubages* vont consulter les augures.

Voici l'heure solennelle. Les pontifes ont réuni tous les chefs de tribus. Ils président l'assemblée et font siéger à côté d'eux la *Velleda* tenant une faucille d'or, les vierges prophétiques couronnées de verveine et de silage cueillis au sixième jour de la lune, ornées d'anneaux cabalistiques et habiles dans l'art de préparer les philtres. Les épouses belliqueuses, les mères allaitant leurs enfants, espoir de la patrie, sont admises et occupent une place d'honneur. Les Celtes, nos aïeux, estiment en effet qu'une jeune vierge a en elle je ne sais de quoi divin ; ils vénèrent dans la femme quelque chose de surnaturel, *aliquid sanctum et providum* pour écrire comme Tacite parlant de la Germanie entière.

Le dolmen de Unsac est placé dans une sorte d'île allongée, au milieu d'un vaste cirque ouvert au nord, un cirque de hauts plateaux ou de collines étagées dont l'ensemble porte le nom significatif de *la Cour*.

Le nom du grand chef qui a dormi là son éternel sommeil s'est effacé de la mémoire des hommes ; le souvenir lui-même du passé s'est perdu pour jamais dans la nuit des siècles. Et pourtant l'imagination populaire enveloppe encore ce monument d'une sorte de vénération superstitieuse et comme de secrète horreur. C'est la Cabane du Loup, c'est-à-dire quelque chose d'extraordinaire, une personnification terrible.

Dans les longnes nuits d'hiver, lorsque la bise glacée s'engouffre dans les cheminées du hameau en gémissant d'une façon lugubre, lorsque le *malin* se démène au dehors, les bonnes gens réunies dans la veillée se signent avec ferveur. Ces voix étranges, ces sanglots étouffés que l'on entend, ces plaintes tantôt aiguës, tantôt sourdes et prolongées qui saisissent jusqu'à la moëlle, ce sont les plaintes navrantes des trépassés ne reposant point en terre bénie. Ce sont encore les hurlements de la louve hideuse de la ballade, du fauve invisible dont la faim déchire les entrailles et qui s'en va en quête de carnage.

La tête branlante, comme perdues dans leurs rêves, c'est alors que les vieilles des vieilles, qui n'ont plus de dents, se mettent à marmotter des phrases confuses, à narrer les légendes d'autrefois, des histoires à faire peur. Les enfants fascinés se pressent contre les jupes de la mère grand' qui raconte, raconte toujours avec conviction, la bouche rentrée, le menton en galoche, le nez recourbé comme un bec de chouette, là, gravement assise sur un escabeau, filant sa quenouille de chanvre à la lueur incertaine d'un petit lumignon fumeux.

Les farfadets, les gnômes, les vampires sont évoqués dans l'ombre redoutable. On croit voir, on voit. Puis, sur la lande désolée, ensevelie sous un blanc linceul de neige, autour du dolmen en ruines, les sorciers, les loups-garou, les esprits ténébreux dansent une sarabande échevelée et préparent leur cuisine, la cuisine du diable. Malheur aux mécréants qui ont l'audace de douter ! Ils brûleront, ils brûlent, c'est sûr..... Mon Dieu ! mon Dieu, ayez pitié..... Et la bise continue à sangloter lamentablement.

Qui de nous, dans son jeune âge, ne s'est pas abandonné aux âpres délices des racontars de nos anciens ? Qui n'a pas joui du trouble intime, de l'angoisse excités par ces récits surnaturels ? Qui ne s'est pas complu dans un sentiment de vague et poignante appréhension, une sorte de panique à froid qui serre la gorge et semble un affreux cauchemar ? Comme toujours, c'est la passion de l'inconnu, l'attrait puissant du mystère. — La lumière chasse les fantômes, l'obscurité les ramène.

Chapitre III.

Augnat ; les débris fossiles de rhinocéros. — Madriat ; Barèges et leurs eaux minérales; trouvaille de monnaies romaines. — La caverne du Diable.

es environs de Unsac sont curieux. A Riben, à Champgrand, on a fait d'intéressantes trouvailles d'objets préhistoriques et de vieilles poteries.

M. Mareuge-Pialoux, de Unsac, nous a donné une hache en fibrolite.

En labourant dans une terre située à Riben, M. Girard François, qui habite Sgonzac, a trouvé une sorte de poignard en bronze dont il s'est dessaisi en notre faveur. — Ce poignard, qui a la forme d'une flamme, est recouvert d'une patine en malachite (carbonate de cuivre vert). Il n'a qu'un seul tranchant. La longueur totale de cette arme est de 194 millimètres. La lame proprement dite a 153 millimètres, et présente sur le dos une épaisseur moyenne de 5 millimètres. L'instrument est muni d'une douille creuse destinée à recevoir un manche qui a dû se pourrir dans la terre. La séparation de la lame plate et de la douille arrondie est accentuée par un fort étranglement. Le poids de l'objet est de 93 grammes.

Sur un sentier qui conduit sous le rempart basaltique à demi ruiné de *la Chaud* d'Apchat, nous avons recueilli un fragment de hache en fibrolite.

Non loin de Riben, au-dessus de Scourdois, sur la rive droite du ruisseau de Chadefaux, petit affluent de la Valove, à une centaine de mètres des maisons et à cinq mètres de profondeur, dans une carrière de sable appartenant à M. de Chamerlat, on a trouvé des dents et des débris de mâchoire fossiles de rhinocéros. M. l'abbé Faure, curé d'Augnat, a déposé ces objets au musée du grand séminaire de Montferrand et les a soumis à l'examen d'un érudit de premier ordre, M. l'abbé Lavaud de Lestrade, directeur.

Les sables en question se trouvent au milieu des argiles bigarrées, rouges, jaunes, vertes, qui remontent, selon les géologues, à l'époque tertiaire (miocène). On sait d'ailleurs que le rhinocéros a fait une apparition dès la période tertiaire, mais que son existence s'est prolongée en Auvergne jusqu'au quaternaire.

Quel que soit leur âge, ces argiles, d'un très bel effet par suite de leur dégradation par les eaux, ont acquis un grand développement aux environs d'Yssoire et en particulier dans le bassin du Lembron.

Dans sa minéralogie du Puy-de-Dôme, notre ami F. Gonnard rappelle la charmante description que H. Lecoq, ce savant que l'Auvergne n'oubliera jamais, en a faite dans ses *Epoques géologiques*. Gonnard ajoute : « Près de la Brugière, elles (les argiles) se chargent de sesquioxide de fer, et, à Madriat, elles finissent par passer à un véritable minerai où M. Baudin, ingénieur des mines, a trouvé parfois jusqu'à 60 pour 100 de sesqui-oxide, soit environ 40 pour 100 de fer métallique. »

C'est au milieu des argiles ocreuses d'Augnat, surtout de Madriat et la Brugiére, au dessous du château de Letz, que se trouvent les gisements d'alunite que l'on a exploités pendant un certain temps.

L'alunite se présente sous la forme de boules d'un beau blanc englobées dans l'argile rouge, et que l'on extrait au pic et à la pioche au moyen de longues galeries souvent étagées. — Alimentée par une industrie qui fournissait un koalin utilisable pour la fabrication du papier, l'usine de Barèges a cessé de fonctionner faute de fonds. Dans une publication récente, intitulée *Coup d'œil géologique sur le canton d'Ardes*, le docteur G. Roux, professeur à Lyon, donne d'intéressants détails sur cet objet : nous dirons avec lui que l'on rencontre par là de belles dendrites de manganèse et des cristaux de barytine (sulfate de baryte) un peu ternes.

Les paroisses d'Augnat et de Madriat faisaient autrefois partie du duché de Mercœur et étaient comprises dans le mandement d'Ardes.

La population d'Augnat s'élève au chiffre de 410 habitants. — Son église est sous le vocable de sainte Marthe. L'abside, le transept et le clocher appartiennent au roman de la fin du XIe siècle : le surplus est du quinzième. D'après une tradition, rappelée par A. Mallay, il y avait quatre cloches magnifiques qui auraient été fondues en 1793 pour fabriquer des canons.

Madriat est une faible commune de 230 âmes environ. Elle possède une petite église romane bien conservée. Son nom signifie *lieu abondant en bois*.

Nous sommes ici dans la vallée inférieure de la Couze

d'Ardes. De tous les côtés sourdent de nombreuses sources d'eaux minérales qui déposent un travertin calcaire.

Les deux principales sources, dans la commune d'Augnat, sont celles de *la Colline* et du *Cerisier*, découvertes par le docteur Pascal, directeur de l'Institut hydrothérapique Passy-Paris. Une troisième, très abondante, coule sans emploi.

Dès 1878, M. Truchot a constaté dans les eaux minérales de Barèges (nom collectif) une proportion relativement considérable de lithine, se rapprochant des doses les plus fortes trouvées dans les eaux d'Auvergne.

M. Girard, chef du laboratoire municipal de Paris, les a analysées depuis avec le plus grand soin. Toniques et digestives, ferrugineuses et gazeuses, comme leurs voisines de Chabetout, elles contiennent plus de carbonate de chaux, un peu moins d'arsenic, une proportion plus forte d'acide phosphorique et de lithine. Elles ont une action puissante dans la chloro-anémie.

Selon toute apparence, les eaux minérales de la région de Barèges ont été utilisées depuis fort longtemps. Elles étaient certainement connues et fréquentées lors de l'époque gallo-romaine.

Non loin de Madriat, en effet, au dessus du petit hameau de Bard, qui dépend de la commune de Boudes, dans un territoire constamment inondé malgré sa forte inclinaison, on a trouvé un bassin circulaire d'environ 1 mètre de diamètre et 1^m 40 de profondeur, bâti en ciment. C'est en défrichant cette terre, pour y planter une vigne, que le propriétaire a mis à nu ce curieux établissement pourvu de petits canaux en bois assez bien conservé. La source ainsi captée est abondante.

Mais ce qui donne à cette découverte un véritable intérêt, c'est la trouvaille de 70 à 80 pièces de monnaie romaines, en bronze, ramassées dans les déblais provenant du curage de ce petit bassin. Les pièces ont peu de valeur intrinsèque, et ne nous paraissent pas avoir un grand mérite numismatique. Ce sont des Trajan, des Gordien de la fin du premier siècle au commencement du troisième; mais une date précise se trouve ainsi assignée au bassin en question. — Nous supposons que ces pièces ont été jetées là, en offrande à la naïade du lieu, par les buveurs d'eau de l'époque désireux de se la rendre favorable ou de lui témoigner leur reconnaissance.

Derrière l'usine à kaolin, après avoir traversé le pont de Barèges, si l'on remonte la rive gauche de la Couze l'espace de 25 à 30 mètres, on trouve une petite grotte de peu d'étendue, ou mieux une sorte d'abri formé par de gros blocs de granit arc-boutés entre eux. Cet abri est connu dans le pays sous la dénomination par trop exagérée de *Caverne du Diable*.

M. l'abbé Faure, à qui nous devons ces détails, ayant fait pratiquer des fouilles dans le sable de la caverne, découvrit à une profondeur de 0^m 80 une dernière couche ayant dix centimètres d'épaisseur, formée d'un terreau noirâtre mêlé de cendres et de charbons et reposant sur le roc, — sans doute un ancien foyer. Dans cette couche il trouva 150 morceaux de poterie grossière, débris de vases, façonnée à la main et séchée au soleil, le tout accompagné d'un couteau en silex et d'un morceau de granit qui avait dû servir de polissoir, d'après l'opinion de M. de Mortillet à l'examen duquel ces objets ont été soumis

M. Aymart, conservateur du musée du Puy, estime

que le couteau aurait été déposé là comme amulette, Serait-ce un outil *magdalénien* ?

Quoiqu'il en soit, la situation de cet abri est digne de remarque. La Caverne du Diable est située à l'endroit précis où la vallée de la Couze se resserre tout-à-coup pour former une gorge étroite qui n'offre plus qu'une seule voie de communication. Le défilé se présente, semblable à la porte gigantesque d'un immense camp retranché, fermé par des escarpes formidables de trois cents mètres de hauteur sur huit à dix kilomètres de développement. Obligés de franchir ce long couloir, les nomades des temps préhistoriques s'y seraient-ils ménagé cet abri ?.......

En continuant de remonter le long de la Couze, nous passons devant la source minérale qui est exploitée et nous arrivons à Rivière-Lévêque. Il y a ici une petite église qui sert aujourd'hui d'étable et de grange, curieuse avec ses deux étages de chapelles où l'on voit encore des peintures murales du XIIe siècle, des rosaces et des étoiles en cire dorée fixées dans les cavités hémisphériques de la voûte.

En faisant réparer la porte qui sert d'entrée à l'étable, M. de Burc, propriétaire, découvrit un magnifique sarcophage en pierre de taille dans lequel il y avait un squelette : la place de la tête est marquée par en creux spécial. Cette curiosité est au château de Letz, mais le couvercle a été brisé par des ouvriers maladroits ou avides.

Après avoir musé pas mal de temps au fond de ce véritable entonnoir, nous éprouvons le besoin de respirer plus à l'aise. Avec notre ami, M. Groisne, dans l'aimable société duquel nous avons flâné aujourd'hui, nous grimpons la côte d'en face non sans nous arrêter de temps à autre pour reprendre haleine. L'ascension n'est pas facile : le but semble s'éloigner comme à plaisir.

Chemin faisant, nous reconnaissons de nombreuses traces glaciaires. Plus tard, nous essayerons de donner quelque idée d'un phénomène qui contribua énergiquement à préparer, pour une part, la physionomie actuelle de notre région. Nous avons consulté au préalable notre savant ami A. Julien, professeur de géologie et minéralogie à la Faculté des sciences de Clermont-Ferrand. C'est lui, le premier, c'est Julien qui reconnût, révéla l'existence des glaciers de l'Auvergne.

Nous marchons à présent sur le squelette de la montagne, blocs détachés des noirs frontons qui se penchent vers l'abîme, ruines amoncelées au milieu desquelles on croit reconnaître un semblant d'ordonnance, des cases écroulées, une sorte de grossière nécropole. Aurions-nous là les vestiges d'une cité mégalithique, de l'Augnat des temps primitifs ?...... Qui sait ?..... Nous sommes au pied de la falaise de basalte. Le plus pénible reste à faire. En avant donc ! L'escalade n'est pas commode.

Nous gagnons enfin le faîte, et nous sommes presque surpris de trouver par là une grande plaine marécageuse au centre de laquelle miroite un petit lac.

Les hauts plateaux sont en effet les condensateurs providentiels des vapeurs de l'atmosphère, d'autant plus puissants qu'ils sont plus élevés. Ce sont les vastes réservoirs où s'alimentent nos sources et nos cours d'eau. Puissent-il ne s'épuiser jamais. ces réservoirs si précieux !

Du point où nous sommes, en tournant le dos à la petite Limagne de Saint-Germain, nous contemplons un panorama d'une sauvage et sombre majesté. Le Fromental, la butte de Marcousse, le volcan de Sarrans, Mercœur, les hautes régions de la montagne apparaissent à nos regards. Dans le fond, l'œil plonge à travers la pittoresque vallée de Rentières, puis se relève pour s'arrêter avec complaisance sur la jolie petite ville d'Ardes que nous visiterons demain.......

Chapitre IV.

—

Ardes-sur-Couze. — La Seigneurie de Mercœur.

Chef-lieu de canton d'environ 1,400 habitants, Ardes est une jolie petite ville.

Quelque soit l'exacte signification du mot, nous ignorons l'évènement auquel il se rattache, le souvenir qu'il était destiné à rappeler; mais nous savons qu'en sanscrit *ard* veut dire *blesser*. D'autre part, le suffixe *ardus* qui provient du germanique *hart* (Cocheris et Strehly) indique un sens intensif.

La ville est située sur une sorte de promontoire qui s'allonge du Sud-Ouest au Nord-Est. Les maisons s'alignent de part et d'autre de la route de Coudes à Allanches et du chemin de Blesle; elles reposent sur un terrain primitif de gneiss, passant au micaschiste, dans lequel on trouve des filons de leptynite grenatifère, de diorite, de syénite, avec un rempart d'amphibolite à l'Ouest. Le site est encadré par de hauts plateaux disposés comme les marches d'un escalier colossal. Un formidable appareil volcanique donne à l'ensemble une physionomie d'étrange et pittoresque grandeur.

Une curiosité minéralogique de la région est la présence d'une grenatite ou mieux d'une véritable *éclogite* dont on trouve, au sommet de la côte de la Pinatelle, les épaves mêlées à des blocs de gneiss, de basalte, de quartz. — Cette roche, observée pour la première fois par le Dr G. Roux, a été reconnue par notre ami F. Gonnard et présente une densité de 3, 21. F. Gonnard a relaté cette découverte dans une note à l'Institut en date du 11 octobre 1886 ; nous lui empruntons ces détails. La roche offre d'ailleurs un intérêt tout spécial ; elle a servi à fabriquer des haches néolithiques de l'âge de la pierre polie. Pour notre compte nous en avons recueilli plus de trente spécimens dans les environs d'Yssoire.

L'église d'Ardes est placée dans le fond d'une gorge, entre la ville et la Couze. Cette situation défavorable lui enlève une partie de son effet. Sa construction date de la fin du XIIIe siècle ou du commencement du XIVe

Jacques Branche, le chroniqueur de Pébrac, parle de la splendeur de cette église, qui a de jolies ouvertures à lancettes et dont le portail Sud ne manque pas de style. Il y a d'élégantes boiseries des Récollets, malheureusement mutilées. Les deux châsses de Saint Dizaint et de Saint Adrier sont de 1632 ; le maître autel remonte à 1634.

Sur la place qui est au-devant de l'église, on admire une belle croix en pierre du XVe siècle. D'un côté, c'est le Christ ; de l'autre, la Vierge couronnée allaitant l'Enfant Jésus, avec figures symboliques ; un ange qui soutient les pieds de la Vierge, un lion à droite, un bœuf à gauche, un aigle au-dessus. Cette croix mériterait un piédestal plus convenable.

Pour de plus amples détails, pour l'historique de Saint Odilon, de l'illustre famille de Mercœur, et des deux

LA CROIX D'ARDES-SUR-COUZE EN 1887.

patrons de la paroisse, nous renvoyons à une petite brochure publiée sous ce titre : « *Souvenirs de la ville d.Ardes* ». C'est l'œuvre de son respectable curé, M. l'abbé Marcepoil, aussi modeste qu'érudit, lequel a bien voulu nous fournir ainsi de curieux renseignements.

La paroisse qui était au nombre des quinze archiprêtrés du diocèse de Clermont, possède encore une chapelle de *N.-D. de la Recluze*, dont l'érection doit être attribuée à un vœu.

Au moyen-âge, du XIIe au XIIIe siècle, la ville d'Ardes se fortifie et s'enveloppe d'une ceinture de créneaux et de tours dont il reste quelques vestiges. Chef-lieu de la seigneurie de Mercœur, elle reçut de ses maîtres une charte de privilèges qui lui fut octroyée le 4 mai 1338.

Dans ses chroniques de l'an 1390, Froissart la désigne sous le nom de *Sardes*.

C'est dans la ville d'Ardes (in castro nostro d'Ardes) que le bailli de Mercœur rendit le 31 juillet 1350 une sentence par laquelle il déclare au profit des consuls de la ville de Blesle, que le territoire de Rezest, près la Chapelle-Allagnon, est régi par le droit écrit (Spicil. Brivat. p. 328-330).

En 1401, la paroisse d'Ardes et *Merqueur* figure au compte de Berthon Sannadre, Receveur d'Auvergne, dans le *prévostage de Nonnette* et paye XLVIII *escus* pour IIII feux (Sp. B. p. 468).

Ardes fut le siège d'une viguerie, d'une cour prévôtale où l'on rendait de redoutables arrêts, suivis d'atroces exécutions. Au couchant du village de *Bonmorin*, sur un roc isolé, se trouvaient les fourches patibulaires et les gémonies.

Il y avait un Chapitre de Saint-Dizaint qui remonte à

l'an 1421. Fixé d'abord à huit, le nombre des chanoines fut porté à vingt-quatre vers 1481 ; mais le chapitre fut supprimé en 1484 et transformé en communauté de prêtres-filleuls, c'est-à-dire nés dans la paroisse.

Le corps des bâtiments occupés par les Récollets existe encore, et l'on peut voir les ruines de leur église, à côté de la cure.

Le prieuré des Bénédictins dépendait de l'abbaye de Manglieu. Il se trouvait à l'Ouest et près de l'église actuelle qui était la sienne.

En 1588, Ardes fut agrégée aux treize bonnes villes de la basse-Auvergne.

Lors de la destruction du vieux château féodal bâti sur la butte qui porte leur nom, les seigneurs de Mercœur vinrent résider dans le palais qu'ils avaient construit à la pointe Nord-Est de la ville. Ce palais bien fortifié était protégé au Sud-Ouest par une double porte solidement ferrée et surmontée d'une espèce de tourelle. Il ne reste plus que les bases des grosses tours rasées à fleur de terre sauf une qui a été démolie à moitié hauteur seulement.

A l'Ouest de la ville d'Ardes, la butte de Mercœur (haute cîme) se dresse à moins de trois kilomètres de distance.

Dans son grand dictionnaire historique du département du Puy-de-Dôme, savante et vaste compilation à laquelle nous aurons souvent recours, vrai travail de bénédictin avec indication des sources, A. Tardieu rapporte que cet endroit fut successivement appelé, *Mercoria, Mercorium, Mercurium, Mercure, Mercolium, Marquel, Mercueil, Mercuer.*

D'après une tradition vague et bien obscure, il y aurait eu peut-être, à l'époque celtique, un autel sacré à la place duquel les Romains élevèrent un temple dédié à Mercure, le dieu du commerce: on y a trouvé des débris d'objets en bronze recouverts d'une belle patine de malachite.

Quoiqu'il en soit, sous les rois des premières races, un farouche et rude guerrier est venu s'établir par là avec sa bande de féroces pillards; il a posé audacieusement son nid de vautour, haut, bien haut, afin de voir plus loin.

Voici le Duc, le maître de ces montagnes par droit de conquête. Tout est à lui. Il a la force: le fer sanglant de son glaive sera désormais l'uique loi.

Et puis, sur cette cîme, voilà le *burg* imprenable, sombre repaire cimenté avec des larmes et du sang, gouffre sans fond, toujours affamé de victimes et de butin.

Les deux ne font qu'un : le duc et le roc.

Malheur à ceux qui ne voudront pas payer rançon, ou se ranger à l'abri de notre rouge bannière! C'est moi qui suis Mercœur! le chef implacable dont les armes sont de *gueules à trois fasces de vair!*

Ainsi fut fondée la maison de Mercœur, célèbre maison d'Auvergne, l'une des plus puissantes de France, connue dès le IXe siècle avec Itier de Mercœur (895-911). Vingt fiefs principaux, un plus grand nombre d'arrières-fiefs en dépendaient. Illustre par les armes, cette famille le fut encore dans la religion. C'est d'elle que sont issus saint Odilon, abbé de Cluny, né en 962, mort en 1048; puis Etienne qui était abbé de la Chaise-Dieu vers 1186, douces figures qui éclairent un peu le sinistre horizon féodal; *Paladins de miséricorde* dont la mission fut de consoler les affligés, soutenir les faibles, modérer la violence d'un brutal oppresseur.

En 1025, de concert avec sa famille, Odilon de

Mercœur avait fondé le monastère de la *Voûte-près-Chilhac*. On peut lire la charte de fondation dans le Spicilegium brivatense.

Les sires de Mercœur étaient en relations avec le chapitre noble de Brioude, ainsi que l'établit un traité du mois de mars 1291.

En 1321, la maison s'éteignit en la personne de Béraud de Mercœur, connétable de Champagne, qui possédait cette baronnie en toute souveraineté. Cette terre passe alors dans la maison de Joigny; mais une sentence arbitrale du 12 juin 1339 l'adjuge à Beraud Dauphin, 1er du nom, fils d'Alix de Mercœur et de Robert III, comte de Clermont.

Aymerigot Marchès, chef de routiers anglais, s'empare par surprise de la fortereese de Mercœur, en 1382. Il n'avait qu'une poignée d'hommes; mais le capitaine Giraudon Buffiel, saisi de terreur, ne songe même pas à défendre la place et se hâte, le couard! de se cacher dans la grosse tour. Les clés furent jetées au routier, et la femme du Dauphin qui résidait alors à Ardes dût racheter la prise moyennant cinq mille livres.

Au XVe siècle, la baronnie entre par succession dans la maison de Bourbon-Montpensier, puis dans celle de Lorraine.

Nicolas de Lorraine, comte de Vaudemont, fit ériger la terre en duché-pairie. Charles IX octroya les lettres patentes au mois de Décembre 1569: elles furent confirmées en 1576 par Henri III.

En 1609, Mercœur passe par mariage à César, duc de Vendôme, fils naturel d'Henri IV et de Gabrielle d'Estrées.

Le dernier Vendôme le laisse à sa veuve Marie-Anne de Bourbon-Condé (1712). Celle-ci le cède à Anne

Palatine de Bavière qui le vend ensuite au marquis de Lassay (1719).

Le prince de Conti exerça le retrait de cette terre qui lui fut adjugée par arrêt du 21 Juin 1720. A sa mort (1776), Mercœur fut vendu au roi, qui en fit l'apanage du comte d'Artois.

D'après Jacques Audigier, la forteresse fut démolie en 1567 par ordre de Charles IX. Chabrol prétend que ce fut en 1634; mais il doit confondre et vouloir parler, comme Dulaure, de la destruction du château d'Ardes qui fut en effet démoli à cette dernière date.

Né à Clermont-Ferrand le 3 décembre 1755, mort à Paris le 19 août 1835, rue des Maçons-Sorbonne, le conventionnel Dulaure nous a laissé une très curieuse description de l'Auvergne. Nous lui emprunterons bien des détails d'un intérêt parfois des plus piquant.

La chronique galante du XIIIe siècle rapporte que belle et avenante châtelaine *Saillide*, sœur du Dauphin d'Auvergne et femme de Beraud I. de Mercœur, se laissa toucher par la dolente passion du chevalier Peyrols, gentil troubadour auvergnat, pour qui elle eût *amoureux merci*. Quand nous serons à Vodable, nous aurons soucis mignon de narrer douce aventure par le menu.

Chapitre V.

Une Excursion a Blesle et a Léotoing (Haute Loire).

rofitons de notre séjour à Ardes pour aller visiter une ville voisine que le Comte de Résie appelle le *Pays des Légendes merveilleuses*. Nous avons nommé Blesle.

Blesle, dont le passé est intimement lié à celui du duché de Mercœur, formait le second des neufs mandements que comportait ce dernier, d'après Chabrol, savoir :

1° Ardes, Mercœur et Promental ;
2° Blesle ;
3° Allanche et Maillargues ;
4° Chillac et Saint-Cirgues ;
5° Ruines et Corbières ;
6° Tanavelle et Tagenat ;
7° Saugues et Grèzes ;
8° Malzieu et Verdezun ;
9° Lastic et Cistrières.

Blesle et son abbaye si célèbre de chanoinesses nobles ont déjà leur historien, le comte Léo de Saint-Poncy.

Nous le résumerons en quelque sorte en lui empruntant certains détails de ce rapide aperçu.

Notre oncle C. Roux, ancien Contrôleur principal des C. D., veut bien nous servir de guide aujourd'hui : sous sa conduite, la caravane avance dans un joyeux pêle-mêle.

A la sortie d'Ardes, nous prenons le chemin de grande communication entre cette ville et Brioude. Nous avons déjà traversé la commune d'Apchat, à peine éloignée de deux kilomètres. Nous abandonnons ensuite la route pour prendre un chemin qui serpente à travers une plaine sensiblement accidentée, mais presque nue, à peine coupée de haies vives et de rares lignes d'arbres. Nous traversons le village de Fléchat à 200 mètres duquel on trouve le point culminant de la région. L'aspect du pays est devenu plus sévère. Nous sommes sur le bord d'un grand ravin au fond duquel coule le ruisseau d'Auze que l'on franchit sur une mauvaise planche.

La côte d'en face est escarpée ; le sentier raide, sinueux, plein de rocailles. Rien de triste et de silencieux comme cette contrée : des hêtres, des chênes chétifs, quelques pins rabougris semblent y végéter comme à regret. On gagne la maigre croupe d'une montagne qui fait face à celle du *Gris*.

Nous descendons alors à Bousselargues, autrefois chef-lieu de commune, mais réuni à Blesle depuis 1846. D'après une tradition, rappelée par M. de Saint-Poncy, l'humble chapelle de cette bourgade aurait reçu la visite de Massillon, alors évêque de Clermont.

A Bousselargues, on traverse le ruisseau de Bâve sur un pont de pierre. Nous ne sommes plus guère qu'à trois kilomètres et demi de Blesle, et nous grimpons gaillardement à l'assaut du *Gris* sur un *chemin de chars* meilleur que les précédents. Nous arrivons ainsi à la *Croix d'Ancône*, à peu près située au milieu du col qui sépare le plateau du Gris de celui de Brugeilles. Et la vue commence à se reposer agréablement sur les fraîches prairies qu'arrose le ruisseau, et sur de belles sapinières.

Nous pourrions de là, par une descente rapide, gagner à droite la nouvelle route d'Anzat-le-Luguet ; mais nous préférons appuyer sur la gauche et marcher dans la direction de Chadecol pour admirer plus longtemps le panorama grandiose qui se déroule dans l'immense horizon.

Nous marchons encore un peu.....

Soudain, tout là-bas, dans la cuvette d'un vaste entonnoir, une ville apparaît. Etrange vision ! Une vraie cité du moyen-âge à la fin du XIXe siècle, une page d'histoire ancienne oubliée par le temps dans une sorte d'impasse sans issue apparente, d'où l'on ne s'échappe que par trois gorges sinistres qui se glissent à travers les déchirures du roc pour gagner brusquement les hauteurs........

C'est Blesle.

Blesle s'enveloppe d'un cortège de montagnes que couronnent de sombres falaises basaltiques, à demi démantelées, qui s'écroulent sur la pente des précipices.

Voici la tour du *Massadou* (bon seigneur), sentinelle en vedette sur un petit promontoire pour garder le défilé de *Mar-Dan* (grande colline) ; par dessus la ville, elle observe d'ailleurs le débouché de *Babory* ou *Basse-Borie* (*borie* veut dire *métairie*).

Un élégant clocher gothique du XIVe siècle, à demi ruiné, marque la place de l'ancienne église paroissiale de Saint-Martin. Cette église avait été fondée vers l'an 1325 par Marguerite de Lorlange, abbesse.

Cette grosse tour grise, à l'aspect bizarre, d'une forme indéfinissable avec ses vingt angles saillants ou rentrants (icosagone), cette tour est le dernier vestige de l'ancien château construit sur le bord de la Voirèze par les barons de Mercœur: il fut détruit à une époque inconnue, sans doute pendant la guerre de cent ans.

Une tourelle, assise en l'air sur son cul de lampe, fait saillie au-dessus d'une porte-basse qui porte l'écusson des ducs de Vendôme avec le millésime de 1622. C'est l'hospice. Il relevait du couvent, et l'abbesse nommait le vicaire chargé de desservir la chapelle de Sainte-Catherine.

De toutes parts enfin, on aperçoit des logis étranges avec leurs pignons aigus aux entretoises en bois sculpté, leurs ouvertures en trèfle à meneaux et croisillons historiés, des portes ogivales aux tympans armoiriés. Les ruelles sont en encorbellement. Dans les brusques détours de ces ruelles, on trouve des niches dentelées accrochées aux angles des murs. Les madones et les saints sont enguirlandés de fleurs et l'on cherche où se tiennent en prières les pieux pèlerins munis de leurs bourdons et des coquillages d'outre-mer.

N.-D. de la Chaigne (Pitié), se voit non loin de l'ancienne léproserie de fondation royale : le cimetière des lépreux est à côté.

Mais de ces constructions d'un autre âge, la plus remarquable est la partie vieille du monastère ; elle regarde en tête l'ancienne église abbatiale de Saint-Pierre qui sert de paroisse depuis 1802.

L'église Saint-Pierre est un curieux édifice dans lequel domine le roman fleuri. Tous les styles d'architecture, du XIe au XVe siècles, s'y mêlent et s'y confondent en se succédant depuis le byzantin jusqu'au gothique avec toutes les transitions. Le porche, de pur roman, est orné d'une triple rangée de roses en relief. L'intérieur de la basilique fixe l'attention des touristes, présente des détails d'une certaine originalité et souvent d'une grande délicatesse d'exécution.

En face du maître-autel, domine de haut une longue tribune où les dames nobles, accoudées sur les stalles qui servent aujourd'hui dans le chœur, venaient entendre les offices, se bercer à la douce mélodie des accords religieux, rêver aux délices inconnues de la vie d'outre-tombe et méditer à la recherche du repos dans l'apaisement des désirs mondains......

Un fait nous a frappés. Des loups sont sculptés en bosse sur les boiseries du fond de cette tribune. Or, en celtique, le mot *Bleis, bleil* ou *bleid* signifie loup......

En sortant de l'église par la porte de la galerie, nous nous trouvons sur le *Vallat*, nom significatif.

La place du Vallat, avec ses tours découronnées, sa ligne de bastions tronqués, ses débris de murs autrefois crénelés, représente les restes imposants de l'enceinte de fortifications dont Blesle s'entoura pour sa sécurité. Elle figure d'ailleurs au nombre des vingt-deux cités qui furent agrégées aux treize *bonnes villes* (villes closes) de la Basse-Auvergne.

Quels que soient l'étymologie du nom, les obscurités de son commencement et les circonstances mystérieuses qui l'accompagnèrent, l'origine de Blesle ou Bleille est toute monastique. Son histoire se confond pour ainsi dire avec celle de son abbaye qui aurait été fondée dans la première moitié du IXe siècle par Ermengarde, issue peut-être de la maison de Mercœur, épouse de Bernard Plantepelue ou Plantevelue, comte d'Auvergne. La Gallia christania fixe la fondation à l'an 840 (?), et le Bernard, dont il s'agit, vivait au temps de Charles-le-Chauve.

La haute antiquité et l'illustration de l'abbaye ne font pas de doute : ses armes sont la *double clef d'or de Saint-Pierre sur champ d'azur*. A l'origine, elle ne releva que du Saint-Siège auquel elle payait une redevance annuelle de sept sols. Pendant son séjour à Sauxillanges en 1096, le pape Urbain II est venu, croit-on, visiter Blesle. Le pape Calixte II (2 juin 1119) étant à Saint-Flour, rend une bulle en faveur de l'abbaye.

Le 4 avril 1185, le pape Lucius III promulgue de Vérone une nouvelle bulle-privilège. En passant à Brioude, vers le milieu du XIIIe siècle. le roi Louis IX accorde aux habitants le droit de s'assembler en corps commun, d'organiser une sorte de municipe.

Malgré des immunités plus apparentes que réelles, la paix de l'abbaye fut constamment troublée par les exigences et les entreprises des sires de Mercœur, vassaux redoutables, plus puissants que des rois, entreprenants et belliqueux, guerriers farouches dont le rude gantelet de fer meurtrissait l'épaule délicate du suzerain en quenouille.

Pour s'assurer une protection plus efficace que les *quartiers nobles* de ces aimables chanoinesses, l'abbaye avait concédé à Mercœur l'établissement d'une chatellenie avec des droits nombreux sur la terre de Blesle, entre autres celui de haute justice, mais sous la réserve de *l'hommage*. L'hommage !... Belle affaire ! Par la dague et l'épée, comme ils s'en souciaient de l'hommage, les fiers barons ? Ils y mirent bon ordre et eurent tôt renversé les rôles. Le fer coupa si bien le chanvre que ce fut une misère pour le béguin. Citée par Justel, une lettre du chapitre de Brioude expose au roi Louis VII le jeune (XIIe siècle) que, dans le principe, la justice de Blesle appartenait *en entier* à l'abbaye.... Ah! les temps étaient déjà bien changés. Cela dit le reste.

Parfois néanmoins, le seigneur laïque rend çà et là quelques bons et loyaux services. Pendant la guerre néfaste de cent ans, Jacques de Mercœur défait les Anglais dans un lieu appelé *Le Bru* (25 juillet 1389), lequel est situé entre Charmensat et Peyrusse. Et sur place, de concert avec son épouse, Anne de la Tour d'Auvergne, il fonde une chapelle en commémoration de sa victoire.

Le souvenir des Anglais s'est d'ailleurs perpétué à Blesle. Une maison porte encore leur nom. Elle est en torchis avec fenêtre ogivale et escalier à demi saillant, les deux en bois grossièrement ouvré; elle est d'ailleurs située dans le quartier qui s'étend au-dessous de la tour du Massadou, non loin de l'ancienne cure Saint-Martin.

En 1401, la paroisse de *Bleille* (Blesle) est imposée pour cinq feux et se trouve comprise dans le *prévostage du Brivadoys*.

L'abbaye et la cure Saint-Pierre (archiprêtré) comprenaient ensemble dix prieurés, quarante cures et vingt chatellenies. Dans le principe, l'abbesse est soumise à l'élection seule du chapitre; mais le Concordat entre François Ier et Léon X la met à la nomination du roi de France.

Plus tard, Blesle prend parti pour la Ligue (1588-1589). Un des plus braves capitaines huguenots, celui qui avait défendu si vaillamment Yssoire contre le féroce duc d'Anjou en 1577 et qui mérita d'être distingué par Henri IV, Antoine de Chavagnac, est sans doute originaire de cette ville : son petit-fils Gaspard y naquit en 1624,

Pour échapper aux tracasseries de l'évêque Charles de Noailles et se dérober à l'Ordinaire, l'abbaye s'agrège à l'ordre de Cluny (1625-1633). Sécularisée par une bulle de Pie VI le 16 Mai 1789, elle fut supprimée en 1792 après avoir compté 42 abbesses : les chanoinesses-comtesses se dispersèrent.

La chatellenie suivit la fortune du duché de Mercœur et du dauphiné d'Auvergne jusqu'en 1716. La duchesse de Vendôme la vendit alors à Louis Henri de Chavagnac dont les fiefs furent érigés en marquisat avec Blesle pour chef-lieu (1720). La famille de Chavagnac fut dépossédée en 1789.

La population agglomérée de Blesle, qui compte à peine aujourd'hui 900 habitants, en avait plus de 1,800 (380 feux) au XVIIe siècle. Les tanneries installées sur le ruisseau de Voirèze ont disparu depuis longtemps.

On ne peut quitter le *Pays des Légendes* sans aller saluer les ruines de Léotoing.

Pour faire cette course il faut à pied environ cinq heures, aller et retour. On laisse Blesle derrière soi pour prendre la direction du levant. Le ruisseau de Voirèze est déjà franchi sur un pont neuf construit pour la rectification de la Route départementale n° 8. Laissant à droite le moulin de la Chaud et le Terrage, nous traversons bientôt le ruisseau de Sianne, puis la rivière d'Allagnon. Tournant alors court, sur la gauche, nous nous trouvons à Babory où il y eût jadis le petit castel de ce nom. La gare du chemin de fer est là, à deux kilomètres environ de Blesle.

Nous ne quittons plus désormais la vallée de l'Allagnon, une vallée mystérieuse, encaissée, presque déserte, pour

Léotoing en 1887,

ainsi dire lugubre. La route descend le thalweg; elle est excellente, très sinueuse, d'un pittoresque mélancolique; elle fait ici un coude brusque,......... Soudain, tout là-haut, perchées à la cîme d'un pic déchiqueté, hérissé de blocs suspendus en l'air, nous apercevons des ruines imposantes qui se perdent dans la nue. Ces ruines elles-mêmes sont commandées par une énorme tour ronde, le gros donjon, dont la couronne démantelée semble encore menacer le ciel,

C'est Léotoing! Léotoing, un des repaires les plus formidables du moyen-âge, quelque chose de saisissant et de fantastique debout sur un cap dont l'élévation donne le vertige. Mais tout cela, un jour s'écroulera dans l'abîme, s'en viendra obstruer le lit tourmenté de l'Allagnon dont les flots rapides rongent la base de son piédestal de gneiss.

D'après Audigier, les premiers maîtres de Léotoing seraient issus de la vieille souche de Mercœur dont ils *mouvaient*.

Ils avaient fondé une chatellenie rivale que le dauphin d'Auvergne, Robert, confisque vers 1262 pour la donner en apanage à son fils Hugues. Le 16 août 1264, Hugues Dauphin et Robert Dauphin accordent aux habitants une charte de coutumes et privilèges. Hugues transmet la chatellenie à un de ses descendants, Beraud, qui fonde ainsi la seconde maison de Léotoing. Il y eût ensuite les Léotoing de Montgon, puis ceux d'Anjony.

Au XIIIᵉ siècle, la chatellenie forme un baillage, un mandement spécial qui rentre au XVIᵉ dans le mandement de Blesle. Elle relève sans cesse de la baronnie de Mercœur et du dauphiné d'Auvergne dont les destinées sont les siennes. C'est comme représentant de la maison dauphine, en sa qualité de duc de Montpensier, que le duc d'Orléans possède et emphytéose Léotoing en 1789. — Le bourg était fortifié; les restes des murs d'enceinte sont importants. La commune compte aujourd'hui environ 600 habitants.

Nous venons de visiter une des plus belles d'entre les ruines des vieux châteaux faisant partie du domaine des sires redoutables de Mercœur. Nous pouvons sans regret revenir à Ardes, capitale de ces superbes barons, et poursuivre le cours de nos excursions dans le Puy-de-Dôme.

Chapitre VI.

Les Ruines de Mercœur. — Le Fromental. — Les Gorges de Rentières ; Coup d'œil rétrospectif sur la Géologie de cette Région. — La Catastrophe du 9 Mars 1783.

ous partons aujourd'hui pour visiter Mercœur, explorer les gorges profondes de la *Grande Couze* et pousser une pointe d'avant-garde dans la haute montagne.

Nous cheminons par monts et par vaux, en société d'un gai *compagnon-ès-flanerie*, dans la maison duquel nous avons reçu la plus gracieuse hospitalité. C'est notre parent Ad. Augée, notaire à Ardes, un érudit qui s'occupe de recherches savantes sur une délicate question de droit : nous lui souhaitons un entier succès, bien mérité d'ailleurs.

Grâce à une conversation animée, qu'assaisonne la verve joyeuse des vrais flâneurs, et au penchant facile à l'épigramme, le temps s'écoule doucement, les distances semblent se rapprocher.

Il faut environ une heure pour grimper à la butte de Mercœur, formée par une énorme poussée de basalte qui s'est fait jour à travers le gneiss. De la redoutable forteresse des puissants barons il ne reste que des ruines informes, quelques pans de murs à hauteur d'appui jalonnant çà et là l'enceinte de la place, un soupçon de parapet à moitié enseveli sous des débris sans nom ; peu de chose, presque rien.

Seule, à l'extrémité sud de l'esplanade, une encoignure du donjon se tient encore debout. Et quelle désolation ! Une longue aiguille de maçonnerie déchiquetée, foudroyée, s'émiettant petit à petit, tristement penchée vers les ruines d'en bas qui semblent l'attirer. On y reconnaît trois étages, marqués par des voûtes écroulées dont les amorces sont visibles. Elles devaient être pourtant bien solides, ces vieilles maçonneries dont les murs présentent une épaisseur de 1^m 50. Eh bien ?..... eh bien, c'est fini. Encore quelques jours, et l'on se demandera où fut Mercœur.....

Un grand fossé, dont les déblais ont été retroussés en cavalier, entoure la butte à l'Ouest-Nord-Ouest et forme une circonvallation autour de la partie relativement faible. Il était certes bien difficile néanmoins d'aborder par là et de donner l'assaut. De l'autre côté, c'est le précipice.

Du point où nous sommes, en regardant le Nord, nous semblons planer au-dessus des nuages. Oui, de son œil perçant, l'aigle de la montagne pouvait bien découvrir, perdu dans le ciel, un vol effaré de hérons voyageurs. Bonne prise ! En quelques coups de son aile frémissante, il est déjà sur la troupe terrifiée : la foudre frappe moins vite.

A notre droite, voici le Fromental, poste avancé de Mercœur, bâti par les anciens barons sur une butte basaltique pour observer la rive gauche de la Couze.

En 1617, cette riche montagne appartenait à l'abbaye de Saint-André-de-Clermont qui l'affermait 280 livres par an.

Le château fut démoli en 1633 par ordre de Louis XIII. On voit encore la porte d'entrée avec une guérite qui menacent ruines. Ces débris insignifiants touchent à l'ancienne chapelle qui était sous le vocable de Saint-Jean-Baptiste et de Sainte-Agathe et dépendait de la communauté de l'église d'Ardes.

Le Fromental, pays riche en froment *(frumentum* d'où *frumentariœ)*, section de la commune de Rentières, est assez éloigné de son chef-lieu pour avoir une école de hameau. Mais quelle misère! Quelle triste maison d'école, dans laquelle le vent, la pluie ou la neige entrent comme chez eux.....

L'institutrice, Mlle Renaudias, nous a procuré une hache en fibrolite. Les habitants du lieu attribuent à ces objets une singulière vertu dans certaines maladies des enfants. L'ignorance et la superstition vont ensemble. Les bonnes gens du Fromental croient toujours au *mauvais œil* et aux *jeteux de sorts*, sinon à la régie. Nous venions d'explorer le pays avec M. Dichamp-Siboule, alors instituteur à Madriat, aujourd'hui à Saint-Cirgues. Il faisait très chaud et la soif avait séché nos gosiers. Nous désirions simplement du lait et du pain *bis*; mais, sans l'institutrice, nous n'eussions pas même trouvé de l'eau; les vaches auraient pu tarir, les puits se seraient vidés.

La commune de Rentières compte environ 400 habitants. Son église relevait de l'abbaye de Blesle. Des tronçons de colonnes et de chapiteaux, engagés dans la maçonnerie des murs, prouvent qu'elle était romane, tandis que les deux chapelles adossées sont du XIVe siècle.

Il y avait un ancien château de faible importance, ou mieux une enceinte fortifiée de forme rectangulaire ayant aux angles des tours mesquines dont trois sont encore debout. En 1401, la paroisse de *Rézantières cum* le Fromental était imposé à *XXIV escus* pour deux feux.

En 1845, on a trouvé à Rentières des vases et des plats gallo-romains en bronze. L'un des plats, qui a 0^m 38 de diamètre, est plaqué d'argent à l'intérieur et à l'extérieur. Au milieu et sur les bords on voit en relief des animaux féroces, tigres et lions, chassant des cerfs et des biches.

Le spectacle que présente en ce point les gorges profondes de la Couze est un des plus beaux que l'on puisse admirer. C'est quelque chose de saisissant, d'indescriptible. — Afin de pouvoir mieux dépeindre la physionomie de cette étrange région, il faut essayer de reconstituer, par la pensée, des époques géologiques tombées dans l'abîme d'une longue suite de siècles.

Un formidable glacier étend de toutes parts ses grands bras animés qui s'allongent et se raccourcissent avec les saisons. Partout, sur les sommets, à Boutaresse, Jassy, Puy Chabrut, Saint-Alyre, la Godivelle, Brion, partout on reconnaît les marques de fer de ses étreintes irrésistibles.

La rivière quinze ou vingt fois plus grosse que de nos jours coule à un niveau plus élevé de 30 à 40 mètres, en laissant des témoins de son passage sur les hauteurs et contre les parois : elle fait entendre de sourds grondements à la recherche de son lit définitif.

C'est un torrent impétueux qui emporte et broie tout sur son passage, triturant les roches les plus dures dans un mortier de pierre qui s'en va lui-même en débris. Dans leur sauvage élan, les eaux ne connaissent pas d'obstacles ; elles violentent la nature, quand elles ne peuvent démolir à fond leurs rives trop étroites. Les courants battent en brèche des falaises déjà bien escarpées, ravinent et découpent les grandes nappes de basalte et s'y fraient une route tortueuse, pour ainsi dire convulsionnée. Les flots impatients se précipitent ailleurs en cascades et creusent les gouffres des profondeurs desquels s'élancent de solennels mugissements, d'épouvantables clameurs suraigües. Les montagnes se soulèvent ; les pics se perdent dans les nues. Des sites grandioses, d'une originalité terrible, s'ébauchent à larges traits.

Un jour enfin, la lumière du soleil semble s'obscurcir. Les volcans de Sarrans et de Domareuge, dont les cratères arrondis en forme de croissant s'observent à distance, se sont allumés et vomissent des fleuves de matières embrasées.

Et alors se passe une scène inénarrable, d'une magnificence horrible.

Pour raconter cela, la voix même de l'humanité entière se perdrait au milieu de l'effroyable concert de tous les éléments déchaînés ; la plume la mieux trempée pèse moins que le léger duvet emporté par la tourmente.

La nature est en travail de la période actuelle, long travail d'une durée presque incalculable. Tout y prend des proportions formidables. L'atmosphère est autrement épaisse, bien plus pesante. Les phénomènes géologiques et météorologiques se produisent avec une intensité d'une incomparable puissance. De grands lacs, de véritables mers couvrent nos limagnes en voie de formation.

Les grands lacs se sont vidés depuis longtemps.
Les glaciers ont disparu.
Les volcans se sont éteints.
La *Grande Couze* n'est plus qu'un mince ruban bleu.

Il reste...... les gorges de Rentières. (*Rupintegrinsis, rupes et gradimontes*).

Sur une longueur d'environ 5 kilomètres, de belles colonnades de basalte encaissent la route et le cours sinueux du ruisseau. Là, de sinistres frontons se penchent tristement au-dessus des précipices; ici, de hautes falaises, déchiquetées par les vagues du temps, menacent de s'écrouler sur les touristes. Ailleurs, ce sont des orgues gigantesques, des portiques de cathédrale, des fantaisies gothiques, des arches d'une hardiesse vertigineuse.

Dans l'intérieur du basalte, englobé par lui, on trouve fréquemment du péridot en masse, olivine ou limbilite. — Le péridot est un silicate de magnésie anhydre avec oxyde ferreux.

En approchant du territoire de la commune de Mazoires, la solitude se fait plus complète. Le voyageur est isolé, perdu dans un vrai désert, au fond d'une sorte d'entonnoir qui paraît sans issue, et où la voix ne résonne que pour mieux faire ressortir le silence.

Le froid très vif nous pénètre jusqu'au cœur. Un épais brouillard laisse entrevoir les objets d'une manière confuse. Les grandes orties, les broussailles, les ronces, les herbes sèches, les arbres dépouillés de feuilles sont chargés de givre, blanche et pâle fleur d'hiver.

Parfois, brusquement saisi dans sa course vagabonde, le flot est resté suspendu dans le vide au milieu de sa chute: un froid manteau jeté sur une épaule de rocher. Le mouvement semble animer encore la glace scintillante, et cette apparence de la vie dans l'immobilité de la mort produit sur nous la plus étrange sensation.

Nous passons sur le théâtre de la terrible catastrophe arrivée le 9 mars 1783, à neuf heures du matin, raconte

Dulaure. Un moulin et ses habitants furent engloutis sous une masse énorme de rochers d'un volume que l'on peut évaluer à plus de quatre-vingt mille mètres cubes. Il se forma une digue qui suspendit le cours de la rivière pendant un jour et une nuit. Surpris et furieux de voir leur Couze subitement tarie, croyant à quelque manœuvre de ceux d'Ardes, les gens de Saint-Germain-Lembron accoururent avec des fourches et des fusils pour voir ce que c'était.

Un an plus tard, le savant Monnet vint visiter les lieux du désastre.

Et aujourd'hui, rien n'y paraît plus.

Il y a une dizaine d'années environ, en faisant opérer sur ce point les déblais nécessaires au passage du chemin d'I. C, N° 37, notre ami Dupieux, Agent-voyer à Ardes, découvrit le squelette du meunier étendu les bras en avant: sa pauvre écuelle, sa cuillère, son couteau se trouvaient à côté de lui.

Sous l'empire de si funèbres souvenirs, on frissonne malgré soi; on lève involontairement les yeux pour regarder si rien ne dégringole du haut de ces sommets menaçants.......... Que l'homme semble petit! Qu'il est fragile! Que serait-il, s'il n'avait au front le rayon divin de l'intelligence?.......

Chapitre VII.

—

Les grottes de Strougoux, de La Roche, de Courbières ou Marcousse. — Aperçu préhistorique sur leurs habitants.

uittons la route pour prendre à droite une ravine, véritable brèche sabrée dans le roc. Un sentier de chèvres grimpe par là, s'accrochant pour ainsi dire à la pierre : il conduit à Cougoussat. Au fur et à mesure que nous nous élevons, le brouillard s'atténue : soudain il se dissipe comme par enchantement.

Nous semblons émerger du sein des ténèbres. L'empire glacial du froid sombre nous a laissé échapper. Voici la lumière, voici la joie.

A nos regards charmés, se déroule une scène merveilleuse. Sur nos têtes brille un soleil radieux; le ciel est bleu foncé, profond, limpide : on frissonne de plaisir sous la douce haleine d'une chaleur printanière. A nos pieds, un océan de lait s'étale au loin, tantôt mollement ondulé, agité d'autrefois par une houle tourbillonnante. Coupées de niveau, les pointes des pics et des monts se dressent comme de noirs écueils ou simulent des vaisseaux fantastiques, des flottes monstrueuses se balançant lourdement sur leurs ancres invisibles.

Comme il fait bon voguer en pleine montagne, aspirer avec délices les âpres senteurs du genévrier et du genêt !

Laissant à droite le domaine de Congoussat, nous cheminons à mi-côte en épousant les caprices d'un sol très accidenté. On avance avec circonspection. Le pied glisse sur des pentes rapides : on trébuche contre des éboulis de basalte toujours prêts à rouler dans l'abîme. Après vingt-cinq minutes d'une marche mesurée, nous arrivons en présence des grottes de Strougoux.

Les grottes de Strougoux sont taillées dans une haute falaise à pic que le reste de la montagne coupe en écharpe. Cette falaise se trouve ainsi desservie par une sorte de rampe naturelle très raide. C'est le long de cette étroite corniche inclinée d'entour 50 degrés que s'étagent les grottes dont l'accès est facilité par cette disposition. Bien exposées en plein midi, elles offraient à la fois un abri fort sain contre les intempéries et un asile d'une sécurité relative.

Une dizaine de chambres existent encore : deux sont intactes. Il y en avait un plus grand nombre qui se sont écroulées dans le vide, et dont on voit les amorces sur la paroi. Par suite des infiltrations pluviales et d'une lente décomposition de la roche, la façade s'est effondrée à plusieurs endroits, mettant ainsi à découvert l'intérieur des logis.

Les dimensions des chambres sont de 2 à 3 mètres de large sur 3, 4 et même 5 mètres de long, avec une hauteur sous plafond de 2 mètres et plus. Les parements ont été dressés avec soin. On n'y trouve nulle part la moindre trace de maçonnerie ni même rien de l'art le plus grossier de la construction, encore moins de l'emploi ou de l'usage d'un métal quelconque. C'est le roc absolument nu, un tuf volcanique rougeâtre dans lequel des hommes très robustes se sont creusé des retraites avec des outils dont on reconnaît la trace sur la pierre. L'insment devait frapper avec un bout pointu, comme fait un piochon de médiocre grandeur.

Quels étaient ces hommes ? De quels outils se sont-ils servis ?...... Des haches en silex ou en pierre dure, d'une certaine taille et du type *solutréen*, pouvaient laisser de telles marques.

Le feu ne semble pas avoir, en général, imprimé son action sur l'ensemble de ces grottes. Cependant, l'intérieur de trois d'entre elles est fortement noirci par une épaisse couche de suie. Serait-ce simplement la fumée des feux de bergers pendant une longue série d'années?

Dans nos régions, les grottes de Strougoux ne sont pas une particularité. Nous allons avoir l'occasion d'en signaler d'autres établies dans de semblables conditions.

D'autre part, Faujas de Saint-Fond prétend que, dans les lignites pliocènes de Boutaresse, on a trouvé un tronc d'arbre portant *les marques des coups de hache en pierre.*

Tout cela semble prouver du moins que la présence de l'homme, dans nos parages, remonte à la plus haute antiquité.

Quoiqu'il en soit, nous avons sous les yeux des habitations préhistoriques sans aucune tradition, postérieures toutefois aux éruptions volcaniques du Sarrans. En fouillant au pied de l'escarpement, là où ont dû être jetés les débris de cuisine et autres (*kjokkens-moddings*), peut-être trouverait-on quelques indices, quelques témoins de nature à nous renseigner sur les hommes qui se sont installés ici, s'y sont succédés en se ménageant des logements déjà commodes : tels quels, ces logis dénotent en effet un certain degré d'ingéniosité et la recherche d'un bien-être relatif.

Il est probable que les grottes de Strougoux n'ont pas été façonnées d'un seul coup et tout d'une pièce, ainsi que nous les voyons aujourd'hui. Dans l'origine, elles furent sans doute de simples tanières grossièrement fouillées à la façon des repaires de la brute. Leurs habitants les améliorèrent ensuite petit à petit, pendant une période de temps d'une longueur indéterminée. Dans tous les cas, leur séjour, discontinu selon les apparences, s'y prolongea suffisamment pour leur donner les loisirs de se ménager à la fin des chambres spacieuses, ensoleillées, très sèches, et d'y jouir des douceurs d'une société à l'état rudimentaire.

Mais quelle race d'hommes a vécu là ? Quels étaient ses mœurs, son état social ?...... Une race aux mœurs assurément rudes et violentes, appropriées aux dures nécessités d'alors, mais une race intelligente, ayant renoncé aux stations en plein air, et de mœurs sédentaires en partie du moins.

En ces temps, le combat pour l'existence devait être effroyable. Mais la férocité des premiers hommes, leur force prodigieuse, écrit Zaborowski, *s'épuisait dans la lutte contre un milieu climatérique et animal, écrasant, terrible.*

Qui sait si, pendant une longue succession de siècles, les *troglodytes de Strougoux* n'ont pas assisté au formidable creusement des gorges de Rentières, dernier lit de la *Grande Couze?*

Plus tard, nous essayerons de donner un aperçu sur les destinées préhistoriques de l'homme dans notre région. En faisant cette tentative, nous aurons soin de nous éclairer des lumières apportées au milieu de ces ténèbres par les savants travaux des Bravard et des Ab. Croizet, des Ed. Lartet, des Mortillet, Zaborowski, Cartailhac, de Quatrefages, E. Chantre, P. Bert, Dr Pommerol.

Non loin de Strougoux, en nous dirigeant vers Zanières, nous traversons le hameau de Laroche adossé à un tuf volcanique, dans lequel sont des cavernes semblables à celles que nous venons de visiter. Ici, les grottes, encore utilisées de nos jours, sont dans l'intérieur même des constructions, granges, écuries, étables, dont elles forment la partie postérieure et souvent la presque totalité. Les propriétaires actuels se sont même jusqu'alors servi de quelques-unes comme maisons d'habitation; ils les ont abandonnées récemment à cause des infiltrations d'eaux pluviales devenues plus fréquentes par suite de l'affaissement du plateau et de l'élargissement des fissures.

De Laroche à Zanières ou Sarrans, la distance est courte. Nous arrivons en plein cratère, au milieu du volcan qui s'élève à 1,159 mètres d'altitude. Nous marchons sur les laves, les scories, les pouzzolanes, les bombes volcaniques. De là, nous descendons au château de Roche-Rouge, puis, laissant Jogeat à droite, nous gagnons le chemin d'intérêt commun n° 23, de Coudes à Allanche, en face de La Chapelle-sous-Marcousse. Avant de visiter cette commune, poussons une pointe jusqu'aux grottes de Courbières ou Marcousse. (*Mar-cousse* ou *causse* grande pierre.)

Les grottes de Courbières ont été taillées dans une

roche et dans des conditions identiques à celles de Strougoux. Elles sont, dans leur ensemble, moins bien conservées que ces dernières. Leur exposition est à l'Est-Nord-Est, et, au lieu d'être nues, les pentes de la montagne sont boisées.

D'énormes pans de rocher, dans lesquels se trouvaient les chambres, se sont écrasés ou renversés sur le flanc. Si l'on passe par dessus ces ruines pour grimper sur une étroite saillie, on arrive à celui de tous les locaux qui a dû être relativement le plus confortable.

On trouve d'abord une petite terrasse défendue par un parapet naturel. Une porte, de hauteur suffisante, donne accès dans une vaste chambre éclairée par une ouverture pratiquée au couchant. Une armoire profonde, bien dressée, dans la forme de ces coffres en bois qui servent de couche dans certaines montagnes, une véritable alcôve enfin, a été ménagée dans le tuf et à $0^m 60$ environ au-dessus du plancher de la chambre. Enfin, dans l'angle sud-ouest on a creusé un petit réduit, en manière d'évier, et muni d'un grand trou grace auquel on pouvait, sans sortir, évacuer les immondices et les détritus. L'intention est évidente; elle indique des goûts d'ordre, de prudence et de propreté, signes d'une certaine civilisation. — Des fouilles améneraient peut-être par là de curieuses découvertes,

Chapitre VIII.

La Chapelle-sous-Marcousse. — Dauzat-sur-Vodable.

Bien abritée par une hauteur, La Chapelle-sous-Marcousse est une commune d'environ 440 habitants.

Son église, sous l'invocation de Saint-Pierre, offre peu d'intérêt, si ce n'est le chœur qui est du style roman. La cure était à la nomination du seigneur de Fromental.

En 1366, Jean de Dardes, feudataire, rendait foi et hommage au Dauphin d'Auvergne. En 1401, la paroisse est imposée à *XVIII escus* pour un feu et demi.

L'ancien bourg était situé dans un endroit nommé le *Fraisse*, ce qui veut dire lieu planté en frênes. Un petit fort, celui de Marcousse, dont il ne reste aucune trace, s'élevait sur le volcan de Paroux, à environ un kilomètre de distance.

Derrière le village, à l'extrémité Sud-Ouest du plateau qui s'étend en pente douce au-delà de Chalande et Mareuge-le-Froid, en regard du Fromental, on arrive sur la côte de Lironce. On trouve par là des vestiges de huttes grossières, en pierre sèche, qui semblent remonter à l'époque mégalithique.

De la Chapelle-sous-Marcousse nous descendons au moulin de Courbières. Nous laissons ensuite Refransac à droite, Genelière à gauche pour contourner les pentes orientales de l'*Iranou*. Le mont Iranou, désigné sur la carte sous la dénomination de *les Ramoux*, s'élève à 1,254 mètres d'altitude. Son sommet est couronné par un basalte à éléments distincts, passant à la dolérite, que l'on utilise comme pierre de taille. — Le basalte est une roche volcanique, noire bleuâtre ou grisâtre, à texture compacte, composée d'augite, de plagioclase (labrador, anorthite, oligoclase) et de magnétite. La dolérite est une roche pyroxénique, à peu près de même composition que le basalte dont elle se distingue par sa texture grenue et cristalline.

Mais nous avons déjà traversé Moulet et nous arrivons à Dauzat.

La population de Dauzat-sur-Vodable est de 400 âmes. Un titre de 954 attribue à cette localité le nom de *Domeciagum*.

Son église est placée à l'est du bourg sur une haute éminence basaltique, à pic de trois côtés, d'où l'on domine la vallée de Couty. Le portail, qui est assez joli, et les piliers engagés datent du XIIe siècle. Deux belles statues proviennent de Feniers (Cantal) et peut-être aussi un reliquaire pédiculé. La grosse cloche remonte à 1725.

Les ruines attenantes à l'édifice représentent les restes de l'ancien prieuré qui était à la nomination de l'abbé d'Aurillac; ce sont les greniers destinés à recevoir le produit des dîmes, les prisons et une partie de l'habitation du prieur de Saint-Géraud.

Dans le cimetière, qui est devant l'église, au Sud, on voit l'ancienne citerne qui sert de charnier.

La paroisse comprenait Ternant et la chapelle de Favard.

Dans les archives de l'église de Ternant, un titre de 1559 parle du fort de Dauzat, dont l'emplacement est marqué sur la butte à l'ouest. Au XIVe siècle, les routiers anglais le surprirent par trahison.

Grâce à l'obligeance de l'instituteur, M. Bonneterre, nous avons recueilli trois haches néolithiques, en fibrolite, trouvées sur le territoire de la commune.

A la sortie de Dauzat, on remarque de la brique naturelle qui s'est formée au contact immédiat de l'argile avec la lave volcanique.

Laissant la route de Vodable, nous prenons l'embranchement qui conduit à Ternant. Chez les Celtes, le mot *nant* équivaut au latin vallis.

Nous voyons en passant la source minérale située au-dessus de la fontaine de ce village, qui ne compte que 154 habitants. On y trouve aussi un mince filon de terre sablonneuse qui contient des rognons de pyrite de fer d'un petit volume.

Arrêtons-nous un brin pour contempler le mélancolique panorama de l'hiver. C'est un spectacle de grandiose désolation. La nature est morte; elle repose sous un manteau de neige si épais que le froid semble en sortir. Tout a un air d'abandon et de tristesse indicible. Un coup de vent lève le rideau; un second le rejette sur nous. De lourdes nuées tourbillonnent dans les airs; semblables à de longs crêpes gris, elles roulent sur les pentes de la montagne, se suspendent aux rochers revêtus des teintes du vieux bronze, pénètrent dans le val et dans les moindres ravines qu'elles dérobent de nouveau à la vue. Et la neige tombe à flocons plus pressés. En avant !.

Nous prenons un âpre plaisir à braver la tourmente, à nous rire des vains efforts de la bourrasque qui va, vient, se démène autour de nous avec des sifflements aigus, coupe les airs comme des lanières d'acier ou se brise contre les obstacles en faisant rage.

Les êtres animés frissonnent, tremblent et se cachent.

Un homme passe à travers la rafale. C'est le Maître. Il veut.

Chapitre IX.

Saint-Hérem et les Ruines de son Château. — La Tour d'Ynard-l'Ours

n continuant de descendre, nous arrivons ainsi jusqu'au hameau de Pouilloux.

Nous abandonnons la route pour traverser le ruisseau de Courbières sur un pont neuf, et nous nous engageons dans une vallée qui va se resserrant de plus en plus.

Le chemin creux que nous suivons remonte la rive droite du cours d'eau. A notre gauche, voici un rempart de granit qui s'élève au fur et à mesure. Sur l'autre versant, une petite côte plantée de vignes en deuil court s'abriter sous une falaise démantelée de basalte.

Nous avons franchi le torrent sur une passerelle vermoulue ; nous sommes à l'entrée d'une gorge profonde, encaissée par de sombres crêtes au-dessus desquelles plane un tiercelet. Nous montons encore un peu. Le ravin fait un brusque détour.....

Soudain, devant nous, perdues dans une éclaircie de la brume, nous apercevons des ruines, en si parfaite harmonie de couleur et de ton avec la pierre qu'on les prendrait pour des déchirures de la montagne, pour des arêtes penchées sur le bord de l'abîme.

Ce sont les ruines désolées du vieux castel de Saint-Herem ou Saint-Herent, qui semblent encore obscurcir de leur ombre les masures des anciens serfs.

Mais c'est fini, bien fini.

Frappé dans son essor par le coup suprême, l'autour est tombé du haut des nues, la tête ballante, l'aile détendue, les serres vides. Et la foudre a broyé son aire formidable qui n'abritera plus de sanglantes lippées.

La commune actuelle, composée de dix-huit hameaux ou fermes disséminés sur l'étendue de son territoire, compte environ 320 habitants.

Le vieux château, considérable si l'on en juge par l'importance de ses débris, est posé sur la pointe orientale d'une grande chaussée granitique, sorte de promontoire escarpé que le ruisseau de Courbières enlace presque entièrement. Par là, la butte est à pic, tandis qu'à l'Ouest une brèche achève d'isoler la forteresse. — C'est à cette brèche, suffisamment agrandie d'ailleurs, qu'aboutit la route qui dessert la localité.

Nous suivons l'ancien chemin du puissant seigneur, chemin taillé dans le roc vif. De part et d'autre, les maisons trop à l'étroit se serrent craintivement, se cramponnent pour ainsi dire aux aspérités de la pierre pour ne pas rouler dans le gouffre.

Nous gagnons ainsi une vaste esplanade. Nous sommes au milieu des ruines : pans de murailles déchiquetées, tours affaissées, voûtes en arc de cloître effondrées les unes sur les autres, corps de logis éventrés, réduits méconnaissables, caveaux encombrés de débris croûlants.

Au milieu du cimetière, voilà l'église paroissiale, ancienne chapelle romane du château, augmentée à diverses reprises pour les besoins du culte et possédant une vieille châsse en bois peint. — Il y avait un prieuré qui dépendait des Bénédictins d'Yssoire.

Un mur d'enceinte, de deux mètres et plus d'épaisseur, enveloppe tout cela et marque encore la place des éperons, des courtines, des redans, se dérobant ici, s'avançant plus loin comme pour prêter le flanc à l'ennemi et lui préparer des surprises meurtrières, selon les caprices du terrain. D'énormes lierres semblent grimper à l'assaut de la forteresse qui ne devait guère redouter d'autre escalade.

Alentour, se creuse le précipice dans le fond duquel gronde le torrent, presque à sec en été.

Au-delà, le site est encadré par une large ceinture de plateaux et de monts, au-dessus desquels se dressent les puys de Cors et de Lavoiron ; tandis qu'au couchant l'œil enfile la vallée jusqu'à Marcousse.

Tel est l'ensemble de ce sauvage repaire du moyen-âge.

A l'angle Sud-Est de la plate-forme, sur le bord extrême de l'abîme où elle achèvera de crouler un jour, se tient debout le tronçon d'une grosse tour ronde dans laquelle un sombre caveau sert d'ossuaire.

Qui sait le nombre de ceux qu'a dévoré ce gouffre, peut-être une ancienne oubliette ? Qui se rappelle leurs noms ?...... Par une petite lucarne, on aperçoit là-bas, dans un obscur fouillis, des os blanchis, des masques affreux, grimaçants, aux cavités sans regard, hideux trophées de la camarde qui triomphe avec une implacable ironie. — Le vivant a vu ; il a compris...... La voix de la tombe n'éveille aucun écho. Le silence est plus terrible.

Quelle éloquence!....., Tu te détournes! Arrive!...... Voici ta place!...... Tu es mien...... L'Eternité!

O Mort, qu'es-tu ? La chair seule frémit devant toi. — L'Homme te brave. A toi sa frêle dépouille. A Lui, l'immortalité !

C'est la tour d'Ynard, *Ynard-l'Ours*, qui vivait vers l'an 1272.

La terre de Saint-Herem appartint plus tard à Martin Gouge de Charpaignes, évêque de Clermont et chancelier de France. Elle entra ensuite dans la célèbre maison de Montmorin, pour passer successivement dans celles de Brezons, de La Roque-Paulhat, puis enfin de Cassagne de Beaufort de Miremont.

Au-dessous de la tour, on montre la grotte de Saint-Herem, à laquelle on n'arrive que difficilement. C'est un abri d'environ douze mètres carrés, accroché dans une brèche. On y grimpe par une sorte de petite rampe raide et glissante. Deux des murs sont formés par le rocher lui-même; les deux autres, à moitié démolis, sont en pierre sèche. Une porte étroite, disloquée, y donne accès. Il faut se courber, et la pierre qui forme le linteau menace la tête du visiteur. Le toit a disparu.

Sous le pic de Lavoiron, dans la plaine située entre Marres et Charmay, en tirant sur Videau, on trouve fréquemment des haches néolithiques.

M. Bouger Antoine, adjoint, nous en a donné une en lydienne.

L'Instituteur nous en a procuré quatre en silex, fibrolyte, pyroxène, serpentine.

Et maintenant qu'il nous soit permis de remercier M. Echavidre pour son obligeance et sa courtoisie.

Grâce à ce professeur intelligent et laborieux, l'école

de St-Hérem a été dotée d'une collection d'histoire naturelle qui comprend plus de 2,500 échantillons.

Roches, minéraux, plantes, oiseaux, coquilles vivantes et fossiles, rien n'y manque ou est en cours d'exécution. Une série complète de petites buches avec écorce apprend à connaître les diverses essences des arbres de notre pays. Les céréales et les graines fourragères, les principaux produits de l'industrie y sont représentés de telle sorte que les élèves les ont constamment sous les yeux. Bonnes et véritables *leçons de choses*. M. Echavidre est entré de lui-même dans la voie la plus utile à l'*instruction publique et pratique*. Une médaille en bronze a déjà récompensé en 1886 ses efforts et les importants résultats auxquels il est arrivé sans autre appui que le bon vouloir, la patience et l'activité.

Il fera mieux encore et il obtiendra davantage.

L'étude de quelques bons ouvrages, des classifications simples et claires achèveront de lui donner la méthode et de développer ses aptitudes,

Nous lui souhaitons courage et persévérance.

Chapitre X.

Le Pic de Lavoiron. — Le Val des Saints. — Boudes et Sansac-Collanges. — Saint-Germain-Lembron

oici Charmay que nous laissons pour grimper à la cime du pic de Lavoiron qui s'élève à 797 mètres d'altitude et d'où l'on découvre une vue splendide.

Le sommet de ce pic est formé par un dike de basalte dont les aiguilles prismatiques, soulevées et séparées l'une de l'autre, se dressent en s'inclinant dans le même sens. On dirait, pour nous servir de l'expression pittoresque de notre ami M. Groisne, on dirait une hure gigantesque de sanglier dont les soies monstrueuses se hérissent de colère.

Sur le versant oriental, on trouve des espèces de moules fossiles, des planorbes, des lymnées.

Non loin du hameau de Bard, on rencontre un banc de limonite avec boules en fer hydroxydé variant de la grosseur d'un pois à celle d'un œuf. Au-dessous règne une couche puissante d'argile qui renferme une grande variété de cailloux roulés, au milieu desquels M. Groisne a ramassé un échantillon composé de minces feuillets d'azurite et de malachite.

Nous sommes au pied de Lavoiron, dans une région qui doit aux argiles ocreuses une physionomie originale et fantastique. Nous entrons dans le *Val des Saints*.

La saisissante impression que l'on éprouve, en présence du curieux spectacle qu'il offre, ne saurait mieux se rendre que comme l'a fait H. Lecoq dans ses *Epoques géologiques de l'Auvergne*. Les eaux ont en effet scuplté les hautes parois du ravin de la façon la plus bizarre. L'imagination aidant, on y reconnaît des tours, des pinacles, des clochetons, des fantaisies gothiques. On voit défiler les colonnades et les portiques, apparaître des animaux symboliques, des monstres de l'apocalypse, de rouges statues drapées de feu dans leurs niches dentelées. C'est quelque chose de merveilleux,

A présent, nous laissons à droite le chezal de Donazac pour arriver à Boudes, commune d'entour 590 habitants.

Il est déjà question de *Donazac* et de Boudes (*Bosdes*) vers l'an 1250 dans l'hommage du château de Nonette, pour le dénombrement des vassaux du comte Alfonse, en Auvergne.

Dans la pancarte des redevances dues annuellement au sacristain mage de la Chaise-Dieu par le petit couvent, les offices claustraux et les prieurés dépendant du monastère de la Chaise-Dieu (24 mai 1381), Boudes est désigné sous le nom d'*Aréa*. Il payait VI sols au sacristain, de même que Saint-Nectère, Chambon, Saint-Diery et *Veyreyras*, Nonete, *Oursseneta, Sarlhacs, Medaygues, Jelynhec* et *Lo Vernet*, Saint-Gervazy, etc., du diocèse de Clermont-Ferrand. (*Spic. Briv. p. 421, 422.*)

Les restes de l'ancien fort de Boudes permettraient de le reconstituer. Il forme tout un quartier et bon nombre de particuliers s'y sont taillé leurs habitations.

D'après un croquis, que nous devons à l'obligeauce de M. Planet instituteur, l'ensemble, qui pourrait s'inscrire dans un rectangle peu allongé, présente une ligne polygonale irrégulière de sept côtés se fermant sur une corde d'environ 78 mètres; cette corde est la grande face; elle regarde le nord. Le principal corps de logis constitue un gros pâté de constructions dont la façade peut avoir 50 mètres et sert de limite au village à l'aspect du levant. Derrière ce massif s'ouvrent les deux grandes portes Sud et Nord en regard l'une de l'autre.

Une boulangerie est installée dans un tronçon de tour qui flanque l'angle Nord-Ouest.

Un fossé eutourait l'enceinte. Il existe encore, mais il a été recouvert sur certaines parties.

Le donjon, de forme carrée, tombe en ruines. Quoiqu'il ait été considérablement rabattu, il présente encore une hauteur de 14 à 15 mètres. Sa masse imposante et sombre domine la localité.

L'église romane est très écrasée, sans intérêt, en quelque sorte perdue au milieu des constructions voisines.

Il y avait un prieuré d'hommes relevant de la Chaise-Dieu, comme nous venons de le voir.

Au XIe siècle, Boudes était désigné sous le nom de *Buciacensis*.

La seigneurie appartenait à la maison de Chalus vers 1262.

Gabrielle de Chalus, qui vivait en 1559, épouse Antoine Duprat, seigneur de Veyrière.

A la fin du XVIIe siècle, François de Bouchet en rendit

foi et hommage. Au XVIIIe siècle, la terre passe à Claude de Sainte-Colombe, puis au marquis de Bouzel.

M. P. Rome, chef de cabinet de M. le Préfet de la Nièvre, nous a donné une hache et un grattoir en fibrolite, plus cinq flèches en silex, avec ou sans soies, trouvées par lui-même sur le plateau du Cluzar, entre Boudes et Villeneuve. Nous aurons occasion de revenir sur ce sujet.

De Boudes, nous descendons à Sansac, propriété qui appartient à M. A. Girot-Pouzol, d'abord député, aujourd'hui sénateur du département du Puy-de-Dôme. Son grand-père, Jean-Baptiste, né à Vodable en 1753, fut avocat, député du Tiers aux Etats-Généraux de 1789, et membre de la Convention nationale en 1792.

Il y avait à Sansac un petit château, fief démembré de Chalus-Lembron.

Prenant le chemin qui conduit au château de Couzance, nous traversons la Couze pour arriver sur la route d'Ardes, en face de Collanges.

Collanges est une petite commune de 270 habitants. On y a découvert une pierre sculptée représentant une tête dont la coiffure est collée aux tempes et qui doit remonter au Ve siècle.

L'église romane, du XIe siècle, a du style et du cachet. Le clocher, de la même époque, contient une cloche fort ancienne. Il y a une crypte ou souterraine.

Dépendance de l'ancien château flanqué de tours aux angles, cette église se trouvait dans l'enceinte des fortifications entourées de fossés pleins d'eau. Pour y arriver, les fidèles devaient franchir la poterne et le pont-levis.

Le fief de Collanges relevait du dauphiné d'Auvergne. Au XIVe siècle, il appartenait à la maison Bouillé du Chariol. M. Chabre, lieutenant criminel à Riom, puis le comte de Pons de Frugère en furent successivement les possesseurs.

Laissant Collanges sur la droite, nous passons à une courte distance du château de Buffevent, et nous arrivons à Saint-Germain-Lembron.

Admirablement située dans une plaine fertile, qu'arrose la Couze de Rentières, l'œil ouvert, d'une part, sur le riche bassin du Lembron dont elle était la capitale, de l'autre, sur la splendide vallée de l'Allier, la jolie ville de Saint-Germain-Lembron semble reposer mollement au milieu de vertes prairies et de petits coteaux vignobles adoucissant leurs croupes ondulées.

L'une des treize bonnes villes de la basse Auvergne, cette opulente cité est aujourd'hui un important chef-lieu de canton. Sa population est d'environ 2.100 âmes.

Primitivement appelée *Liciniacensis* (Ve siècle), *Liziniacus* (972), elle prit vers 1120 le titre de *Abbatia Sancti-Germani de Embron*.

Au Xe siècle, il y avait trois églises dont deux devinrent paroissiales : l'église même de Saint-Germain ; l'église de Saint-Clément située sur un petit monticule qui en a conservé le nom ; l'église de Saint-Jean qui fut démolie vers la fin du XVIIIe siècle.

Baluze rapporte qu'en 962 Etienne, évêque de Clermont, y fonde le chapitre et le place sous l'autorité de celui de Brioude.

L'abbaye et le chapitre du lieu qui fut sécularisé en 1256 devaient par suite foi et hommage au chapitre noble de Saint-Julien-de-Brioude ; ils partageaient avec ce dernier les revenus de l'église de Saint-Germain.

D'après Piganiol de La Force, les chanoines de Brioude,

seigneurs du fief, prirent le titre de barons et plus tard celui de comtes de Saint-Germain.

Hercule de Polignac brûle la ville vers 1181.

En 1365, les chanoines-comtes de Brioude octroyèrent aux habitants une charte de privilèges.

Louis XI leur accorda en 1482 la faveur de s'ériger en commune.

Dès le XVe siècle, la ville était entourée d'une ceinture de murailles flanquées de tours; il n'en reste que d'insignifiants vestiges.

En 1592, le marquis d'Allègre, gouverneur d'Yssoire pour le roi, avait formé le projet de s'emparer de Saint-Germain et de la tour de Montcelet, laquelle servait alors de refuge à une poignée de partisans. Il en fut empêché par le désastre du bac de Saint-Yvoine, où 110 hommes d'armes qu'il faisait venir périrent dans les flots de l'Allier débordé et sous les coups du ligueur d'Andelot. — D'Allègre se retira à Meilhaud.

De l'ancienne église romane, il reste deux colonnes engagées à l'Ouest de l'édifice actuel. Le portail Sud a conservé deux colonnes et un arc roman; mais son caractère fut modifié au XIIIe siècle par l'adjonction de colonnettes et d'une ogive lobée (A. Mallay). La nef date du XIVe siècle. Des piliers très courts reçoivent la retombée des nervures et des arcs-doubleaux. La tour est du XVIIIe siècle.

Dans les archives départementales du Puy-de-Dôme et du Rhône, *fonds de l'Ordre de Malte*, notre parent A. Vernière, avocat à Brioude, a trouvé que près de Saint-Germain, au-dessous de Longat, il y avait une commanderie, dite de Sainte-Anne, dont il ne reste aucun vestige.

Tout à l'opposé, sur l'ancienne voie romaine, chemin

qui jusqu au XVIIe siècle a relié Clermont avec Brioude et le Puy, à côté du domaine de Chadernat, il a existé une maladrerie appelée *Crolhot*. Elle était encore habitée en 1619 et son emplacement en a conservé le nom. (Registres paroissiaux de Saint-Germain.)

Chapitre XI.

—

Chalus-Lembron. — Un vieux Château féodal et son Seigneur. — Tout; Rien

l faut poursuivre notre route et quitter non sans regret nos amis de Saint-Germain; nous nous dirigeons vers le Nord-Est sur la route nationale de Paris à Perpignan.

Le pont sur la Couze fut construit en 1641 par M. Genuit, *Ingénieur du Roy dans la province d'Auvergne*. Ce fait est relaté dans l'histoire manuscrite du chapitre de Saint-Julien-de-Brioude que possède la fabrique de l'église et dont M. A. Vernière a une copie. Au reste, l'ingénieur Genuit se fixa à Saint-Germain où il fit souche. Sa dernière descendante épousa Jean-Louis Dorlhac.

Après avoir traversé ce pont, nous laissons à droite les fraîches prairies de *la Forêt*. Nous tournons brusquement au Sud. Devant nous apparaît Chalus, Chalus perché là-haut à 150 mètres au-dessus de la plaine de Saint-Germain.

Les ruines du château de Chalus font tache sur le ciel et projettent sur lui une ombre désolée.

Chalus-Lembron en 1887

C'est là le vieux castel féodal, le lourd vêtement de pierre de la féodalité accroupie sur son aire de basalte, à la cîme du mont. L'épaisseur des murs raconte la crainte, leur hauteur l'audace.

Oui, voilà bien l'incarnation, la forme matérielle de l'institution. Pour tuer celle-ci, il fallut détruire l'autre.

Vu de toutes parts, observant tout, monstre de pierre animé de vie dans son immobilité provocante, le château féodal résume en lui la formule redoutable de la souveraineté du Seigneur. Le Seigneur!!...... à la fois maître, juge, geôlier, bourreau, plus encore......

Je suis Tout!...... les autres Rien......

Je défie la terre et le ciel!...... Le roi?...... Le roi est à peine mon cousin......

J'ai bras de fer et corps de rocher, créneaux pour dents et meurtrières pour yeux......

Et le sombre château semble respirer par ses tours, par ses longs corridors noirs, poumons de granit ou de basalte dans lesquels le vent et les courants d'air viennent réveiller des rumeurs étranges, de lugubres et vagues gémissements, des soupirs mornes, des râles qui font courir dans les veines le frisson et l'angoisse. Elle semble vivre; elle vit cette masse énorme, elle vit d'une vie fantastique, surnaturelle, effrayante. Symbole de la force brutale, objet d'épouvante, elle engendra dans les cœurs broyés la haine et l'horreur...... La revanche fut terrible.

Pour atteindre le seigneur, pour tuer la féodalité, il fallut *massacrer* le monstre de pierre, le château. Le pouvoir royal, — Louis-le-Gros, Louis XI, Richelieu, c'est-à-dire les trois étapes décisives de la marche en avant pour le Peuple Français — le pouvoir royal se fit le *Grand Justicier*. Mais en frappant, il se blessa lui-même à mort.

Plus tard, la vengeance fut poussée trop loin; elle dépassa le but. Bien des pages d'histoire ont été déchirées sans nécessité.

Hardis, bardés d'acier, toujours la lance au poing, ils ont passé ces fiers barons qui s'en allaient guerroyant, s'exterminant pour un coin de bruyère, un pan de murs en ruines, leur seul *bon plaisir*. Le fer et le roc! double et rude chemise de ces burgraves farouches.... Le roc et le fer!.... Cela paraît éternel; c'est ce qui dure le moins.

Chevaliers superbes ensevelis sous le heaume et la cotte de mailles, dans l'éclair de vos cuirasses, qui se rappellerait seulement que vous avez existé? Le *style* de l'humble chroniqueur, d'un pauvre hère souvent sans sou ni maille, vous a seul fait survivre à la poussière de vos châteaux, à la rouille de vos armures.

Evohé !

Les races les plus puissantes s'éteignent sans retour, les noms les plus fameux tombent dans le gouffre de l'oubli. Personne ne saurait leur gloire, leurs exploits, si ce n'était le chant du barde, la chronique, l'histoire.

Dans son armorial, registre d'armes de 1450, Guillaume Revel donne le croquis de la forteresse de Chalus.

C'est la façade orientale qui défile, une ligne menaçante de murs crénelés, de constructions cyclopéennes, de hautes tours rondes, carrées, qui se perdent dans les nues, une ceinture de fossés ou de précipices, — un ensemble formidable s'offrant de profil à l'attaque, s'effaçant aux projectiles, sabrant l'air à angles droits.

Tout est ménagé en vue de la défense ou de la fuite; tout se combine pour mieux assurer le règne absolu de la force ; souterrains, oubliettes.

A l'intérieur, une suite de pièces longues, hautes,

froides, communiquant par des portes basses, faciles à murer. Les étages sont reliés par d'étroits escaliers, raides, tortueux, obscurs, tordus en colimaçon, souvent perdus dans l'épaisseur des murs (L. Gozlan).

Les tours sont indépendantes. Par la rupture ou le retrait d'une passerelle, elles peuvent se transformer en un bastion et servir à reprendre le reste du château emporté par l'ennemi. Pour chacune d'elles il faut un siège à part, et, à Chalus, il y en avait sept.

Le gros donjon était surtout l'objet de soins particuliers. C'est lui le cœur de la place, en quelque sorte l'âme de ce monde de barbares maçonneries. Il était la ressource suprême...... Pour lui, l'art militaire du moyen-âge réservait ses dernières combinaisons, les plus ingénieuses, les plus perfides, les plus meutrières......

Mais aussi, *Lui* perdu, il faut subir le sort cruel.

Sur la plus haute tour, la barre s'allonge entre deux créneaux; les corps des vaincus se balancent au bout de la corde, en attendant le vol sinistre des corbeaux qui viendront déchiqueter leurs cadavres.

Ou bien, un féroce baron des Adrets donne la liberté aux prisonniers, mais quelle liberté!.... Il les invite *avec courtoisie* à se jeter dans le vide d'une hauteur de cent cinquante pieds. Chute effroyable au fond de laquelle les chairs pantelantes des misérables viennent s'écraser sur des roches vives et pointues!..... Il en arriva ainsi au XIVe siècle à ceux de Pierrelatte et de Saint-Marcellin, en Dauphiné, raconte L. Gozlan dans son *Histoire des châteaux de France*.

Personnification fatale de la féodalité, figure sinistre que celle de ce baron des Adrets qui tuait pour le sanglant plaisir de tuer, et cela avec d'atroces raffinements de sauvagerie ! Une bête fauve que l'histoire ne flagellera jamais assez !.....

Plus ancien que Tournoël, une des plus vieilles de nos constructions féodales, avec des murs d'une épaisseur supérieure à trois mètres, le donjon de Chalus s'élevait de trois étages au-dessus du rez-de-chaussée, celui-ci servant de dépôt d'armes et de munitions. Les oubliettes profondes, insondables à l'œil, sont là-dessous. Des calottes sphériques voûtent les pièces.

On arrivait au premier étage par un chemin de ronde, du Midi, et par un pont mobile (Autier, XIIIe siècle). C'était le logement de la garnison ; une cheminée avec son manteau en pavillon se voit à côté d'une grande embrasure qui se termine en meurtrière. Cette meurtrière est allongée comme le corps d'un reptile se dressant sur la queue.

Un petit escalier, en forme de vrille et noyé dans le mur, conduit à l'étage au-dessus. La voûte a disparu, la plate-forme aussi avec la guette et la cloche d'alarme (*ban cloque*).

Et quel coup d'œil de cette hauteur !! On est ébloui d'admiration, saisi de vertige pour peu qu'on abaisse le regard..... Qu'était-ce, alors que ce fier donjon avait six ou sept mètres de plus ?....

Et comme il était facile de surveiller de là l'énorme trouée de Lembron, de planer sur ce riche et vaste bassin entouré d'une immense chaîne de pierres dont Chalus et Vaudable, Solignat, Bergonne et Girodet (vieux castel à Villeneuve) formaient les lourds anneaux.

Dans une immense salle en ruines, comme perdue dans un coin de celle-ci, on voit du côté méridional, accrochée au large flanc du donjon et à mi-hauteur du premier étage, une petite chambre octogone avec colonnettes aux angles pour recevoir la retombée des ogives; ce devait être la chambre du Conseil. En grimpant sur une amorce de la voûte à moitié démolie, on trouve une porte démasquant dans le mur un étroit escalier en colimaçon qui plonge et conduit à un réduit hémisphérique, espèce d'oratoire décoré de peintures murales en mauvais état. C'est aujourd'hui une loge à lapins.

Il y a d'autres ruines plus ou moins importantes, les restes de trois tours; mais plus de la moitié du fort, tout le côté septentrional, a entièrement disparu.

Chalus, appelé successivement *Castel-Lucius, villa de Castellucio* (Xe siècle), *Caslus* (XIe siècle), *Catlucius-Lembrone* (1325), *Caslucius* (1328), *Chalus-Lembron* (XVIIe siècle), forme aujourd'hui une commune de 370 habitants.

Vers l'an 967, vivait Guy de Chalus.

La chapelle du château fut placée sous le patronage de la Chaise-Dieu, au commencement du XIIe siècle.

Sur la fin du règne de Louis VII le jeune, vers 1179, il est parlé de Richard de Chalus ou Charlus.

Outre la seigneurie de ce nom, la *très ancienne et très noble* maison de Chalus possédait les seigneuries de Cordès, Orcival, Cisternes, Bromont, la Garde-Ferradure, Entragues et autres lieux.

Saisi sur Pierre de Chalus, le fief fut adjugé en 1667 à Nicolas Villers, écuyer, pour passer ensuite dans la maison Dufour de Villeneuve.

Il y avait un prieuré qui dépendait de l'abbaye d'Yssoire.

Une ancienne église sous le vocable de Sainte-Madeleine située à l'Ouest-Nord-Ouest, sur les pentes inférieures de la butte, où l'on voit ses restes, desservait les localités de *Magaud*, Chalus, Villeneuve, Gignat. Elle possédait, dit-on, une cloche énorme.

Chapitre IX.

La Chaud de Mezen et de Chalus. — Les Cheyrouses. — Le Plateau du Cluzar. — Les Caves de la Rode.

itué au-dessus de deux vastes plaines, Chalus semble plus élevé qu'il n'est par le fait.

Ce mamelon, d'une altitude de 561 mètres, est resté là comme un grand témoin, une balise debout dans la brèche, au milieu de la formidable débâcle qui s'ouvrit un passage au travers de la digue immense du Lembron. En voici d'ailleurs les amorces, les pointes Sud et Nord de la Chaud de Gignat et de celle de Mezen, semblables à des cornes qui menacent Chalus.

Au-dessus de Gignat, la Chaud du Broc en se prolongeant prend le nom de *Spinasse*. C'est une langue de terre rétrécie qui s'allonge à une altitude de 543 et 560 mètres. Un large et profond ravin l'éloigne de Chalus : la grande trouée.

D'autre part, une dépression très accentuée sépare Chalus de la Chaud de Mezen et du plateau du Cluzar. Mais celui-ci se redresse aussitôt et présente déjà une élévation de 609 mètres, là où le plateau se retourne brusquement à angle droit pour s'élargir dans la direction du couchant.

Cette disposition a permis aux habitants de Chalus de se procurer l'eau qui leur manquait en partie.

A deux kilomètres environ du village, après avoir laissé à droite le Chezal de la Pichonne, non loin du chemin qui conduit à Boudes, la commune a fait exécuter avec succès des fouilles pour ses fontaines.

En pratiquant, il y a moins de quatre ans, les tranchées nécessaires dans les terrains situés sous l'escarpement basaltique qui se dresse à 160 mètres au-dessus de la plaine de Boudes et Sansac, on a trouvé les traces d'une station néolithique, des outils et des armes en pierre polie. C'est au terroir des Combes et des Cheyrouses. Les haches et les flèches recueillies par M. P. Rome en proviennent. — Cheyrouse vient du celtique *cair* qui signifie pierres.

La tranchée, descendue à plus de deux mètres de profondeur, a donné quatre couches successives d'épaisseurs bien différentes, savoir : terre végétale (environ $0^m\,20$); argile ($1^m\,05$); sable fin ($0^m\,10$); gros gravier ($0^m\,80$) très dur, aggloméré par un ciment silico-ferrugineux. Les haches et les flèches reposaient dans cette dernière couche sous laquelle on retrouve l'argile et où l'on constate des traces d'humus provenant de bois décomposés. — Le garde de Chalus, François Raynard, nous a montré les lieux.

Tous les renseignements nous ont été fournis par M. Ollier-Périchon, maire, et par M. Charrier, instituteur, qui nous ont reçu très amicalement.

Grâce à l'obligeance de M. Charrier, nous avons pu

nous procurer en outre trois haches polies ramassées dans les fouilles: une en éclogite, les deux autres en fibrolite.

Aujourd'hui, le temps est splendide. C'est bon! Notre bande d'alertes flâneurs explore joyeusement une région des plus curieuses et fait l'école buissonnière au milieu des vénérables souvenirs d'antan. Le plaisir est double.

M. Charrier, M. Flagel, instituteur à Villeneuve, veulent bien nous accompagner. Nous marchons sous la conduite du *père* François *Crégut*, (crégut, habitant des rochers, du celtique *craig*, rocher), un aimable vieillard de 68 ans : il a bon pied, bon œil et connaît à merveille les coins et recoins du pays. M. Auzat, ancien professeur, regrette de ne pouvoir venir; mais il nous adresse une bonne épître toute pleine de doctes aperçus, une vraie carte écrite dans laquelle nous puisons sans vergogne.

En avant donc! Et puisse le glorieux Indra nous regarder d'un œil favorable !

Nous avons quitté la Chaud de Mezen et de Chalus. Nous passons à *Pra-Soubra, La 'Brau, Font-Genêt,* le long de la face nord du rempart démantelé qui limite le grand plateau du *Cluzar*, et se développe au-dessus du superbe Lembron sur une longueur de deux à trois kilomètres.

Nous sommes au milieu des ruines amoncelées de la coulée de basalte qui se démolit petit à petit, semant de vastes cheyres couchées sous la rude falaise. Nous trébuchons sur des squelettes de roche, et parfois, non sans peine, nous nous frayons passage à travers les ronces, les broussailles, les épines, les branches mortes détachées de quelques arbres rabougris.

Nous arrivons devant les *caves de la Rode*, ouvertes dans la paroi rigide du mur de basalte..

Ce sont deux soufflures de la lave ; elles forment des chambres qui ont été agrandies de main d'homme, et dans lesquelles plusieurs personnes pourraient se caser. L'accès en est difficile ; il s'effectue par le haut en se laissant glisser sur une étroite corniche à laquelle il faut se cramponner.

Villeneuve (villa-nova) s'aperçoit au-dessous à une distance d'environ 1.800 mètres. La région présente encore le même aspect désolé ; mais le versant adoucit un peu sa pente. Un grand bois couvre ce versant, un bois mystérieux aux étranges révélations.

Chapitre XIII.

L'Allée des Fades. — La Grotte de Fridayre. — Le Dolmen de Tablou ;
la Zoma, le Chandeza, l'ancien Pagus Gaulois.

n avance sous l'impression d'un sentiment indéfinissable, comme superstitieux. Le silence est profond, presque solennel. Devant nous s'éclaire une longue allée, une rue large de cinq à six mètres, en ligne parallèle à la falaise.

C'est l'*allée des Fades*, la voie magistrale d'un ancien pagus gaulois.

Sur chaque rive de cette rue, à intervalles égaux, on remarque des cases écroulées dont les débris figurent des pyramydes de pierres à base carrée. C'est l'*allée des Fades*.. Au-dessous s'étend un terroir appelé le *May*.

En avançant encore, nous arrivons en présence de la grotte de *Fridayre*, abri préféré d'une ondine de ce nom, ravissante comme la volupté : la fable le veut. Cette ondine si gentille baignait ses pieds mignons dans les eaux limpides cachées sous l'épais ombrage du bocage. La brise parfumée caressait son col de cygne et faisait flotter gracieusement ses longs cheveux dénoués, des cheveux splendides comme ceux de *Sourya* (l'aurore)..... Une vision céleste évanouie dans le léger nuage d'une matinée de printemps. Charme délicieux !....

Les habitants de Villeneuve sont venus par là chercher la source bienfaisante qui alimente leurs fontaines.

Nous descendons en revenant sur nos pas pour nous rapprocher du bourg que nous avons dépassé.

Nous sommes à *Lepradat* (lieu favori des lièvres), aux *Prades* (les prés). Nous trouvons les territoires des *Hors* (jardins) et de *Passera* (les moineaux).

Là-bas, c'est *Malintrat*, ce qui indique que les abords de Villeneuve sont difficiles en ce point : très exact.

Pénétrons dans le bois qui s'étend derrière la localité jusqu'aux caves de la *Rode*. De grands chataîgniers moussus, décrépits, ont remplacé les chênes séculaires dont il reste quelques vétérans.

Tel est désormais le triste cortège du dolmen déchu, le *dolmen de Tablou*.

L'autel sacré de la vieille Celtique est là presque méconnaissable. La table, épaisse et fruste, présente une largeur d'environ 2^m 50 sur 6 à 7 mètres de long; mais brisée en trois morceaux elle gît à demi renversée sur ses supports chancelants. Encore un peu et le tout se confondra avec les blocs épars sur le sol, une vraie *steppe* (val des tombeaux).

Mais quelle superbe position, imposante et fière, sur le bord septentrional d'une immense terrasse où l'on contemple un panorama indescriptible.

Eparpillées autour du dolmen, mais à une distance en quelque sorte respectueuse, il y avait des constructions dont on voit les ruines importantes et dont quelques-unes auraient même été habitées jusqu'à ces derniers temps.

Une chose frappe dès l'abord, c'est la lettre et le sens donnés dans le pays à ces divers emplacements :

— Le *Bâré* (nom qui désigne aussi un oiseau de proie), le *Bâré* ou *Barry* rappelle l'enceinte primitive de fortifications faites avec des pieux et des barres de bois;

— Le *Bou-thé*, c'est-à-dire le lieu des sacrifices;

— Le champ *Sabba-thé*, repos de la divinité;

— La *Zô-ma*, le lieu consacré à la divinité;

— Le *Chande-za*, la demeure de la divinité ou de ses prêtres.

C'est l'endroit qui a été déserté le dernier.

Ces détails si intéressants, nous les devons à M. Auzat, professeur, qui habite Villeneuve.

Chapitre XIV.

Ages crépusculaires. — Coup d'œil sur les Traditions fabuleuses, sur les grandes Epopées.

ien ne saisit comme de tels rapprochements. Ce qui frappe en effet, ce qui peut sembler étrange, c'est l'étymologie, nous ne dirons pas seulement latine, grecque ou celtique, c'est l'étymologie *peut être sanscrite* de certains de ces noms de terroirs qui ont survécu à toutes les révolutions philologiques.

Oui !.... *même sanscrite!*.... Et cela ne doit pas trop surprendre.

Qu'on ne s'y trompe point, nos patois de France, en particulier l'Auvergnat et le Breton, nos patois de France sont des dialectes d'origine. Ils sont des variétés de la langue populaire des Celtes, la vraie, la première, celle des traditions vénérables de l'*antique patrie*. Ces dialectes se sont effacés; ils s'effacent de plus en plus devant la langue nouvelle, la langue scientifique et savante, et cela pour achever l'œuvre d'unité nationale; mais ils restent le *thabor* des vieilles réminiscences d'un passé nébuleux, en quelque sorte les *fossiles* de notre histoire. Plus perfectionnés déjà que leurs prédécesseurs qui servirent à les former eux-mêmes et auxquels ils avaient dû emprunter leur esprit, on pourrait ainsi par eux de proche en proche remonter à la source unique,

En réunissant les traditions orales de la Gaule celtique, en colligeant nos contes et nos chants populaires, on arriverait sans doute à composer une mythologie comparable à celle des Hindous et issue de cette dernière, malgré les altérations inévitables dues à la grande distance qui les sépare de leur source.

C'est ainsi que l'on a pu reconstituer les mythologies slaves, tchèque, scandinave, germanique, et y reconnaître les mythes cosmogoniques de l'Inde.

Les héros de l'Illiade et de l'Odyssée ressemblent à ceux du Mahâbhârata et du Ramâyana, la plus grande épopée des Hindous.

En traduisant les contes des paysans et des pâtres slaves, d'après les recueils de Glinski et du tchèque Bogéna-Nemçova, A. Chodzko les rapproche de leur origine indienne et constate le rapport intime, étroit qui existe entre le sanscrit (langue mère des Aryas) et les idiomes slaves, surtout le Lithuanien.

De même que les slaves, les Grecs et les Latins, les Celtes et les Germains sont issus de la grande famille Aryane.

De temps immémorial, toutes les hordes qui se sont poussées vers l'Occident, en se succédant comme les vagues dans une marée océanienne, toutes ces hordes sont parties du même point. Quoi d'étrange qu'elles aient toutes conservé quelque chose de leur commune origine, malgré les mélanges, malgré les vissicitudes inouies de leurs fabuleuses expéditions.

C'est de là que sont nées les grandes épopées, les épopées aux aspirations sauvages, tout imprégnées de la fureur des batailles, de la soif du sang, des mortelles jouissances de la lutte implacable contre un milieu terrible. Récits merveilleux des premiers pas des nations au sortir du berceau; chants héroïques, échos d'une passion commune et d'une destinée semblable.

— « Il y a, constate Al. Chodzko, il y a une immense voie pavée de tertres funéraires ou *tumulus* qui, partant de Balk, du Pendjab et de l'Afghanistan, où on les nomme *tépé* (pol. stypa), se dirigent par la Perse vers le Caucase, s'éparpillent sur les steppes de l'Ukraine et atteignent d'un côté la Suède et de l'autre la France. C'est probablement la route qui conduisit les émigrations aryanes depuis les plateaux alpestres du Paropamysus jusqu'en Europe. »

Oui, répétons-le, nous descendons de la grande famille Aryane, dont le berceau est dans l'Asie centrale. La race brahmanique qui parlait le sanscrit, habitait près des sources de l'Oxus et de l'Iaxarte sur le plateau de *Pamir*, mot qui, dans la langue imagée des Hindous, veut dire le *Toit du monde*.

Avec le temps, les plus antiques migrations des peuplades indo-européennes finirent par pénétrer vers le couchant. Leurs ramifications extrêmes arrivèrent jusqu'aux rivages de l'Atlantique, barrière encore infranchissable. Dans cette marche à la conquête de l'inconnu, le soleil leur servait de guide. Mais combien s'égarèrent en route?.... Que trouvèrent-ils dans nos régions, les premiers émigrants venus de si loin ?....

Notre *Plateau central* était-il déjà habité par un peuple

indigène? Et qu'en résulta-t-il pour tous de ces invasions adoucies par l'éloignement?....

Quoiqu'il en soit, nos traditions, nos superstitions, nos croyances religieuses, nombre de nos pratiques sont marquées du sceau des croyances et des pratiques aryanes. Lassen, Burnouf, tous les orientalistes l'établissent indiscutablement.

C'est en vain que, pour mieux assurer le despotisme exclusif de leurs ministres et régner par la terreur, c'est en vain que les religions, en se succédant sur un pays, s'efforcent d'exterminer leurs devancières, d'anéantir avec soin tout ce qui peut rappeler un passé importun. En dépit du prestige nouveau, toutes sont marquées d'une même empreinte, profonde, indélébile... Leur source est aux lieux où naissent, rampent, croupissent le vieux Gange et l'Indus... Serait-ce pour cela que, dans leurs temps de décadence, elles marquent une tendance invincible à retomber dans un grossier fétichisme?

D'autre part, coïncidence remarquable, la croyance populaire aux loups-garou, aux gnomes, aux vampires, aux *dragons ailés,* aux créations les plus fantastiques à peine entrevues par l'homme dans les épais brouillards des âges crépusculaires, cette croyance est d'origine aryane. Ils ont existé, ils existent ces êtres aux formes hideuses, aux proportions formidables. Il en est même dont on ne pourra jamais se faire une idée, parce qu'ils ont vécu sans laisser trace de leur passage.

L'imagination n'invente rien ; elle conçoit, réfléchit, parfois à grand'peine et avec de pâles reflets, les seuls objets ayant déjà frappé nos sens dans le présent et dans le passé. La réalité dépasse les rêves les plus épouvantables d'un cerveau en délire ; elle laisse loin derrière elle les conceptions les plus insensées du plus affreux cauchemar.

La science arrive : la lumière dissipe les ténèbres.

La paléontologie, merveilleuse épopée des fossiles, ressuscite à nos regards éperdus le *Diornis*, l'*Œpyornis*, le *Glyptodon*, le *Mégathérium*, le *Mégalonyx* (époque tertiaire) ; — l'*Iguanodon*, le *Mosasaure* (époque crétacée) ; — le *Ptérodactyle*, l'*Archæoptéryx*, l'*Ichtyosaure*, le *Téléosaure*, le *Pleiosaure*, (époque jurassique). Et combien d'autres à ajouter à cette effroyable collection ?....

Voici s'avancer, dans son infernale domination, le plus monstrueux de tous ces êtres que la science a pu déjà reconstituer. C'est le colosse des monstres, c'est l'*Atlantosaure*, reptile stupéfiant, gros comme un foudre, long de trente-huit mètres, — *trente-huit mètres!* — rampant sur quatre pattes d'airain, faisant ployer comme paille sous sa masse ondulante les fougères et les prêles contemporaines de deux cents pieds de haut. Sa tête effrayante est celle d'une tortue invraisemblable ; sa gueule est un abîme. Sa queue formidable frappe un coup, et la fange des marais préhistoriques jaillit à des hauteurs inimaginables. A côté de cela, l'homme n'est qu'un moucheron.

Evocations terribles auprès desquelles les monstres de l'obscure Apocalypse ne sont que jouets d'enfant !

Mais aussi quels cadres pour ces êtres extravagants !.... De sinistres paysages d'une magnificence horrible, voilés de demi ténèbres que les éclairs et les grondements d'un tonnerre perpétuel illuminent de lueurs livides et remplissent d'un inénarrable épouvantement. Et pour compléter cet ensemble, les explosions sans fin de tous les volcans en pleine activité, les éruptions incessantes de fleuves de feu qui roulent en nappes immenses et se mêlent aux torrents des pluies métalliques : ouragans de flamme qui déchirent les entrailles de la terre secouée d'un pôle à l'autre.

La science marche....

Nous sommes encore auprès du dolmen de Tablou.

Il est plus facile de nous représenter la forêt sacrée des chênes énormes plusieurs fois séculaires, une forêt profonde, mystérieuse, peuplée de prodiges.

C'est là le sanctuaire inviolable, vénéré. C'est là que fleurit le collège des Druides, — des Druides blanchis dans l'étude des plantes divines, des révolutions célestes et des trois cercles de l'existence, écrit Ed. Schuré dans son *Histoire du Lied*, les Druides dépositaires des révélations de la divinité, gardiens sacrés de cette triple couronne : religion, science, poésie. A l'origine des civilisations, le poète est en effet revêtu d'un caractère sacerdotal.

Assis à l'ombre de leurs épaisses forêts, les Celtes éprouvent une joie farouche à entendre raconter, sur un rythme terrible, les marches retentissantes, les aventures inouïes de leurs invincibles guerriers, fils de ces héros du mythe solaire (Rig-véda), héros triomphants des ténèbres, purifiant la nature et la débarrassant des monstres fabuleux.

Dans son étude sur la formation des épopées nationales, E. de Laveleye établit que les Bardes Celtes et Germains chantaient les exploits réels des héros de leur race, leurs propres exploits : le combat à outrance des Burgondes et des Amelungen sur le cadavre du margrave Ruediger ; — la mort de Siegfried et la vengeance de Kriemhild ; — les aventures homériques du roi de Frise, Hettel, perdu dans les glaces du Nord.....

Et, à l'appui de cette vérité, il cite les témoignages sans

nombre recueillis dans les historiens et les vieux chroniqueurs : Ammien Marcelin, Tacite, Posidonius, Pompéius Festus ; — Cassiodore sous Clovis I ; — Jornandès, le prieur Jeoffroy ; — la chronique de Turpin ; — Albéric (866) ; — le *Poëta Saxo*, de la fin du IXe siècle.

La Saga des Nibelungen serait de tradition franque. Elle remonterait au IVe siècle.

Avec leurs *bardits* de guerre, ce sont les chants héroïques que les premiers rois Franks aimaient à entendre célébrer au milieu de leurs festins, et que Charlemagne aurait fait recueillir d'après le chroniqueur Eginhard.

Quelle jouissance suprême nous éprouverions à fouiller dans les traditions merveilleuses d'un passé encore si peu exploré !..... Mais le temps nous fait défaut, le temps et le reste.

Puisse l'Auvergne, elle aussi, trouver bien vite ses frères Grimm, patriotes et savants.

Chapitre XV.

Le vieux Fort et la Tour du Mazet. — Villeneuve-Lembron et son Chateau. — Un Trésor.

Maintenant nous quittons les environs du dolmen de Tablou pour descendre à Villeneuve.

Longtemps éparse, la population s'est groupée lentement autour du vieux fort dans lequel les habitants se réfugiaient en temps de guerre ou d'attaque. Le danger passé, chacun reprenait ses habitudes, retournant s'abriter sous le toit paternel caché dans la forêt. Certaines familles ne se sont même décidées que récemment à abandonner le séjour des anciens.

Aujourd'hui, la commune compte 350 habitants.

Situé dans le bourg même, le vieux fort était considérable. Il en reste d'importants vestiges qui paraissent remonter au XIIIe siècle, et une haute tour carrée dominant la localité. C'est la tour du Mazet dont les murs ont une épaisseur considérable et qui servait de prison.

Les documents historiques nous font défaut. Toutefois,

vers l'an de grâce 1303, il est question d'un nommé Astorg (*astor*, c'est-à-dire sans colère).

Le château proprement dit de Villeneuve est en dehors de la localité, au Nord de la place où se trouve l'église qui possède deux autels sculptés très curieux et une belle croix processionnelle.

Ce château fut construit dans la seconde moitié du XVe siécle par Rigault d'Aureille ou d'Aurelle, seigneur du lieu, lequel vivait sous les règnes de Louis XI, Charles VIII et Louis XII.

C'est une construction massive, carrée, enceinte de fossés larges et profonds, flanquée aux angles de quatre tours rondes. Ces grosses tours aux murs épais avaient plus de vingt mètres de hauteur. La tour nord-ouest s'appelle *Monjoli*. Au nord-est, celle qui est dite de *Saint-Michel* contient la chapelle gothique avec d'intéressantes peintures et surtout de belles boiseries.

En sortant de la chapelle, on passe, au rez-de-chaussée, sous une galerie couverte qui longe la grande cour à droite. Les murs de cette galerie sont ornés de fresques curieuses, accompagnées de sévères légendes. La facture en est assez primitive. Ces fresques satyriques représentent le vieux Rigault, un astrologue, la bigorne qui dévore des hommes, un animal étique. Il y a là une plaisante opposition entre la bigorne *très-grasse* qui se nourrit d'hommes faisant la volonté de leurs femmes (règle génerale), — et la chiche à face *étique*, laquelle, depuis nombre d'ans, n'a pu trouver encore qu'une proie unique, une jeune épouse simple et ingénue, obéissante (rara avis) à l'égard de son mari. Cette épigramme en peinture ne manque pas de vérité.

Nous ne mentionnons que pour mémoire les énormes

massacres de cerfs et d'élans qui sont suspendus aux murs.

L'intérieur du château offre des appartements d'un accès facile, avec des retraites et des dégagements commodes. La grande salle est tendue en vieux cuir de Cordoue. On remarque encore la chambre de la bergère et la chambre dorée dans laquelle il y avait un lit splendide où coucha François Ier : ce lit est actuellement dans le château de la Grange-Fort, qui appartient au vicomte Jean de Matharel. Il existe en outre d'admirables boiseries délicatement sculptées et d'un travail très précieux.

Allant au secours de Marseille assiégée par les Impériaux, François Ier passe trois jours à Villeneuve. Il y était le 16 juillet 1553, comme en témoigne une lettre qu'il écrivit au bailli de Troyes.

Sur la porte d'entrée s'étale le blason de Rigault d'Aurelle. Ce sont des armes parlantes auxquelles le docteur Dourif-Liandon attribue judicieusement une signification en harmonie avec les jeux d'esprit que l'on rencontre si souvent dans les monuments héraldiques. — Le cimier représente en effet une tête d'âne ayant entre les oreilles une fleur ou capitule de chardon. Autour du cimier s'étalent en guise de lambrequins des branches du même *chardon*, en patois *Rigaud*. Au-dessous sont des branches de persil, allusion sans doute à la charge de maître d'hôtel. Le tout compose un corps, en forme de rébus, à la devise gothique : « *Par cy passe Rigault* », qui peut se traduire de la sorte « *Persil surpasse chardon* ». Au reste, les pièces qui se détachent sur le champ de l'écu ne sont ni des losanges ni des fusées, mais bien une

Les Armes parlantes de Rigault d'Aureilles a Villeneuve-Lembron (1887)

brochette d'*oreilles* d'ânes formant des armes parlantes à Rigault d'*Aurelles*, d'*Oureilles* ou d'*Aureilles*.

Un ancien architecte, A. Mallay, a fait une notice sur le château de Villeneuve. Georges Sand en a donné une description dans son roman de *Jean de la Roche*.

En 1577, la baronnie passe par testament à Jean de Montmorin.

En 1786, le château appartenait à M. Dufour, Maître des requêtes, Intendant de Bourges. Aujourd'hui, il est à M. Claude-Henri Pélissier de Féligonde.

Il y a environ cinq ans, on a trouvé à Villeneuve, près de l'ancien fort, onze cent dix pièces de monnaie contenues dans un vase en terre grossière, une sorte de modeste tirelire. Le docteur Dourif, de Clermont, savant numismate, les a acquises et en a publié le catalogue en 1883.

Les pièces, deniers et oboles, n'ont qu'une très petite valeur intrinsèque. Elles datent du XIIe au XIVe siècle. 683 sont des monnaies royales des règnes de Louis VI, Louis VII, Philippe II, Louis VIII, Louis IX, Philippe III, Philippe IV, Louis X, Philippe V et Philippe VI. Elles comprennent 392 deniers et 291 oboles, pièces émises par les rois de France de la troisième race.

Il y a en outre 422 pièces baronnales et cinq pièces frustes.

D'après le docteur Dourif, ce trésor aurait été enfoui vers le milieu du XIVe siècle, sous le règne de Philippe de Valois, et ne comprend que les plus petites divisions monétaires du temps.

Chez les populations celtiques, il existe cette croyance, dont la source est dans l'Inde, que les trésors portent malheur à leurs possesseurs et les font tomber sous la *puissance des mauvais esprits*. L'insignifiant trésor de Villeneuve aurait éte funeste au repos de ceux qui l'ont trouvé.

Chapitre XVI.

—

Les Ruines de Fa-moura. — Les Grottes de Grabié- — Le Mour de Sanha. — Mareugheol et son Fort. — Antoingt.

Gaillards et dispos, nous quittons Villeneuve en appuyant sur la gauche pour nous rapprocher du plateau du Cluzar.

Nous passons bien au-dessus du château d'Eyry laissant à droite le colombier Golfier, nous grimpons sur les pentes orientales du plateau (*la Chalme*) de *Fa-moura* qui s'élargit à environ 760 mètres d'altitude.

Arrivés au-dessus des Prés-Verdier, nous abordons une sorte de marche immense, en partie boisée, en partie dénudée, mais entièrement ensevelie sous les débris alpestres de la montagne. Ces parages ont un aspect sauvage.

Sur le bord de la gigantesque terrasse hérissée de rocs abruptes, nous trouvons les ruines de Fa-moura. Ce sont les restes d'antiques constructions réellement cyclopéennes et sans traditions. Les murs en pierre sèche, formés de blocs énormes rapprochés des uns des autres, ont environ trois mètres d'épaisseur. Tous les parements sont dressés avec soin. On distingue encore le plan d'un grand bâtiment rectangulaire, bien orienté, dont les dimensions extérieures présentent quatorze mètres de long sur dix de large. Un mur de refend, ayant 1ᵐ 20 d'épaisseur, le partage en deux chambres inégales. Attenant à lui, du couchant, un chezal plus petit, de sept sur cinq à six mètres, se remarque en prolongement de la face Nord. On trouve les traces de plusieurs autres cases moins bien conservées, et les vestiges d'une sorte de gros mur d'enceinte.

Un peu plus loin, du côté de Ternant, il existe encore, paraît-il, d'autres ruines mégalithiques dans le même genre et connues sous le nom de *Zumineyra*.

Derrière Fa-moura, la falaise démantelée se redresse bientôt brusquement et va rejoindre le plateau.

Dans la paroi, presque à pic, il existe deux cavités en partie détruites et portant le nom de grottes de *Grabié*. Le mot grabié aurait ici l'acceptation d'innocent.

Escaladons la montagne et gagnons la plaine qui lui sert de couronnement. Dans la direction du Sud-Est, elle s'avance sur Mareugheol et forme un cap élevé, très escarpé, que l'on appelle dans le pays *Mour de Sahna*. Nous laissons aux étymologistes compétents le soin de rechercher la signification et l'origine de ces désignations.

Descendons maintenant à Marieuge en société de notre ami, M. Mezin-Mallet, qui a eu l'obligeance de nous guider dans cette excursion avec le garde Petolon Quaintien que M. Guimoyat, maire, a mis complaisamment à notre disposition.

Mareugheol, appelée aussi Marieuge, est une commune de 504 habitants, située sur un petit affluent du ruisseau de Mazerat.

L'endroit fut successivement désigné sous les noms de *Mariolus* (1032), *Mairiolum* (1050), *Marologium* (1295), *Mareugheol-Lembron* (1686), *Marvejol, Mareuge* (XVIIIe siècle).

Marologium est un mot celtique qui, d'après Bullet, signifie *habitation au bord de l'eau* : *mar*, rivière; *or*, bord; *log*, habitation.

Il y avait un prieuré dépendant de l'abbaye des Bénédictins d'Yssoire. La cure était à la nomination de l'abbé.

Le chapitre collégial, sous le nom de Saint-Victor et de Sainte-Couronne, était composé de quatorze chanoines à la collation de l'évêque de Clermont, y compris les prébendes. Les stalles sont conservées dans le chœur de l'église qui a dû être construite au XIVe siècle. L'église est sous le vocable de Saint-Roch.

Dès le XIIe siècle, Mareugheol ainsi que Solignat, faisait partie du dauphiné d'Auvergne. Les deux localités dépendaient de la justice de Vaudable.

Lors de la prise d'Yssoire par l'atroce duc d'Anjou, en 1577, les religionnaires, sous la conduite du vicomte de Lavédan, se retirèrent à Marieuge, dont les tours crénelées et les fortifications en bon état leur offrirent un refuge de facile défense.

Le mieux conservé à beaucoup près de tous ceux qui furent construits vers le XIVe siècle pour protéger le pays contre les courses des routiers et des Anglais, ce fort est une curiosité des environs d'Yssoire. On ne le visite pas assez. Il présente la forme d'un vaste carré, légèrement contracté, dont les côtés Sud-Est et Nord-Ouest ont de 64 à 65 mètres de longueur, et les deux autres respectivement 61 et 56 mètres environ. Les angles sont flanqués de grosses tours. Les murs d'enceinte, de

10 à 12 mètres de hauteur, étaient couronnés par un chemin de ronde qui existe encore sur plusieurs points.

Autour, il y avait un fossé qui ne se reconnaît presque plus, si ce n'est au levant.

L'entrée principale, au Sud-Est, était défendue par des mâchicoulis dont il ne reste que les corbeaux. On voit les rainures pratiquées dans la façade pour laisser circuler les chaînes du pont-levis et descendre la herse pesante. Il y avait autres trois passages voûtés, étroits, très bas, faciles à murer et à rendre inabordables.

L'église est dans l'intérieur des fortifications ainsi qu'une soixantaine de petites maisons, les plus anciennes de la localité. Autrefois, les granges et les écuries seules étaient en dehors de l'enceinte.

De l'autre côté, sur la rive droite du ruisseau et au Nord-Est du fort, il y avait un petit château appelé *Prolhat*. Une demoiselle du nom aurait été enlevée jadis en allant à la messe de minuit, et nul depuis dans le pays n'aurait ouï parler d'elle.

De Mareugheol a Antoingt, la distance est courte.

La commune d'Antoingt compte 674 habitants. Successivement appelée Antoin, de Antonio, Antoniensis, puis Antoingt à partir de 1318, cette localité n'offre rien de particulier. En 950, elle était le chef-lieu de la viguerie du comté de Tallende. Ça et là, on reconnaît quelques vestiges d'une enceinte fortifiée. On y a trouvé des amphores et des fragments de poterie très ancienne.

L'église, sous le vocable de Saint-Gall, est en partie romane; elle a été modifiée, augmentée à plusieurs reprises. Une belle cuve baptismale sert de bénitier. On remarque aussi une peinture un peu sombre sur bois, d'un effet poignant : elle représente le Christ sur la croix. Le cadre sculpté a de la valeur.

Il existait un prieuré dépendant de l'abbaye de Chantoin (Clermont). — M. le curé nous a montré une crosse d'abbé très précieuse et richement émaillée ; elle est encore ornée d'une fine statuette, dont la semblable a disparu, avec de curieuses figures symboliques représentant des dragons apocalyptiques. Cette crosse aurait été donnée au VIe siècle par l'évêque de Saint-Gall devenu plus tard patron de la paroisse.

Et maintenant, hâtons-nous de grimper au puy de Vaudable, qui se dresse sur la gauche à une altitude de 714 mètres.

Chapitre XVII.

Vaudable. — Le dauphiné d'Auvergne. — Robert-le-Magnifique, premier Dauphin; son Palais.

u de la plaine du Lembron, le puy de Vaudable se présente sous un aspect saisissant. Isolé de toutes parts, il se détache vivement sur l'horizon et s'élève dans la nue, pareil à un piédestal immense, sombre, découronné, noirci par le temps et les orages, en quelque sorte affaissé sur lui-même comme un géant foudroyé. Chauve, dénudé, il rappelle un autre puy plus régulier, plus élancé, le puy de Mercurol, dans la forêt de Vic-le-Comte, auquel semble confié la garde de deux tumulus (mohila) guerriers de la Celtique.

Dans les âges reculés, un temple mystérieux a dû régner sur cette cîme abrupte et servir de sanctuaire aux prêtres de la *religion des chênes*. Son nom l'indique : *Vallis-tabula, Val-dabula, Vaudabla,* Vaudable ou Vodable, c'est-à-dire *la table, l'autel des vallées.*

Mais comment expliquer l'absurde étymologie de *vallée* du diable (vallis diaboli) que l'on a pu si longtemps attribuer à un *puy*? Tous les historiographes l'ont reproduite les uns après les autres, sans examen ni discussion. Cette étymologie, fantaisiste et par trop inconsidérée, est en opposition avec toutes les règles de la linguistique et les données de la science. Elle ne tient pas debout, quand on se donne la peine de consulter et d'étudier les philologues compétents :

— Auguste Brachet : *Grammaire historique* et *Dictionnaire étymologique*;

— H. Cocheris et G. Strehly : *la Langue française, (origine et histoire)*;

— Michel Bréal : *Mélanges de mythologie et de linguistique*;

— H. Cocheris : *Notions d'étymologie française; origine et formation des noms de lieux*;

— Ensuite, dans le doute, nous débattons volontiers les questions délicates avec notre ami P. Delbos, professeur de littérature au collège d'Issoire. Le choc de deux silex donne l'étincelle, le feu *(agni)*. Du choc des idées jaillit la lumière.

Vallée du diable?.... Un *puy*!.... Cette qualification par trop bizarre doit tenir justement à l'importance mythologique du puy de Vaudable dans le passé, à l'ignorance et peut-être aussi à l'intérêt passionné de ceux qui s'attachèrent à déconsidérer, à flétrir l'antique religion, à la poursuivre dans sa langue, dans ses rites, ses traditions pour la rendre un objet de risée ou d'horreur et détourner d'elle à jamais les esprits trop obstinés à l'entourer de leur vénération et d'un culte patriotique. On voulait effacer jusqu'à la signification dn mot, jusqu'au souvenir lui-même et ce fut une guerre d'extermination plus implacable, s'il est possible et dans son genre, que celle de Charlemagne contre les Saxons.

Le Dieu unique, invisible, triompha ; la nature changea de face pour l'homme. « *Ce n'était plus la terre,* écrit Ed. Schuré, *cette mère féconde et bien aimée, antique berceau des géants et des dieux ; mais le sol maudit depuis la chute de l'homme...*

Quoiqu'on ait fait, nous sommes encore les descendants de la grande famille Aryane.

Pour nous Vaudable signifie *l'autel des vallées.* Les anciens titres de 1060 à 1589 établissent la généalogie du nom : *Valtabula, Vaudabla, castrum seu villa de Vodabuli, Vodabula, villa Vodabulœ,* Vaudable.

La situation topographique indique du reste l'importance du lieu, surtout dans les temps préhistorique et celtique, ainsi que sous l'ère gallo-romaine et à l'époque féodale. C'est une position exceptionnelle, une vraie clef que cette hauteur rigide, formée d'un roc âpre, nu, taillé à pic, mais entourée de vallées à l'opulente végétation, de coteaux couverts de pampres avec de riants tapis de velours vert, puis enfin d'un cortège de plateaux. L'aigle plane au-dessus du Lembron, le riche bassin ; son œil perçant plonge à travers la grande trouée, se repose sur cette large bande de fine émeraude qui s'appelle l'Allier, s'élève ensuite de pics en abîmes et promène un superbe regard sur l'immense horizon des cîmes altières du Forez se confondant avec le ciel dans un lointain vaporeux.

Passagèrement nommé *Comitatus Telamitensis,* le puy de Vaudable servit de socle à des constructions successives, dont la tradition s'est perdue.

Un fort château d'embuscade couronnait déjà son faîte lorsque *très haut, très puissant, très redouté seigneur Monseigneur le dauphin d'Auvergne* fixa son choix sur Vaudable comme résidence.

Dépouillés par leur oncle paternel, les descendants directs de la branche aînée des fameux comtes d'Auvergne, plus puissants que des rois, abandonnent alors le *gonfanon de gueules*. Vaudable devient leur séjour de prédilection, la capitale de leurs possessions vastes encore. Et, sur la cîme du gros donjon circulaire, la bannière au *dauphin d'azur* flotte seule désormais. Voici dans quelles circonstances s'accomplit une révolution de famille qui ne profita guère aux spoliateurs.

Guillaume VII (1145-1155), le grand comte d'Auvergne qui avait épousé Huguette de Montferrand, est allé en Terre Sainte où il accompagne Louis-le-Jeune, roi de France, qui entreprend la seconde croisade. Ses hommes d'armes l'ont suivi et, avec eux, les plus braves, les plus dévoués de ses feudataires parmi lesquels on distingue les sires de Lamothe, de la Roche-Aimon, de Verdonnet, de Fontenille de la Roche, d'Allègre, de Faydit, nombre de nobles chevaliers.

Il est au loin, en Palestine, le vaillant seigneur. Trop généreux, il a laissé ses Etats sous la seule protection de dame *loyauté*, faible suzeraine. L'ingratitude est vertu royale. Louis-le-Jeune laisse là-bas le comte d'Auvergne pour venir revoir le beau ciel de France sous lequel il pense bien qu'il n'y aura qu'un seul Maître. Mais pour régner, il faut diviser. Méconnaissant les services du comte, il excite les convoitises de l'oncle de ce dernier, l'encourage en secret dans ses entreprises, si bien que *Guillame-le-Vieux* usurpe le patrimoine de son neveu.

Au retour de la croisade, *Guillaume-le-Jeune* obtient toutefois la restitution d'une faible partie de ses terres. Il fonde en 1149 l'abbaye de Saint-André qui devient le Saint-Denys des dauphins d'Auvergne.

Le fils de Guillaume-le-Jeune, Robert surnommé le Magnifique, abandonne définitivement le gonfanon de gueules pour le dauphin d'azur. Il prend le titre de Dauphin qui fut celui de sa descendance et le signe distinctif de la branche aînée d'Auvergne dépouillée par la cadette. Un acte de 1167 lui attribue ce nom. On suppose, dit Dulaure, qne sa grand'mère *Marchise* lui octroya cette qualité en mémoire de *Guigues III, comte d'Albon, dauphin du Viennois*, aïeul maternel.

Le fief dauphin, appelé aussi dauphiné d'Auvergne, comprenait *Solignac, Rongières, Malnaut, Antoin, Mazerat, Lonchamp, Mareugheol, Bergonne, Collange* et le *Broc* qui composaient la chatellenie de *Vaudable*. Il y fut adjoint les seigneuries de *Rochefort* et d'*Aurières*, la chatellenie d'*Herment*, le château de *Mont-rognon*, les lieux de *Champeix, Neschers, Sauriers (Sauriat), Plauzat, Brion, Chanonat* et *Cros*.

A causes de certaines prétentions sur la ville, les dauphins d'Auvergne prirent aussi le titre de *comtes de Clermont*.

C'est postérieurement à l'an de grâce 1169 que le premier dauphin d'Auvergne, Robert-le-Magnifiqne, augmente la forteresse de Vaudable et la transforme en un vaste palais, superbe pour l'époque. Comme toujours, le sombre génie de la force inspire l'architecte ; comme toujours, les nécessités sinistres de la guerre en permanence président aux travaux et fixent les moindres dispositions.

Dans son armorial de 1450 qui est à la bibliothèque de l'Arsenal, le héraut d'armes G. Revel nous a laissé une vue de Vaudable.

Voilà bien le dyke gigantesque. Autour de lui s'enroule le château : un serpent trois fois replié sur lui-même et dont la queue cherche à rejoindre la tête. C'est une énorme carapace de pierre sur un monstre de basalte.

Et quelle minutie de détails, quel luxe de combinaisons! Ponts sur ponts, voûtes noires étagées, passages hardis suspendus dans les airs au-dessus des précipices. Après les fossés fangeux, les poternes béantes, les herses et les pont-levis, le fer et le basalte, on trouve un dauphin d'Auvergne incrusté au cœur de cet ensemble d'une effrayante complication.

Deux enceintes fortifiées enveloppent le tout; la première compte sept portes.

Pardessus cela, sur la plus haute pointe, se dresse la grosse masse du donjon circulaire : un escalier volant peut l'isoler des autres constructions, la citerne est à côté, et, de la plate-forme, on domine une immense étendue de territoire.

A quoi bon nombrer les tours. L'une sert de chartrier; l'autre renferme le trésor. La chapelle est dans celle-ci (démolie en 1780); la salle de justice dans celle-là. Aux murs de la chapelle sont suspendus les trophées conquis sur l'ennemi et les bannières aux armes de la maison; l'épée du dauphin repose sur l'autel en temps de paix, ce n'est pas bien souvent. Mais pour tout décrire, il faudrait continuer ainsi longuement.

Et aujourd'hui que reste-t-il de cette splendeur? De cette royale magnificence, que reste-t-il?... Les ruines elles-même ont disparu ou gisent enfouies sous les ronces et les orties. Le vent de la mort les a balayées comme poussière. La rouille a dévoré les armures les plus fines. Brisées sur le genou des révolutions, les bonnes épées de Tolède ont servi à faire des socs de charrue. Des débris du palais, cent familles d'anciens serfs se sont construit des demeures solides et humaines. Et tout le monde y a gagné, les maîtres non moins que les autres. Et l'éternel oubli pèserait sur le passé, si ce n'était les poésies des troubadours ou les quelques lignes écrites par Commines, Froissart, tous les chroniqueurs.

Au rez-de-chaussée, voici l'immense salle des armures, la plus importante de toutes, celle où s'étale la sombre collection des casques, cuirasses, sabres, poignards de miséricorde, armes de tous les temps et de toutes les formes.

Au-dessus, c'est la salle de famille, la plus grande après celle des armures. Une cheminée énorme, dans laquelle peuvent brûler des arbres entiers, occupe tout le fond de l'appartement. Le manteau de cette cheminée s'évase en pavillon jusqu'au milieu de la pièce et montre un sujet mythologique entourant les armoiries du Maître sculptées sur le panneau. Le plancher est formé de chaux battue, aplanie, recouverte de paille en hiver, de feuilles et menus branchages en été, une litière qui se change vite en fumier, d'autant plus vite qu'un nombreux personnel de chiens y prend ses ébats. — Les chiens pullulent en effet dans les vieux châteaux du moyen-âge, vaguant en liberté dans les corridors, les cours et les chambres. Ils ont toutes les privautés, des gens à leur service; ils sont autrement estimés et bien mieux traités que les serfs. (L. Gozlan.)

Voici d'ailleurs le mobilier de la maison : un seul lit,

de 4 à 5 mètres de large, pour toute la famille et le seigneur lui-même, quelques bahuts renfermant le peu de linge d'alors, linge dont ferait fi le plus mince propriétaire de nos jours.

Une étroite ouverture, masquée par une draperie flottante, donne accès dans un grand couloir aveugle. Tout au bout, là bas, un coup de vent chasse une petite porte que nous n'apercevions point d'abord, et l'on entre dans la salle des aïeux où sont rangés par ordre chronologique les portraits des principaux membres de la lignée.

Au devant de la salle de famille, on trouve la salle des audiences qui est aussi celle des réceptions et des fêtes. Il faut bien, de temps à autre, que les féodaux du moyen-âge essayent de se délasser, dans leur existence rude et monotone, au milieu de ces immenses solitudes de pierre où règne la contrainte et dont les hôtes habituels sont l'obscurité, le silence, une noire mélancolie.

Mais comme il est difficile à ces nobles seigneurs de s'égayer un peu, tant sont minces leurs rares loisirs écrasés entre des luttes consécutives qu'attisent les haines implacables ! — « Baron, disait le capitaine La Coche en s'adressant au sinistre François de Beaumont des Adrets, dans son château de la Frette, baron, allons-nous rancir longtemps comme du vieux lard entre ces quatre tours carrées? » (L. Gozlan,) — Un cri de guerre poussé par l'ennui! Et l'on était déjà au XVIe siècle!... Que devait-ce être au XIIe?....

Par intervalle, les fronts les plus soucieux semblent se dérider un peu. Un sourire essaye de briller au milieu des larmes, de rouges larmes. Comment oublier le sang versé hier, ne pas songer à celui qui coulera demain?... Sourire?

Cela n'a que tout juste la durée de l'éclair. N'importe, c'est toujours tant de gagné!

Chapitre XVIII.

Le Chevalier Peyrols, gentil troubadour, et la dame de Mercœur, sœur du Dauphin d'Auvergne.

u'on se représente maintenant une cour au moyen-âge, écrit O. d'Assailly dans son *Histoire des Minnesinger (chantres d'amour)*, qu'on se représente cette cour?

Voyez la scène : des dames aux traînants atours, au corsage roide; des chevaliers moitié fer, moitié soie; des rondes compassées au milieu d'une grande salle sombre, à peine éclairée par quelques candélabres en fer rongés de rouille et par des torches fichées dans les anneaux des murs, — une fête admirée par de petits pages ébahis qui frissonnent dans un coin. — Silence!... Le chevalier de Peyrols, gentil troubadour, accorde sa *mandore* : il chante une *ghâzele*; il raconte ses amours. On applaudit. Le dauphin d'Auvergne passe une chaîne d'or au cou du poète, et la dame de Mercœur le récompense par un sourire plein de douces promesses. Heureux troubadour! Plus d'une châtelaine inflexible laisse périr pour elle, dans les tournois, un preux qui l'adore, et ne sait résister à la complainte du troubadour.

Le chevalier Peyrols et la dame Mercœur ! C'est toute une idylle, une idylle charmante du XIIe siècle.

Hugues de *Perols* ou *Peyrols* est né vers 1170 dans le château de son nom situé près de Rochefort. « *Uns paulvres cavaler d'Alvernhe, d'un castel que a noms Peirols al pe de Rocafort,* » raconte la chronique.

Tête juvénile, cœur tendre, esprit délié, Peyrols est sans fortune. Il quitte de bonne heure le castel de son père pour courir les aventures et se réchauffer au soleil. Dans sa course vagabonde, il se laisse mener par ce guide fantasque que l'on nomme le caprice. Mais il ne va pas loin, car la patrie retient et captive le *novel oiselet*, la patrie, cette Auvergne aux horizons splendides, aux monts orgueilleux, aux vallons enchanteurs.

Il a visité le val de la Sioule et celui de la Miouse. Des hauteurs de Banson, il contemple la chaîne pittoresque des cîmes qui entourent l'imposant Puy-de-Dôme et lui font cortège. Les Monts-Dore l'attirent surtout. La vallée de Chaudefour n'a pas de mystères pour lui. Il grimpe sur le Sancy. Il admire, il admire encore, il admire toujours, Oh ! certes, il est heureux, très heureux. Sa tête est pleine, et pourtant il lui manque quelque chose. Les échos des montagnes ne répondent plus à sa voix. Qu'est cela ?

Un jour....

Un jour qu'il rêvait étendu sur l'herbe des grands plateaux qui se développent au-delà de Besse, la tête appuyée sur la main droite, le regard perdu au fond du ciel bleu, creusant l'inconnu, tout à coup un grand bruit le fait tressaillir, un grand bruit qui s'approche.

Ce sont des chevaliers, des chevaliers aux armures

éblouissantes, galopant comme l'éclair sur la verte pelouse, devisant joyeusement en compagnie de belles amazones. Le tourbillon passe auprès du Jouvenceau. Il regarde. Un coup d'œil suffit. C'est elle !..... Une plume d'or s'est détachée de la toque de velours. Il se lève d'un bond, se précipite, la ramasse et veut courir.... Mais elle est loin. Elle a passé sans le voir, sans jeter un seul coup d'œil en arrière. Oui, c'est elle ! la plus belle. Et elle emporte son cœur.... Mais qui, *Elle ?*

Peyrols fait un triste retour sur lui-même. Une toile grossière le recouvre, et son pourpoint est troué aux coudes. Son épée n'a plus de fourreau; les cordes de sa *guzla* sont brisées. Il penche la tête. Pour lui, plus de courage. Sa poitrine se gonfle; ses yeux se mouillent de larmes. Que faire ? Que devenir ? Ah !.... comme il la servirait à genoux !....

Mais un cœur novice ne saurait se laisser abattre longtemps. Et que sont les obstacles pour qui se rit de l'avenir ? Pour le gentil troubadour, les fleurs n'ont plus de secrets; désormais le langage des oiseaux lui devient familier. C'en est fait ! Il part à la conquête du monde; il s'en va à la recherche de *sa mie*. Quand il l'aura retrouvée, ah ! tout le reste lui sera léger, pourvu qu'elle daigne, la ravissante apparition, abaisser jusqu'à lui son doux regard de flamme.

La princesse *Assalide* ou *Saillide* d'Auvergne, sœur du dauphin, est plus belle que l'aurore par un beau jour du mois de mai. Dans sa première fleur de jeunesse, fraîche comme un bouton d'églantine, elle vient d'épouser Beraud Ier, sire de Mercœur, l'un des plus puissants barons de France et de Navarre. Le palais de Vaudable est en liesse, liesse et largesse. Robert-le-Magnifique, donne de grandes fêtes en l'honneur des dames. Aimant les lettres qu'il cultive et protège, habile poète lui-même et poète de haut lignage ce qui ne gâte rien, le dauphin attire auprès de lui les troubadours célèbres de l'époque; sa cour est mille fois plus brillante. Liesse ! Liesse et largesse!

Un matin, les archers de garde rapportent au prince que depuis plusieurs soirs, à l'heure où les ponts-levis retirent leur ombre aux eaux des douves, alors que tout repose, on entend une voix douce et plaintive qui chante une ballade nocturne, *un lai d'amour*... mais quelque chose de si touchant, de si tendre..., aux accords d'un luth si mélodieux, que, à deux reprises, ils ont essayé de surprendre le chanteur, mais en vain. La voix s'élève comme un encens; les notes suaves se mêlent au doux murmure de la brise parfumée, puis semblent s'éteindre en un long soupir.

La nuit est sereine. Les étoiles brillent au firmament. Ecoutez!.... Ecoutez!....

» *Noble châtelaine, ah! réveillez-vous !*
» *Ecoutez ma peine, je suis à genoux.*
» *Pour vous, la nuit, je veillerai, ô mes amours;*
» *Pour vous, la nuit, je chanterai toujours.* »

Qui va là?.... Qui va là?.... Personne.

« *Car loin du castel,*
» *Le beau ménestrel,*
» *Triste s'éloignait,*
» *Et toujours chantait :*
» *A vous, noble dame, j'ai donné mon cœur;*
» *Venez à mon âme, rendre le bonheur...* »

(ancien nocturne)

Puis la voix expire dans l'éloignement.

— « C'est bien. Je veux savoir. Demain…, surtout, capitaine, qu'on agisse avec égard et douceur. »

Le lendemain, c'est encore fête, fête plus joyeuse que la veille, Dans la grande salle, de gais propos s'échangent; les coupes pleines circulent à la ronde; la joie éclaire tous les visages. Mais sur la dalle résonne un coup. C'est la hallebarde. La porte s'ouvre…. Il est entré, Peyrols, Peyrols, le gentil troubadour.

Confus de se trouver en si nombreuse compagnie, effarouché comme un jeune daim que le chasseur a surpris, il hésite et semble chercher une issue pour s'enfuir. Et cependant, pour en voir jaillir le papillon, plus d'une châtelaine eût volontiers donné l'éveil à cette chrysalide.

Le dauphin regarde avec bienveillance le beau Jouvenceau en qui la grâce est rehaussée par une fierté naissante. Il l'encourage, lui souhaite la bienvenue… Le timide ménestrel hésite encore… Soudain son regard s'illumine, son front brille d'un éclat surnaturel; une auréole magique l'environne et le transforme. Il l'a vue. C'est Elle! la dame de ses pensées. On lui présente une *mandore*; il la saisit avec transport. L'instrument, sous ses doigts, frémit d'harmonies singulières qui font rêver.. rêver… Il ne voit qu'Elle; il chante pour Elle seule, pour celle qui a *féru d'amor* son pauvre cœur dolent.

La dernière corde a fini de vibrer; on l'écoute encore,.. Il s'avance timidement vers elle; il ploie le genou et lui présente la plume d'or, une plume tombée de l'aile de l'oiseau de feu *Ohnivak*. Elle la prend et une charmante rougeur colore ses joues et descend sur son col de cygne.

Un long regard s'est échangé, un regard dans lequel les âmes se confondent. C'est fait. Entre leurs pensées désormais, il n'y a plus de barrière.

Chapitre XIX.

Cours d'amour. — Les Troubadours des XIIᵉ et XIIIᵉ siècles. — Un Poète de haut lignage. — La Langue et l'école des troubadours d'Auvergne; leur influence sur le midi de l'Europe. — Joutes littéraires; le Puy.

ne heureuse étoile brille désormais pour Peyrols; il est devenu le commensal du dauphin. Il est son hôte, son compagnon d'armes et de plaisir. Et, dans le brillant seigneur qui passe, on reconnaîtrait à peine le pauvre troubadour de la montagne. Cependant la fortune ne l'a pas trop grisé. Il reste toujours le chevalier fidèle, valeureux dans les combats, courtois envers les dames, constant dans ses amours. La dame de Mercœur est son amie. Pour lui, dit la chronique, elle eût *amoureux merci et faveurs dernières*. Pourpuoi Baluze vient-il plus tard parler de *vilainie?* Baluze !!...

Cependant, chose qui pourra nous sembler étrange, le dauphin lui-même a sollicité pour son troubadour. La passion sincère et vraie est si persuasive, en quelque sorte contagieuse ?

Le manuscrit raconte textuellement : *El Delfis si la*

preguava per lui, et s'alegrava molt delas chansos que Perols fazia d'ella e tan que la Dompna li volia ben, e il fazia plazer d'amor à saubuda del Dalfiis.

A distance, les mœurs de Vaudable pourront nous paraître un peu dissolues et pas mal légères. En réalité, elles ne le sont pas plus que dans les autres temps et peut-être même moins. Que l'on y regarde de près. Tout se passe alors au grand jour, avec une bonhomie brutale, il est vrai, mais franche et naïve. Tout s'y traite loyalement et avec le cœur, l'amour comme la haine. C'est le temps des forts, des fidèles et des *francs* : il ne reviendra plus. Pour éclairer notre jugement, lisons *Raynouard*, l'*Histoire des Troubadours de l'A. Millot*, celle de la *Langue romane (roman provençal), par F. Mandet.*

Avec le développement de la chevalerie aux XIe et XIIe siècles, la galanterie devient une sorte de loi rigoureuse et non un banal témoignage de respect et de gracieuse déférence. Poussée à l'excès, l'exaltation chevaleresque conduit, il est vrai, à l'obéissance passive, aux caprices des dames et donne naissance aux *cours d'amour*.

Une cour d'amour au moyen-âge est un tribunal de dames assemblées en charmant aréopage pour juger la plus haute des félonies, celle du cœur, ou discuter les articles du code d'amour qu'un paladin est allé *conquester* dans le palais du roi Artus.

Elle peut paraître parfois bien étrange la morale de ce moyen-âge encore si rapproché de nous et que nous ne comprenons pas, parce que nous l'ignorons. Valent-elles mieux nos mœurs actuelles où *tout* se fait à prix débattu et l'amour... avec des chiffres ? — Au moyen-âge, se sont toujours les fils de la vieille Celtique, de cette généreuse patrie de Vercingétorix où la femme est entourée d'une auréole, dispose d'un pouvoir indiscuté, exerce une grande influence même dans les circonstances publiques les plus difficiles.

Par une exagération naturelle aux choses du cœur, il arrive que, devant l'aréopage féminin, le mariage lui-même n'est plus jugé une excuse légitime contre l'amour, l'amour vrai, sincère, fidèle. Entre plusieurs autres, on peut citer un arrêt célèbre rendu dans ce sens par une *Cour* dont l'usage ne s'est pas perpétué jusqu'à nous. Est-ce mieux ?...

Il s'agit d'un chevalier ayant reçu promesse amoureuse d'une dame qui est engagée ailleurs, mais promesse au cas seulement où son *ami* la délaisserait ; elle espère se débarrasser ainsi des assiduités d'un importun. Sur ce, la belle vient à se marier avec l'*ami* de son cœur, et, de ce fait, le mari cesse d'être le tendre amant. Aussitôt, le soupirant évincé requiert la nouvelle épouse qui refuse, alléguant qu'elle n'est pas privée de l'amour de son mari... Il est malaisé de narrer le tout par le menu... — Bref, la cause est appelée. La Cour d'amour s'assemble pour juger le cas.

Les parties entendues, la cause mûrement délibérée, la comtesse de Champagne proclame, toutes les chambres réunies, « *que le véritable amour ne peut exister entre époux* » et décide que la dame « *doit accorder ce qu'elle a promis* ». Rappel est fait d'un jugement que *d'aucuns considèrent comme passé de mode*. La reine Éléonore, femme de Louis VII de France, est priée de se prononcer sur une question des plus délicates : elle n'ose contredire l'arrêt et *donne son approbation à l'octroi revendiqué*.

Après cela, les plus austères excuseront sans doute un peu le dauphin d'Auvergne s'il a sollicité sa sœur de répondre à la flamme d'un amoureux servant. Et les prudes d'aujourd'hui — pour sûr des laiderons ou des niaises, — n'affecteront pas de se voiler la face trop hermétiquement ou d'excommunier le narrateur à cause de sa sincérité.

Pour Peyrols, ce sont les beaux jours : des rires sous la feuillée, de tendres aveux le long des charmilles. Artiste élégant aux façons délicates, il tient la *mandore* d'une main légère; son esprit facile glisse naïvement, comme à son insu, sur la pente insensible de la licence. Amant passionné et sincère, il lutine l'amour et lui adresse ses défis poétiques dans des *tensons* où il prend le vol et se perd dans les nues.

Cependant la belle Assalide, le dauphin et leur gentil compagnon croient plus à la beauté qu'au *beau* idéal, aux amours qu'à l'*amour* et n'ont souci que du plaisir et des perfections infinies des dames. Ils descendent promener leurs ébats sur les bords fleuris de la Couze et de l'Allier. Le doux murmure des eaux fait oublier et rêver. Les sites enchanteurs qui se déroulent à droite et à gauche inspirent leur muse folâtre. Et comment ne pas admirer ces bois touffus, ces vertes prairies, la gracieuse opulence des moissons de la plaine où retentissent les gais refrains du laboureur, les collines laissant rouler sur leurs croupes arrondies de longues guirlandes de pampre! Et ces sommets orgueilleux, ces vallées ravissantes, ces forteresses perchées à la cîme des pics élargissant leurs ailes de vautour dans les nuages, ces gorges profondes, mystérieuses, profondes ou riantes? Pour célébrer tout cela et plus encore, il n'y avait pas qu'un troubadour dans la capitale du dauphiné d'Auvergne.

Le suzerain de Vaudable est grand, généreux. C'est un

roi. Sa cour est ouverte à tous les champions de la *gaie science*; lui même ne craint pas de briser des lances dans cette lice pacifique. Selon les biographes, il fut l'un des plus beaux preux et des plus courtois chevaliers de son temps. « *Fo uns dels plus savis cavalliers et dels plus cortès del mon..... et Que meilz trobet sirventes e coblas e tensons.* » Mˢ. N. 7.225, fol. 186.

> *Un sonat novel fatz*
> *Per joy e per solatz.*
> *Chanson, quant seras lai*
> *Mon cossir li retrai.*

> Un sonnet nouveau je fais
> Par joie et par consolation.
> Chanson, quand tu seras là
> Mon penser lui retrace.

Protecteur et complaisant des troubadours, il ne dédaigne pas les doux loisirs poétiques. Ses vers renferment des idées qui paraissent supérieures à la barbarie de son siècle, comme nous le verrons bientôt à l'occasion des démêlés entre Philippe-Auguste et Richard Cœur-de-Lion et de la querelle entre le comte d'Auvergne et l'évêque de Clermont, démêlés et querelle qui ont une fois de plus ensanglanté notre pays si beau.

Robert-le-Magnifique attire à Vaudable le troubadour *Perdigon* qui savait *ben trobar, ben cantar et ben violar*, d'après un vieux manuscrit de la Bibliothèque nationale.

Fils d'un pauvre pêcheur de l'Esperon, connu par douze pièces de vers, Perdigon, du Gévaudan, sut par l'éclat de son talent s'élever au rang de chevalier. Il gagnera une fortune considérable, sera successivement recherché par Pierre II, roi d'Aragon, Guillaume de Beaux et Raymond

Béranger. En attendant, le dauphin d'Auvergne l'habille, lui paye une grosse pension et le traite en *frère d'armes*. Ils font assaut de rimes et de courtoisie.

L'habile troubadour *Hugues Brunet* est là, lui aussi.

Hugues Brunet, né à Rodez, passe de la cour d'Aragon à celles du comte de Toulouze, du comte de Rodez et de Bernard d'Anduze, où il fit admirer son esprit et sa grâce.

Voilà pour Vaudable. Mais combien d'autres et des plus célèbres se distinguent au milieu de cette brillante pléïade de poètes au moyen-âge !

Au-dessus de tous, nous apparaît *Pons de Capdueil*.

Pons de Capdueil, du Velay, célèbre par ses chants d'amour et ses *sirventes* militaires, lève bannière à part. C'est le Wolfram d'Eschembach de notre moyen-âge. C'est un héros voué à la poésie et aux nobles prouesses. Par l'intrépidité de la passion, la fière indépendance du génie, il se montre à nous comme une grande figure brunie par le soleil des croisades. C'est une nature d'élite énergique et tendre, austère et mélancolique.

Son château est le rendez-vous de toute la noblesse du pays. Les joûtes, les tournois, les banquets et les fêtes s'y succèdent en l'honneur de la reine de ses pensées. Il passe ses jeunes ans à la célébrer dans des vers harmonieux. — Mais elle meurt, la belle *Azalaïs*. — Inconsolable, Pons de Capdueil exhale son désespoir dans une poignante complainte, se revêt d'un cilice, quitte les riches habits pour la lourde cuirasse, passe outre-mer, exalte le courage des croisés par ses chants et par sa bravoure, et, dans une mort glorieuse, trouve enfin le terme de sa douleur. « *Amet per amor ma dona N.. Azalaïs de Mercuer. Tan quant ella visquet non amet autra, et quant ella*

fon morta el se crozel et passet oulra mar, et lai morie..... »
Mᵖ. N. 7.698.

N'oublions pas *Castelloza*, épouse du seigneur *Truanus de Mairona*, une noble dame distinguée par de gracieuses poésies; — *Pierre d'Auvergne*, le vieux, de Clermont (1214), troubadour tendre et délicat, connu par de charmants couplets; il a laissé vingt-cinq pièces.

Le moine de Montaudon, dont on possède vingt sujets, est un moine licencieux qui s'échappe du cloître pour courir le monde et les aventures.

Austan Dorlhac, du Velay, n'est connu que par une pièce contre les croisades.

Pierre Cardinal, de Veillac, évêché du Puy, a mérité le surnom de Juvénal de son siècle. Nul poète ne manie le sarcasme avec plus d'amertume, de philosophie et de talent. Il est le roi des Sirventes.

Mais où passe Peyrols, le gentil troubadour, le brillant chevalier? Hélas! Après le beau temps vient le mauvais. Ainsi va la vie. Toute médaille a son revers, bien sombre parfois.

Peyrols a perdu les bonnes grâces du dauphin. Pourquoi? Demandez-le lui. Adieu les ris, les chansons et le reste. Adieu! il faut partir seul, en piteux équipage. Comme il est mince son bagage! Ah! que n'a-t-il pensé... Pour vivre désormais, il en est réduit à se faire jongleur.

« *Peirols no se poc mantener per cavallier et vene joglars...* »
Mˢ. N. 7.225.

C'est pour lui que Rutebœuf, le jongleur de la cité, aurait pu composer cette supplique adressée à Saint-Louis:

« *Eu yver plor et me gaimante,*
» *Et me desfuel ainsi comme l'ente*
　» *Au premier giel.* »

Il est parti Peyrols, comme il était venu, Il s'en va de ci, de là, assiste en 1208 au mariage d'une fille de Guy II, comte d'Auvergne. Un rayon de soleil dans le ciel noir ! Il visite la cour de Castille, compose des sirventes en l'honneur des croisades, épouse avec enthousiasme les querelles religieuses, s'embarque pour la Terre Sainte et revient prendre femme à Montpellier, où il meurt en nous laissant trente pièces de vers.

A cette époque, la langue la plus répandue en Auvergne est le *romans*, c'est-à-dire le celtique latinisé par la conquête et harmonieusement modifié. C'est la langue poétique, celle des troubadours et du dauphin d'Auvergne.

Il fut un temps où l'Auvergne étendit sa domination jusqu'aux territoires de Narbonne et de Marseille; mais elle a subi tant de fluctuations qu'il est difficile de reconnaître l'idiome primitif au milieu du mélange et de la confusion des dialectes. On y a compté plus de coutumes locales qu'il n'y en avait dans la France entière, et par suite autant de dialectes.

Quoiqu'il en soit, du XIe au XIIIe siècle, il y eût en Auvergne comme en Limousin, en Aquitaine et aussi en Provence, une belle floraison du romans ou langue d'oc. Une brillante littérature lyrique s'est alors développée, non seulement dans le bassin de la Garonne et la partie Sud du bassin du Rhône, mais aussi et surtout dans la moitié méridionale de celui de la Loire. Dante l'admire et Pétrarque l'imite, écrit avec raison Aug. Brachet.

Dans son ouvrage les *Troubadours et leur influence sur la littérature du Midi de l'Europe* (Catalogne, Italie, Portugal, Castille), Eugène Baret montre quel fut l'éclat de la poésie dans l'Aquitaine, l'Auvergne et surtout le Limousin, pays qui se distinguent profondément de ceux que l'on appelle *Frances* au XIIe siècle et dont les peuples ne se regardent pas encore comme français.

C'est un fait historique dont la vérité est confirmée par les écrits des troubadours, entr'autres par ceux d'Alberter de Sisteron.

En parlant de leur langue, les troubadours disent *lingua romana*, par abréviation *romans* (Geoffroy Rudel).

Les critiques italiens, espagnols, portugais lui donnent le nom de langue ou poésie du Limousin, d'Auvergne et du Quercy. Dans son traité dialectique du XIIIe siècle, Raymond Vidal confirme la justesse de cette appellation.

Au milieu des principales écoles de troubadours qui florissent à cette époque, l'Auvergne est brillamment représentée par un groupe remarquable dont voici le tableau d'après E. Baret.

Pons de Capdueil, mort en 1127; — P. de Vernègue, mort en 1152; — Guilhem de Saint-Didier, 1152-1185; — Robert, Ier dauphin d'Auvergne; — Bertrand de la Tour (en Auvergne), 1170; — Robert, évêque de Clermont, 1170; — Peirols, de Rochefort, 1170; — Pierre de Maensac, 1170; — Pierre Pélissier, de Marcel, vicomté de Turenne, 1170; — Pierre Roger, de Clermont; — Guilh. Adhémar, de Marvis, en Gévaudan, mort en 1190; — Gavaudan-le-vieux, 1189; — Pierre d'Auvergne, le vieux, de Clermont, 1214; — Bertrand d'Aurelle, 1215-1280; — Pierre Cardinal, de Veillac, évêché du Puy, mort en 1306; — la dame Castelloza; — Garins le Brun, de Neillac, évêché du Puy; — Gausseran de Sainr-Leydier, en Velay; — le moine de Montaudon, de Vic, près d'Aurillac; — le vicomte de Turenne.

Nous avons déjà parlé de la cour de Vaudable.

Des fêtes chevaleresques, des tournois poétiques furent

aussi célébrés périodiquement au Puy, l'un des plus vieux et des plus vénérés sanctuaires de la terre celtique. Nombre de troubadours illustres des XIIe et XIIIe siècles y fondèrent leur réputation.

D'après Fauriel, les assises chevaleresques du Puy donnèrent leur nom, *Puy d'amour*, à des institutions du même genre qui furent établies dans certaines villes du midi. Ces assises entraînaient des dépenses considérables et fournissaient aux grands seigneurs l'occasion de montrer leur libéralité.

Au milieu d'une salle immense, est assis un personnage isolé qui tient un épervier sur le poing et que l'on nomme en raison de cette charge *seigneur de la cour du Puy*. Celui des hauts barons qui veut se distinguer par sa magnificence vient droit à l'épervier et le prend à son tour. Il annonce de la sorte qu'il se charge de payer les frais de la fête. — Fauriel rapporte que le moine de Montaudon est connu pour avoir rempli l'office du personnage chargé de tenir et de présenter l'épervier.

Des plus florissantes à l'époque de Robert-le-Magnifique, l'école d'Auvergne ne semble guère lui avoir survécu. Son souvenir toutefois ne s'est pas effacé.

Dans son *Triomphe d'amour*, Pétrarque consacre, entre bien d'autres, le nom de Pierre d'Auvergne.

Le Dante (*Divine comédie*) célèbre la mémoire des mêmes troubadours et en considère quelques-uns pour ainsi dire à l'égard de Virgile. Il va même, — (*vulgarii eloquio*) — jusqu'à leur donner le titre de docteurs : « Les » premiers vers écrits en langue vulgaire, l'ont été, dit-il, » en langue d'oc; tels sont ceux de *Pierre d'Auvergne* et » de beaucoup d'autres docteurs plus anciens. — *Ut puta*

» *Petrus de Alvernia, et alii antiquiores doctores* (lib. I). »
E. Baret.

L'influence des troubadours sur la littérature du Midi de l'Europe est indiscutable. Gavaudan-le-vieux et Peyrols sont les plus anciens troubadours connus pour avoir sinon fréquenté du moins visité la cour de Castille.

Le soleil et la douce rosée sont nécessaires aux fleurs. La noble indépendance et la paix féconde ne sont pas moins indispensables au bonheur de l'humanité, à l'épanouissement des lettres et des beaux-arts. Par malheur, la rivalité entre les Méridionaux et les hommes du Nord arrêta dans son essor cette magnifique éclosion.

La lutte sacrilège, excitée par Innocent III, aboutit à la sauvage guerre contre les Albigeois (1208-1229) et à des persécutions plus sauvages encore. La défaite du Midi porte un coup mortel à la langue des troubadours. Le féroce et fanatique comte de Montfort est enfin tué au siège de Toulouse. Rome songe bien à arrêter les horreurs encouragées par elle. Il est trop tard. Tout a été noyé dans le sang; il ne reste que des ruines fumantes au milieu du désert.... Détournons les yeux de cet effroyable spectacle et revenons à l'histoire du dauphiné d'Auvergne.

Nous avons déjà vu de quelle façon la branche aînée des comtes d'Auvergne fut dépouillée par la cadette et comment la première fonda le dauphiné d'Auvergne avec Vaudable pour capitale.

Au XIIe siècle, la France de nos jours n'existe pas encore; elle est tout juste en germe, en voie de laborieuse formation. Les rois sont rois de l'Ile-de-France. Leur suzeraineté sur les grands feudataires avec lesquels ils sont obligés de lutter sans cesse, leur suzeraineté est mal établie, souvent contestée. Pour mieux comprendre cette époque et les scènes qui se déroulent, pour expliquer surtout la prépondérance, si nécessaire alors, de la papauté et son rôle immense, il faut se rappeler que nous sommes en plein moyen-âge, au temps des croisades et de l'église triomphante.

Quelques mots achèveront d'éclairer la situation.

Chapitre XX.

Louis VII le jeune; Henri d'Angleterre. — Philippe-Auguste. Richard, Cœur de Lion. — Un Sirvente du Dauphin d'Auvergne.

élon et parjure, Guillaume VIII le vieux a dépouillé son neveu Guillaume VII dit le jeune. Louis VII, roi de France, l'encourage d'ailleurs secrètement.

Pour gagner, d'autre part, la faveur du pape Alexandre III et paralyser auprès du Saint-Siège les démarches de son neveu qui est revenu de la seconde croisade, Guillaume-le-vieux donne au pape *par dévotion* le château de Buscéol, et le reprend en fief. Mais l'usurpateur est obligé de contraindre par la force les vassaux qui refusent de le reconnaître, de conquérir les domaines qui ne lui appartiennent point.

C'est une guerre acharnée; ce sont des brigandages sans fin qui ensanglantent et ruinent le pays. Les princes de l'Eglise, les abbés, les monastères font en vain retentir la cour de leurs plaintes. Une missive d'Arman, abbé de Manglieu et frère de Pierre de Cluny, le célèbre abbé de Pont-Vézelay et de la Chaise-Dieu, signale leur détresse.

Guillaume VIII, en effet, et son fils Robert, le comte du Puy, Pons, vicomte de Polignac, le comte de Rodez, divers autres seigneurs, dévastent les campagnes, pillent les églises et les monastères. Redoutant les excommunications du pape Alexandre III, qui est alors à Clermont, ces hommes cruels promettent (19 août 1162) de cesser leurs ravages. Le pape s'éloigne ; ils recommencent avec une nouvelle furie et désolent Brioude. Par une bulle du 20 mars 1163, Alexandre excommunie les deux princes d'Auvergne et le vicomte de Polignac.

Accablé par le foudre spirituel, Guillaume VIII va implorer à Tours son pardon et reçoit l'absolution. Mais il reprend bientôt ses brigandages avec un tel acharnement que plusieurs évêques et abbés font exprès un voyage à la cour pour exposer à Louis VII le Jeune le triste état du pays. Le roi se rend en Auvergne (1166). Guillaume et le vicomte de Polignac sont battus et faits prisonniers. Pour recouvrer la liberté, ils en appellent au roi d'Angleterre, leur suzerain. Ce prince les réclame en ladite qualité, mais le roi de France les retient encore quelque temps en prison.

Robert, abbé du Mont Saint-Michel, raconte ainsi, sous l'année 1167, le différend qui s'élève entre le roi de France et Henri II d'Angleterre, au sujet du haut domaine d'Auvergne : « *Henri porte la guerre en Auvergne après les fêtes de Pâques sur les terres du comte Guillaume VIII, parce que ce dernier avait promis de répondre en justice devant la cour du roi anglais aux plaintes de Guillaume VII, son neveu, qu'il avait dépouillé d'une partie de son héritage.* »

Dans un congrès qu'ils tiennent en 1177, les barons déclarent que l'Auvergne appartient de toute ancienneté au domaine des ducs d'Aquitaine, *devenus rois d'Angleterre,* à l'exception de l'évêché de Clermont auquel le roi est en droit de recommander.

Méprisant cette décision, Louis-le-Jeune passe outre et dénie les prétentions du roi d'Angleterre. Guillaume VIII conserve la comté d'Auvergne, mais amoindrie du Velay que le roi de France avait donné à l'évêque du Puy (1169).

Le droit de suzeraineté sur la comté d'Auvergne avait ainsi amené la guerre entre Louis de France et Henri d'Angleterre. La lutte continue sous leurs successeurs, Philippe-Auguste (1180-1223) et Richard Cœur-de-Lion.

En 1196 toutefois, Richard se désiste de toute prétention sur l'Auvergne dont il délaisse à perpétuité le fief et domaine à Philippe. Les deux souverains étant convenus d'une trêve (1198), cette province devait dès lors relever de la France.

Mécontent d'une convention qui s'est faite sans leur avis, redoutant le voisinage et la suzeraineté d'un prince qui passe pour avare et cruel, le comte et le dauphin d'Auvergne refusent de reconnaître l'autorité du prince français.

La guerre se rallume entre la France et l'Angleterre. Richard excite les princes Auvergnats contre Philippe-Auguste. Il leur remontre sans peine les torts de ce monarque envers eux et leur promet son appui.

Le dauphin Robert I et le comte Guy II, petit-fils de Guillaume VIII, tournent leurs armes contre Philippe. A peine Richard a-t-il connaissance de leurs premières hostilités qu'il conclut une trêve avec le roi de France et lui abandonne ses alliés.

Philippe accourt en Auvergne où il met tout à feu et enlève Yssoire au dauphin, raconte *Guillaume Guyart dans sa branche des royaux lignages.* Les deux princes demandent quartier et obtiennent une snspension d'armes de cinq mois.

Guy II profite de cette trève pour aller en Angleterre avec une suite de dix chevaliers. Il rappelle à Richard ses promesses de secours; mais l'anglais reçoit fort mal le comte. Après un voyage pénible et coûteux entrepris en vain, Guy, indigné de la conduite de Richard, revient en Auvergne et convient avec le dauphin de reconnaître le roi de France.

Tranquille dès lors sur la fidélité des princes Auvergnats, Philippe se mêt à la tête d'une puissante armée et envahit les terres de Richard. Etonné de cette brusque irruption, le roi d'Angleterre arrive promptement en France; il s'adresse inutilement au comte et au dauphin qui refusent à leur tour un concours qu'ils lui avaient inutilement réclamé.

Irrité de ce refus, Richard compose contre le dauphin un sirvente de quatre couplets.

> *Dalphin, jeus voill des renier,*
> *Vos e le comte Guion,*
> *Que an en ceste seison*
> *Vos féistes bon guerrier*
> *Et vos jurastes ou moi :*
> . . . .

Le dauphin y répond par une pièce de même rythme et de six stances. Chose remarquable, mais qui s'explique par ce que nous avons dit sur la langue d'Auvergne, les vers du roi anglais sont dans l'*idiome français,* tandis que ceux du dauphin, dont il reste cinq pièces de vers, sont en roman-provençal *(langue d'oc).*

SIRVENTE DU DAUPHIN

Reis, pus vos de mi cantatz,
Trobat avetz cantador.
Mas tant me faitz de paor,
Per que m torn a vos forsatz,
E plazentiers vos en son :
Mas d'aitan vos ochaizon,
S'ueymais laissatz vostre ficus,
No m mandetz querre los mieus.

Qu'ieu no soy reis coronatz,
Ni bom de tan gran ricor,
Que puesc'a mon for, senhor,
Defendre mas heretatz;
Mas vos, que li Turc felon
Temion mais que leon
Reis et ducx, et coms d'Angieus,
Sufretz que Gisors et sieus?

Anc no fuy vostre juratz
E conoissi ma folor;
Que tan caval milsoudor
E tan esterlis pesatz
Donetz mon cosin Guion;
So m dizon siey companhon
Tos temps Segran vost'estrieus,
Sol tan larc vos tenga Dieus.

Be m par, quan vos diziatz
Qu'ieu Soli'aver valor,
Que m layssassetz ses honor
Pueys que bon me laysavatz;

Pero Dieus m'a fag tan bon
Qu'entr'el Puey et Albusson
Puesc remaner entr'els mieus,
Qu'ieu no soi sers ni juzieus.

Senher valens et honratz,
Que m'avetz donat alhor,
Si no m sembles camjador,
Ves vos m'en fora tornatz;
Mas nostre reis de saison
Rend Ussoir'e lais Usson;
E'l cobrar es me mot lieus,
Qu'ieu n'ai sai agut sos brieus.

Qu'ieu soi mot entalentatz
De vos e de vostr'amor;
Qu'el coms, que us fes tan d'onor
D'Engolmes n'es gen pagatz;
Que Tolvera e la mayson,
A guisa de larc baron,
Li donetz, qu'anc non fo'grieus;
So m'a contat us romieus.

Reis, hueymais me veiretz prou
Que tal dona m'en somon,
Cui soi tan finamen sieus
Que tot sotz comans m'es lieus.

Raynouard T. IV p. 259 ss.

« Roi, puisque de moi vous chantez, vous allez trouver chanteur. — Vous m'inspirez tant de crainte que je retourne à vous contre mon gré. Je suis toujours votre serviteur; mais je vous en avertis, si vous laissez envahir vos fiefs, ne comptez plus désormais sur les miens.

» Je ne suis point roi couronné ni homme de si grande puissance que je puisse à ma guise, seigneur, défendre mes héritages ; mais vous que les Turcs félons redoutaient plus que lion, vous, roi, duc, comte d'Anjou, comment souffrez-vous qu'il (Philippe-Auguste) garde Gisors ?

» Si je vous engageai ma foi, je reconnais maintenant ma folie. A mon cousin Guy vous avez donné tant de chevaux valant mille sous d'or, tant d'esterlings de bon poids ! Ses gens me disent qu'ils suivront votre étrier aussi longtemps que Dieu vous fera si libéral.

» J'aime à vous entendre rappeler qu'autrefois j'eus de la valeur, vous qui m'avez abandonné lorsque je me montrais brave, Mais Dieu m'a créé encore assez bon pour attendre et tenir ferme avec mes gens entre le Puy et Aubusson ; car je ne suis ni serf ni juif.

» Seigneur vaillant et honoré, vous m'avez fait autrefois du bien ; si vous n'aviez changé de conduite, je vous serais demeuré fidèle. Soyez tranquille, mon roi (qui est le vôtre) quitte Usson et me rend Yssoire. Bientôt je serai rentré en possession. J'en ai ses lettres.

» Je souhaiterais votre amitié ; mais l'exemple du comte d'Angoulême m'en dégoute. Vous l'avez si bien payé de l'honneur qu'il vous a rendu, vous avez été si généreux à son égard, que depuis il ne vous a plus importuné. — Roi, vous me verrez agir en preux chevalier, car telle dame m'en requiert, dont tous les commandements me sont doux. »

Trad. E. BARET.

C'est plus qu'une page d'histoire !

La mort de Richard, tué au siège de Chalus en Limousin par un coup d'arbalète qui lui crève l'œil droit (1199), éloigne pour un temps la guerre étrangère. Mais le pays reste toujours en proie aux luttes intestines et féodales.

La fin du XIIe et le commencement du XIIIe siècles sont cruellement marqués pour l'Auvergne par les querelles scandaleuses et sanglantes qui s'élèvent entre les deux frères Robert, évêque de Clermont, et Guy II, comte d'Auvergne.

Chapitre XXI.

Le Dauphin et le Comte d'Auvergne. — L'Évêque de Clermont. — Coup d'œil historique sur Vaudable et le Dauphiné d'Auvergne.

oujours avide de pouvoir, l'évêque prétend s'immiscer dans le gouvernement de la province. Les concessions et la déférence de Guy II ne peuvent le toucher. Le prélat accepte l'honneur de faire la dédicace de l'abbaye du Bouschet (1197), le *Saint-Denys des Comtes d'Auvergne*; il reçoit volontiers l'hommage de la seigneurie de Lezoux (1199) : ses exigences vont au-delà de toute mesure. Pour les faire valoir, il lève des soldats, met à feu et à sang les terres de son frère, l'excommunie et relève ses sujets du serment de fidélité. Puis sacrifiant l'intérêt de famille à sa vengeance, il appelle le roi de France qui ne demande pas mieux que d'intervenir.

Le Comte s'adresse au Saint-Siège qu'il cherche à gagner par le don du château d'Usson. L'évêque paraît alors se réconcilier avec son frère (1202) qui lui confie la garde de la ville de Clermont. Mais le prélat ne désarme point ; il veut être le maître. Le comte s'assure de sa personne et le retient prisonnier.

Animé déjà contre Guy II, Philippe-Auguste saisit ce prétexte pour le mander à son tribunal. La chronique de Saint-Denys s'exprime ainsi : « *En ce tens fesoit Guy li cuens d'Auvergne à mainz mainz griès et mainz outrages, si que li rois en avoit ja oïes maintes complainstes. Seur ce, li Rois li manda par lettres et par messaiges que il cessast des griès que li fesoit aux églises,* etc..... »

Guy refuse de reconnaître la compétence du roi de France. Alors Philippe le taxe de félonie et envoie contre lui une armée commandée par Guy de Dampierre. L'Auvergne est une fois de plus affreusement ravagée. Cité par Dulaure, *Guillaume Guyart* rapporte que les troupes royales mirent tout le pays

« *à perte et à destruction*
« *Clermont, Aquistrent et Riom,*
« *Brieude, le Puy, la Tourniole*
« *Et tous lieux qu'Auvergne acole.*

Philippe arrive en personne, délivre l'évêque, s'empare de la majeure partie de la province et s'empresse d'y instituer un grand baillage dont le siège est fixé à Riom (1213). La nécessité où se sont vus les rois de France de la troisième race de conquérir leur autorité sur les grands barons qui se la disputaient donna lieu à l'établissement de cette magistrature. Les baillis n'étaient au fond que les anciens *missi dominici*. Ils ne furent établis d'abord que dans les villes des domaines du roi; mais ils se saisirent par degré des appels des seigneuries.

Les sanglants démêlés entre le comte Guy II et l'évêque de Clermont eurent pour conséquences la ruine définitive de la grande maison d'Auvergne, le triomphe du pouvoir royal et son extension dans la province. Le dauphin d'Auvergne ne semble pas avoir pris une part active dans cette querelle scandaleuse et fatale. Parent au même degré des deux frères rivaux, il donne tort à l'évêque auquel il reproche ses excès et les ravages effroyables qui désolent le pays. Voici les passages saillants de la pièce de vers qu'il a composée sur ce triste sujet. Il parle du prélat.

> « *La vestiment son saints, mais fals es la persona,*
> « *Cum cel qui rauba e tol e pren, e ren non dona,*
> « *Mas va guerra mesclan plus qu'el Turcs de Mairona,*
> « *E saup meills predicar la comtesse d'Artona,*
> « *Se fos nostre vezins le Legats de Nerbonä,*
> « *Mais non portera anel ni crocha en corona.*

Ailleurs, il ajoute :

> « *L'Evesques me dis mal segon sa feonia,*
> « *Et ieu i port à deshonor e cortesia.*
> « *Mais seu dir en volguès se qu'eu dir en sabria,*
> « *Il perdra son vesquat et ieu ma cortesia.*

Robert-le-Magnifique meurt en 1234.

Son fils Guillaume n'est connu que par l'hommage qu'il fit au roi Louis VIII de la comté de Montferrand et par ses démêlés avec le chapitre de Brioude.

De Robert II (1240), l'histoire ne dit rien.

Au mois de Mai 1262, le dauphin Robert III donne à Vaudable une charte de libertés, coutumes et privilèges. Cette charte réglait les ventes à un sou par livre. — Les consuls du lieu s'engagent à donner à leur seigneur et à ses successeurs une rente annuelle de quarante livres payables à la Toussaint. Cette rente fut réduite en 1342 à trente-quatre livres dix sous : l'acte supprime le droit de *leyde*. Ecrites en basse latinité, ces chartes furent traduites vers 1764 par Guillaume Romeuf. (Notes dues à l'obligeance de M. Laffarge, instituteur). Le droit de commune, acheté par les habitants, leur fut confisqué en 1356 par le dauphin Béraud.

Robert IV (1282) est devenu célèbre par sa bravoure. Son frère Guy, chevalier du Temple dès l'âge de onze ans, puis commandeur de l'Ordre en Aquitaine, a été une des victimes de l'avidité de Philippe-le-Bel et de la cruauté des moines. Enveloppé dans la disgrâce des Templiers, il est arrêté en 1307. Pour sauver sa vie, il a la faiblesse d'avouer tout ce que veulent le pape et le roi ; mais en 1313, le remords lui fait rétracter ses fausses dépositions, et il meurt sur le bucher en protestant de son innocence et de celle de l'Ordre.

Le fils de Robert IV, Jean (1340) surnommé *Dauphinet*, va en Flandre servir Philippe-Auguste contre les anglais et les flamands. Gouverneur de Saint-Omer, il bat les flamands qui pillaient la ville d'Arques, voisine de cette place, leur tue plus de 3,000 hommes et fait 400 prisonniers. Il accompagne en Gascogne, raconte Froissart, le duc de Normandie qui commandait une armée de cent mille hommes destinée à faire face au comte de Derbi.

Beraud I, qui succède à Robert (1351), avait déjà recueilli la riche succession de la puissante maison de Mercœur.

Beraud II (1356), surnommé le *Camus*, assiste à la bataille de Poitiers. Il chasse d'Auvergne le fameux Robert Knoles ou Knoc qui ravageait le pays avec 30,000 routiers anglais. Il fut au nombre des ôtages donnés par Jean-le-Bon comme garantie de l'exécution du traité de Bretigny.

Froissart rapporte qu'il resta treize ans en Angleterre où il *dépendit bien cinquante-deux mille livres*. Il a laissé de lui la réputation d'un seigneur des plus valeureux et des plus brillants de son époque.

En 1371, est signé au château de Vaudable le contrat de mariage entre Anne, dauphine d'Auvergne, et Louis duc de Bourbon.

Ruinés par la guerre et la famine, les habitants présentent une requête au roi (1374) pour être dégrévés de l'impôt.

En ce temps, la paroisse de Vaudable dépendait de celle de *Rongières* (Ronzières). La chapelle du lieu fut réunie à cette dernière par une bulle de 1300.

Beraud III (1409) aide le duc de Bourbon à chasser les bandes de brigands qui désolent ses terres. D'après Villaret, il fut « *tué en plein conseil en 1424 aux yeux même du roi par Tanneguy du Châtel. Les registres du Parlement,* — ajoute Villaret, — *où ce fait est consigné, ne rapportent point le sujet d'une violence si injurieuse à la majesté souveraine.* »

Etienne Pasquier, cité par le dictionnaire de Bayle, confirme la chose.

Ces historiens toutefois semblent se tromper d'année. D'après l'*Art de vérifier les dates*, l'obituaire de Saint-André-lez-Clermont fixe la mort de Beraud au 28 juillet 1426.

La postérité des dauphins d'Auvergne s'éteint le 26 Mai 1436 dans la personne de dauphine Jeanne, comtesse de Clermont, qui meurt en son château d'Ardes-sur-Couze sans laisser d'enfants. Elle avait épousé (1408) Louis de Bourbon qui fut son héritier.

Chef de la branche de Montpensier, Louis entre ainsi

en possession du dauphiné d'Auvergne et de la baronnie de Mercœur auxquels il réunit la seigneurie de Montpensier dont le château a donné l'hospitalité à plusieurs rois et vit mourir Louis VIII de France en 1226.

Charles III, duc de Bourbon, second fils de Gilbert de Montpensier, dauphin et duc d'Auvergne, fut le trop fameux Connétable, traître à son pays et tué au siège de Rome (1527). François Ier confisque tous ses biens pour les donner à sa mère Louise de Savoie, et les réunir ensuite à la couronne (1531).

François Ier érige plus tard la comté de Montpensier en duché-pairie, et la réunit (1543) ainsi que le pays de Combrailles au dauphiné d'Auvergne. Le tout fut octroyé à Louis III de Bourbon, neveu du grand Connétable. La maison de Bourbon conserve ces riches apanages qui passent ensuite à la célèbre *Mademoiselle* de Montpensier.

Supprimée au XVIe siècle, l'ancienne prévôté de Vaudable embrassait vingt seigneuries et territoires, y compris la ville d'Ardes.

Il y avait aussi un baillage dont Etienne du Bourg (1535), Loys Chauvassaigne (1580), Gaspard Gauthier, seigneur de Biauzat, furent châtelains.

Dans son *Histoire des Guerres religieuses en Auvergne*, Imberdis nous apprend que la peste sévissait à Vaudable en 1587 aux alentours de la Pentecôte.

Le 24 décembre de la même année, le capitaine huguenot Virmont de Saint-Angel, ayant appris qu'Antoine d'Anglard de Bassignac ne faisait aucune garde dans le château confié à sa vigilance, part secrètement de Belle-Chassaigne avec 35 arquebusiers à cheval et se saisit du fort pendant que les habitants sont à la messe. Il y laisse six des siens et attaque le bourg qu'il enlève sans perdre un homme — Le marquis de Montboissier-Canillac, gouverneur d'Usson, écrit à son gendre de reprendre la place. Sous la conduite du comte de Charlus, les paysans de Villeneuve, Antoing, Marieuge, Colamine et autres lieux au nombre de cent vingt, surprennent à leur tour les gens de Virmont pendant leur sommeil à Mallesaigne, en tuent dix *(on les assomma comme des veaux)*, font quelques prisonniers et mettent les autres en fuite. Forcé de se réfugier dans le fort, Virmont consent à capituler et à rendre laplace moyennant une indemnité de deux mille écus. Par ordonnance d'Henri III, la somme est prélevée sur l'élection d'Yssoire.

Le château de Vaudable fut démoli en 1633 par ordre de Richelieu.

A la mort de *Mademoiselle* (de Montpensier), 15 avril 1693, Philippe d'Orléans, *Monsieur*, frère de Louis XIV, recueille sa succession. Le dauphiné rentre ainsi dans la maison d'Orléans.

Dans son mémoire de 1697-1698, Lefebvre d'Ormesson établit qu'à la fin du XVIIe siècle le dauphiné d'Auvergne comprend la chatellenie de Vaudable, chef-lieu, et les fiefs de Lempdes, Meilhaud, Vieille-Brioude, Léotoing, Saint-Ilpise, Jaligny, Combronde, Saint-Herem, Vernols, Torciat, Saint-Gervazy et Lameyran.

Louis-Philippe, duc d'Orléans, cède le dauphiné d'Auvergne (1785) à la maison de Faugères.

La maison de Faugères (Faugières ou Fougières) est originaire de la terre de ce nom dans l'élection de Brioude. Le chevalier Bernard de Faugières se croise en 1250. D'après Baluze (T. II. pp. 338 et 709), Hugues et Raymond de Faugères sont mentionnés le premier dans le testament de Beraud VII, sire de *Mercueur* (1314), le second dans celui de Bertrand de la Tour, seigneur d'Olliergues et Murat-le-Guayres (1328). — Cette ancienne maison s'est alliée aux familles d'Aulteroche, des Ages, de Bayle du Sagnet, du Puy de Dienne, de Guérin, de Villemontée, de Gaultier de Biauzat, de Boissieux, de Vertany.

C'est au marquis François de Faugères, seigneur de Mallesaigne, chevalier de Saint-Louis, gouverneur et lieutenant du roi en la dite ville, que le duc d'Orléans emphytéose la terre de Vaudable (1785). Au moment de la révolution, le marquis vend tous ses biens, y compris Mallesaigne, à Antoine Casimir Couret, banquier à Paris, et ce dernier cède plus tard le tout au marquis de Laubespin (1810).

Chapitre XXII.

Mallisaigne et les environs de Vaudable. — Ronzières; Tourzel. — Mégemont; les Grottes de Malnon. — Le Brugelet et les Caves de Flat. — Los Chazau de la Gourby; les Bordes : Haches en pierre. — Solignat.

e marteau payé par Richelieu pour donner le coup suprême à la féodalité expirante en détruisant son formidable revêtement de pierre, ce marteau excuta la besogne en conscience (1633). Du superbe palais des Dauphins d'Auvergne, de leur hautaine forteresse, il ne reste rien...... une vieille porte de l'enceinte extérieure au nord, quelques pans de murs qui achèvent de disparaître et se confondent avec le roc, des monceaux de ruines informes sur lesquelles croissent la ronce et le murier sauvage sans parler de la charrue qui les nivelle ailleurs. Le puy mutilé se dresse sombre et nu : c'est un gigantesque tumulus.

Deux hommes marquants ont vu le jour à Vaudable : Jean-François Gauthier de Biauzat (1739-1815) avocat distingué, membre de l'assemblée provinciale de 1787, député aux États généraux en 1789, membre du Conseil des Cinq-Cents, juge à la Cour d'Appel, maire de Clermont-Ferrand ; il est un des fondateurs du *Journal des Débats*. — J.-B. Girot Pouzol, né en 1743, meurt au Broc en 1822. Député aux États généraux, il devient membre de la Convention nationale, du Conseil des Cinq-Cents (1798), du Corps législatif et enfin Sous-Préfet d'Yssoire.

Sous le puy de Vaudable, à l'aspect du levant, se trouve le château de Mallesaigne (*Seignas*, terrains humides). C'est un grand corps de logis flanqué de deux pavillons carrés reliés par une galerie extérieure du milieu de laquelle s'échappe une tour ronde servant d'escalier.

Il y avait dans ces parages une grosse tour appelée la tour de Murat et appartenant aux d'Autier. En 1343, Jean de la Volpilière rend foi et hommage au Dauphin d'Auvergne pour un hôtel, trois fours banaux et la *Tour de Murat* : Isabeau de la Volpilière, épouse Etienne Autier, seigneur de Villemonté. En 1554, Antoine Autier, gentilhomme de la maison du roi, rend hommage au Dauphin pour un domaine, une grosse tour et une chapelle dite « *Marie-Magdeleine* ». Sa nièce épouse Jacques de Ronzières, écuyer, sire de Laval, qui rend hommage (1605) pour le château de Mallesaigne alors existant dans son état actuel. En 1799, on voyait dans la cour deux belles fontaines romanes. Propriétaire du château dès 1810, le marquis de Laubespin le vend en 1861 à la famille d'Aubier de Condat. — *Condat* est un mot celtique qui a la même valeur que confluent.

De Mallesaigne, si l'on se dirige au sud comme pour descendre vers le ruisseau de Mazerat, on trouve à mi-côte, sur le bord d'un épais taillis, des ruines importantes où domine une grosse tour croulante aux trois quarts démolie : les broussailles et les plantes parasites grimpent

LA TOUR DES FRANÇOIS DE MONTGRILLON A VAUDABLE EN 1887.

à l'assaut de ces débris. C'est la tour des François de Montgrillon aussi nobles que le roi, au dire du roi chevalier lui-même à la bataille de Pavie. — Ne serait-ce pas ici la tour dite de Murat ?

En marchant vers l'ouest, on arrive au petit hameau de Colamine (Colaminas en 1196) qui était l'ancienne paroisse. Dédiée à saint Marc et saint Alyre, son église dépendait dès le XIe siècle (1030) de Sauxillanges qui y avait fondé un petit prieuré et qui nommait à la Cure.

Devant nous, assez loin au Nord, nous apercevons l'église romane de Ronzières assise sur le bord d'une esplanade basaltique escarpée de toutes parts. L'édifice bien en vue se présente sous un aspect assez imposant. C'est un des sanctuaires les plus célèbres de l'Auvergne parmi ceux de second ordre, un lieu de pèlerinage très fréquenté.

Desservi de nos jours par le curé de Tourzel, Ronzières était jadis la paroisse de Vaudable dont la chapelle lui avait été réunie par une bulle de 1382. A côté de l'église, on voit les ruines de constructions appartenant à la communauté de prêtres; il y eût antérieurement, à ce que l'on croit, une préceptorie de Templiers. — Dans le compte de Jean de Trie, bailli d'Auvergne, compte établi pour le terme de la Toussaint (1er novembre 1293), il est question d'une préceptorie de la milice du Temple désignée sous le nom de *Ranzeyra* et taxée à XXIII livres IX s. III d. (Sp. Br. p. 212).

Un très vieux chemin traverse l'esplanade du sud au nord, reliant le châtelet du Boscage, la Mouche et le hameau de Ronzières, situés sous la falaise méridionale, à des ruines importantes mais informes, *los Chazau de*

Église de Ronzières en 1887.

Coteraze, que l'on trouve à l'opposé et qui sont comme perdues au milieu d'un fouillis d'arbres.

Nous avons aussi visité la *Caverne du Renard* en nous laissant couler non sans peine par une étroite fissure égarée dans les éboulis de la roche. Formée par d'énormes blocs de basalte arc-boutés entr'eux. cette caverne assez profonde présente une chambre irrégulière et spacieuse; elle fut découverte, en hiver, par un chasseur à la poursuite d'un renard blessé dont le sang rougissait la neige et qui le conduisit dans ce repaire.

En face, sur le versant opposé, au vol du grand ravin dans lequel court le ruisselet de Chassagne, nous apercevons Tourzel (turris sola, d'après Chabrol). Ce fief a donné son titre à la seconde maison d'Allègre. En 1387, Beraud Dauphin d'Auvergne en cède la justice à Morinot de Tourzel avec permission (1485) de construire un château et une tour. La marquise de Rupelmonde en fait don plus tard au marquis de Sourches, grand prévôt de France.

Si l'on remonte la rive droite du ruisseau de Chassagne. on arrive à l'ancienne abbaye de Mégemont. Le val s'élargit en ce point et forme un bassin solitaire avec de belles prairies bien arrosées.

L'abbaye des Cisterciennes de Mégemont a été fondée vers 1206 par Guillaume, premier dauphin d'Auvergne. Elle dépendait directement de Citeaux. En 1611, sous prétexte d'insalubrité, les religieuses cèdent leur maison aux moines de la Bénisson-Dieu, en Forez, qui ont à leur tête Claude de Nérestan. L'abbé est en même temps seigneur de Chassagne, paroisse. A la fin du XVIIIe siècle (1767), Mégemont, qui est alors en commende, se trouve en complète décadence et n'a plus que deux religieuses avec 1,800 livres de revenu.

La majeure partie des bâtiments est encore intacte et sert d'habitation. L'église avec sa belle rosace, ses ouvertures à trèfle, sa vaste coupole plein cintre, l'église est assez bien conservée : elle sert de grange, une grange superbe, immense. Une aile du cloître est en ruines depuis longtemps; laissée à l'abandon, elle a dû tomber faute d'entretien.

En face, nous voyons le curieux village de Malnon qui regarde le midi et s'abrite sous le grand plateau d'Ussel. La montagne est coupée à pic et présente une haute falaise dans le parement de laquelle on a pratiqué des grottes semblables à celles de Strougoux et Marcousse. Au bas de l'escarpement, sous le tuf compacte, les habitants ont utilisé une des cavernes pour creuser, dans les argiles subordonnées aux déjections volcaniques, un puits destiné à fournir l'eau nécessaire à leurs besoins.

Nous arrivons ensuite à Chassagne bâti sur le bord d'un précipice. La commune compte un peu plus de 400 habitants. L'église est un édifice roman dont le chœur est assez bien conservé : on prétend que le portail vient de Mégemont. Il y avait une communauté de prêtres, et le sire de la Roche-Guyon était seigneur du lieu vers 1760. — Le mot Chassagne dérive de *Cassou*, chêne en béarnais. Dans le Rouergue, on désigne sous le nom de *causses*, terres calcaires, les lieux où le chêne pousse facilement (H. Cocheris).

Nous traversons Pouchenirgue, et, montant toujours, nous arrivons au Brugelet.

Le Brugelet domine les gorges étroites au fond desquelles se précipitent le ru du Sault et les torrents qui creusent leurs ravins en temps de pluie. Le Sault lui-même va se jeter dans la Couze du Valbeleix formée par la réunion de la Ghâzèle et de Blatte. Une voie de muletiers passait autrefois par là reliant la Limagne et Clermont avec le Cantal. Assis au bas de la pente occidentale du mont Iranou, le Brugelet fut un point d'arrêt, une station.

C'est un pays accidenté, fort pittoresque, dont notre ami Causse nous a fait visiter les curiosités. On y trouve plusieurs grottes ou cavernes creusées à une époque préhistorique dans la roche décomposée; une wacke assez tendre surmonte un épais rempart de basalte compacte. Les plus intéressantes de ces grottes sont les *caves de Flat* cachées sous la falaise, au-dessus et tout au bord du *Crau de Cheix*, un gouffre très profond. L'accès est rendu difficile par de forts éboulements qui en obstruent l'entrée. Une première pièce assez vaste conduit à deux chambres jumelles séparées par une sorte de pilier qui forme cloison et supporte de chaque côté une espèce de voûte surbaissée. De nombreux anneaux sont taillés dans le roc et devaient servir à l'attache des animaux : sept d'entre eux se voient encore intacts dans la chambre de droite et six dans celle de gauche.

Un peu plus bas, en se rapprochant du hameau, on trouve la grotte de l'oiseau ou du nid.

Traversant une petite cheyre formée par d'énormes blocs basaltiques réunis parfois avec un semblant d'ordonnance à la façon de murs grossiers ayant plusieurs mètres d'épaisseur, nous gagnons un promontoire isolé, mais particulièrement escarpé au nord et à l'est : on dirait à ce double aspect trois marches colossales descendant au fond du précipice.

Ce promontoire porte les ruines d'un fortin et d'une *chapelle vieille* auxquels on aborde du midi. De ce côté, on trouve un premier fossé, puis un second que l'on franchit grâce à un étroit passage ménagé par dessus. On grimpe alors sur un parapet à moitié démoli et l'on marche sur des voûtes effondrées, sur des murs croulants tapissés de vieux lierre qui se balance sur l'abîme, garde à vous!......
Voici, taillée dans le roc même, une niche d'environ 2 mètres d'ouverture et $1^m 40$ de profondeur avec parements bien dressés. Elle regarde le levant et on peut s'y asseoir sur un banc grossier ménagé dans la pierre. De là on aperçoit, de l'autre côté du ravin, la cave de *Kuzay*, arrondie comme un boyau dont la gueule aurait 4 mètres et le corps 8.

Le fortin, qui commande la voie muletière, appartenait jadis à la maison de Bellestat.

Nous quittons le Brugelet pour revenir à Vaudable en passant par le village de Combes : le mot *comba* signifie plaine étroite, petit val resserré entre deux collines. Laissant Chassagne et Mégemont sur la gauche, nous traversons le vaste plateau de *Peyroux* pour arriver de nouveau en vue de l'ancienne capitale du Dauphiné d'Auvergne. Et devant nous se déroule un de ces magnifiques panoramas dont l'Auvergne est si prodigue et qu'on ne se lasse jamais d'admirer.

Abritée sous la falaise du plateau de Peyroux, une grande cité mégalithique s'étale à nos pieds sur un développement supérieur à 1,200 mètres. On voit de grandes cases écroulées avec des murs en pierres sèches d'une épaisseur qui varie entre 1 mètre et 2ᵐ 20. Les habitations forment un large ruban qui épouse le contour de la montagne dans une direction générale S.-O., N.-E. Une voie magistrale traverse dans sa longueur la cité qui devait s'étendre peut-être jusqu'à Ronzières. Sous une voûte resserrée, on découvre une petite source autour de laquelle se groupent les cases les plus importantes. Cette cité est connue dans le pays sous le nom significatif de *los chazau de la Gourbi*. Nous y avons trouvé des fragments de poterie grossière, ainsi que des outils et des armes en silex et en pierre polie.

On rencontre fréquemment des cases semblables dans les environs de Vaudable, notamment à *Violle haute* et surtout de l'autre côté du ruisseau de Mazerat dans le bois *des Bordes*. Le mot bordes (bordas) vient du gothique *baurd*, ancien scandinave *bord*, lequel signifie planche et prit ensuite l'acceptation de métairie.

Nous avons recueilli dans ces parages un certain nombre d'outils et armes en pierre : vingt-deux haches de notre collection proviennent de là; elles sont en silex, éclogite et surtout en fibrolite. Elles ont été trouvées à *Colamine*, la *Monstadère*, le *Loup battant*, la *Roche d'Anglars*.

Nous passons au domaine de Biozat pour traverser de nouveau le ru de Mazerat. Nous contournons Vaudable afin de grimper entre Bellestat et Saint-Ignat : nous sommes arrivés à Solignat, commune d'environ 560 habitants.

Solignat est un joli bourg étendu en plein midi sur le bord de Lembron à l'abri du puy d'Isson qui s'élève à 853 mètres d'altitude. Le fief dépendait du Dauphiné d'Auvergne dont il suivit la fortune. Moyennant une rente annuelle de 15 livres, Robert III accorda aux habitants une charte de privilèges et franchises (1272).

Dans son registre d'armes de 1450, G. Revel donne une vue de l'ancien château dont il reste quelques vestiges.

L'église est romane, mais le chœur et la voûte ont été refaits au XIIIe siècle. On y voit des boiseries dont certaines parties ont été assez bien exécutées, une cuve baptismale du XVe siècle et un bénitier qui mérite l'attention.

Grâce à M. Labey, instituteur, nous nous sommes procuré cinq haches en fibrolite, éclogite et basalte; elles proviennent du puy d'Isson.

Solignat marque le terme de la première étape d'un touriste auvergnat. C'est avec complaisance que nous faisons la grande halte « *au repos du vieux soldat* ». Jean Montel a planté sa tente à l'entrée du bourg sur une petite terrasse formant belvédère. Le site est ravissant. Assis en face l'un de l'autre sur des escabeaux de bois, nous devisons en évoquant le passé. Que peuvent faire de mieux d'anciens serviteurs du pays ?

.... L'un raconte avec orgueil Sévastopol et Magenta. L'autre rappelle les souvenirs funèbres de l'année maudite, l'an de pitié 1870,....... et l'amertume nous gagne, et le silence se fait.....

Collée au mur blanchi à la chaux, sous le vieux sabre qu'enlacent les épaulettes de laine, une image rustique se détache et fixe le regard, C'est l'image de la France mutilée : « ALSACE ! LORRAINE ! » .... Et nous détournons la tête pour cacher une larme; et le silence se fait plus profond.

Espoir de l'avenir, que deviendras-tu ? Que verront-ils, que feront-ils surtout nos fils?..... Tous, soldats; tous, Français! Concorde, patriotisme et . . . .

Haut les cœurs !

FIN DE LA PREMIÈRE PARTIE

DEUXIÈME PARTIE

**Les environs d'Issoire, rive gauche de la rivière
d'Allier. — Besse et Champeix ;
leurs montagnes et leurs Couzes ou vallées.**

Chapitre I.

—

Bergonne, Gignat, Magaud. — Les Zéolithes de la pointe de Spinasse et Ferdinand Gonnard. — Le Broc et son chateau : pictographies ; les grottes de Sangle.

l nous faut quitter le *repos du vieux soldat*. L'horloge, — j'allais dire le clairon, — l'horloge a sonné l'heure du départ.

Touriste, sac au dos et en avant !

Le cœur tout plein des souvenirs d'autrefois, nous nous éloignons avec lenteur, doucement. Nous cheminons sur la route sans songer à rien, et nous allons, nous allons ainsi que dans un rêve......... Comme il fait beau pourtant. Le soleil resplendit dans le ciel. La nature joyeuse commence à se parer pour la grande fête. Partout les arbres reverdissent ; la neige fond au bois ; l'aubépine blanche perce les bourgeons reluisants. Un long frisonnement court dans l'espace ; un soupir parfumé chuchotte à l'oreille les doux accords de cette *mélodie populaire du Rhin* :

« *Quand souffle la brise*
« *Sur les champs neigeux,*

« *Violette s'avise*

« *De rouvrir ses yeux bleus.*

Voici venir le printemps, le printemps paré de fleurs. C'est la grande fête de la Création. Ce sont les fiançailles de la terre rajeunie et de son brillant seigneur. Tout vibre à l'unisson, et, dans cette allégresse de la nature épanouie, on sent palpiter l'Être lui-même, l'Être Universel...........

En avant ! Secouons cette langueur. Nous aussi, nous nous éveillons comme d'un songe, et nous restons ravis en présence d'une scène admirable. C'est encore le Lembron, le magnifique Lembron avec son cadre merveilleux.

Nous tournons à droite pour prendre, à travers les vignes, un sentier bordé de haies qui commencent à sentir bon. Et nous gagnons ainsi un large plateau fort irrégulièrement découpé. C'est la vaste *chaud* de Bergonne et du Broc qui projette vers le sud deux pointes d'inégale longueur. Sur la plus courte des deux se trouve bâti le village de Bergonne dont la population est d'environ 300 habitants.

Le fief de Bergonne faisait partie du Dauphiné d'Auvergne et était compris dans la seigneurie du Broc. Le château, dont l'armorial de G. Revel donne le dessin (1450), le château était important. Il en reste des vestiges et une moitié de la haute tour ronde qui le dominait.

A certaines parties restées intactes, on reconnaît que l'église est romane ; mais elle a perdu tout caractère grâce à des réparations multipliées. La cure et le prieuré étaient à la nomination de l'abbaye des Carmes déchaussés de Chantoin.

Il y avait au nord de la localité un grand étang qui a été desséché : le domaine des *Bondes* en rappelle le souvenir. Nous avons recueilli par là deux haches néolithiques en fibrolite et en basalte; l'une d'elles nous a été procurée par M. Bareire, juge de paix d'Yssoire.

De Bergonne, nous descendons au chezal de la *Borie brulée* pour gagner Gignat qui s'appelait jadis Chalus-bas. C'est une commune d'entour 440 habitants. L'église, qui n'avait d'abord qu'une nef, s'est agrandie de deux chapelles latérales. Le portail sud offre de l'intérêt. Vers 912, l'église fut donnée aux moines de Sauxillanges par le Comte d'Auvergne ; le prieuré exista jusqu'en 1789. Une autre partie du lieu relevait d'ailleurs de la seigneurie du Broc.

Dans la plaine de *Magaud*, au dessous de l'église de *Ste-Madeleine d'Auzat-sous-Chalus* qui était l'ancienne paroisse de Villeneuve, Gignat et Chalus, on rencontre de nombreux débris de toute nature qui révèlent en ce point l'existence d'un centre important de population. C'est presque au fond du bassin, sur les rives du Lembronnet. Il y aurait eu là une commanderie de Malte dite de *Ponguisson*, laquelle fut détruite à la suite d'un combat livré dans ces parages. On parle d'ailleurs d'un couvent plus ancien, et même d'une cité lacustre ou palafitte. On y trouve des ruines, des débris de toutes sortes, des ossements, des armes en pierre, bronze, fer et jusqu'à des pilotis.

Quoiqu'il en soit, chez les Germains, le canton s'appelait *Gau* (H. Cocheris). En celtique, l'expression *magh* signifie plaine (A. Thierry). Le terme Magaud (magh-gau) voudrait peut-être désigner ici une ville située en plaine.

De Gignat, nous regagnons la chaud du Broc en prenant le chemin qui conduit à la pointe de *Spi-nasse* (vue sur le gouffre). — Le mot *spi* vient du sanscrit *spas* (regarder) qui se présente en latin sous la forme spec. —

Du haut de ce cap élevé le spectacle est éblouissant. D'autre part, on y rencontre une variété remarquable de zéolithes dont notre ami Ferdinand Gonnard, le savant minéralogiste du Plateau central, a fait une étude approfondie.

D'après Gonnard, Ingénieur des arts et manufactures à Lyon, les zéolithes sont des hydrosilicates alumineux. Leurs gisements sont restreints aux laves anciennes, basaltes ou dolérites. Leur origine serait due à une séparation des éléments solubles des roches à l'aide de la vapeur d'eau condensée dans les cellules produites par l'expansion de cette vapeur.

La dolérite magnétipolaire de cette région est amygdaloïde, noirâtre et sémée de limbilite. Elle passe insensiblement au basalte et renferme une triple association de *christianite* ou *philippsite*, de *phacolite* ou *chabasie-maclée*, de *mésole* ou *thomsonite globulaire*.

La christianite est un silicate hydraté d'alumine, chaux et potasse.

La phacolite est un silicate hydraté d'alumine et de chaux.

Le mésole, qui se présente sous la forme de globules nacrés ayant la grosseur d'un pois, le mésole est un silicate hydraté d'alumine, chaux et soude. Il faut faire le voyage des îles Féroë pour en recueillir d'aussi beaux échantillons qu'à Spinasse.

M. le Vicomte Jean de Matharel (de la Grange-fort) et notre parent, M. A. Vernière, avocat à Brioude, nous ont donné le premier une belle hache en fibrolite, le second une moitié de hache en éclogite trouvées par eux-même sur ce territoire.

Nous nous dirigeons maintenant vers le nord, en

suivant un chemin pittoresque qui serpente avec la rive du plateau sinueux. Devant nous, se dressent les ruines du château du Broc dont la masse imposante se profile bizarrement dans le ciel. Perché sur le bord du précipice, au dessus de l'immense vide, le colosse mutilé présente un aspect saisissant ; il est là comme une sombre évocation du passé. Corps sans âme, tronc décapité, il menace encore et rappelle la hautaine forteresse féodale qui relevait du Dauphiné d'Auvergne.

Le Broc, en basse latinité *broca* ou *brossa*, signifie un lieu plein de broussailles et de buissons fréquenté par des bucherons qui y installèrent un *écart* ou hameau.

Dès le XIe siècle, il est question d'un Robert du Broc. Au milieu du XIIIe siècle, Bertrand du Broc est classé dans le nombre des vasssaux (n° 102) du comte Alphonse d'Auvergne (Spic. briv. p. 49). Il figure aussi dans une sentence arbitrale de 1241. Ce baron (1239-1261) accorde aux habitants une charte de privilèges qui fut confirmée en 1289 par Louis de Beaujeu, seigneur de Montferrand.

Le roi Charles V (Senlis, 18 juillet — 12 août 1265), en considération de la mort de son fils puîné tué dans la guerre de Thomas de la Marche, annule une condamnation à 200 écus d'or ou réaux prononcée contre Bertrand de la Rochebriant, baron du Broc, par le bailli d'Auvergne et l'appel qui en avait été interjeté.

De la maison de la Rochebriant, le fief passe dans celle de Murol. Vers la seconde moitié du XVIe siècle, la terre appartient à la famille de Montmorin qui la vend à Claude Chaudessolles, seigneur d'Auterive. Le Président de Lamoignon, d'après Chabrol, la recueille par succession et la cède (1780) au comte de Lastic, lieutenant-général des armées du roi.

Dans ses notes manuscrites (n° 74,) Dulaure parle d'un prétendu miracle arrivé le 17 février 1711 au laboureur Guillaume Bourbonnet. Ce dernier aurait été guéri d'une maladie réputée incurable par la faveur d'une image de la vierge de la *Moble*, et témoignage en fut donné par lui devant Pierre Bouchet, châtelain du lieu. Dulaure signale aussi entre le Broc et la Vaure le champ de la *bataille* où l'on trouve des monnaies romaines.

La forteresse, dont les principales constructions et le gros donjon datent du XIIIe siècle, a dû être restaurée lors de son acquisition par la famille de Murol. C'est à cette époque qu'il faut faire remonter les sculptures sur roches ou *pictographies* que l'on remarque au milieu la grande place qui s'étend derrière le château. A côté d'un léopard, de plusieurs figures dont une de satyre, d'une tête de cheval et d'une forme humaine étendue, les mains croisées sur la poitrine, dans l'attitude de la prière, on voit un écusson écartelé mi-partie aux armes de Murol (d'or à la fasce ondée d'azur). La moitié gauche représente un léopard ou un lion grimpant, avec une étoile dans l'angle gauche. Les artistes appelés à embellir l'acquisition du nouveau maître ont dû exercer leur ciseau sur le basalte et faire au préalable les ébauches des sculptures destinées à orner le château.

La commune du Broc compte environ 900 habitants. Son église était originairement romane à une seule nef avec piliers carrés engagés dans les murs et simples tailloirs comme châpiteaux (A. Mallay). Deux chapelles furent ajoutées au XIVe siècle. Sous le porche, on remarque une moitié de pierre tombale qui a dû recouvrir l'entrée d'un caveau et dont la figure en creux ne manque pas d'intérêt. Cette église appartenait au chapitre collégial de N.-D. avec prêtres filleuls : ce chapitre fut fondé vers 1546; son doyen était à la nomination de la Chaise-Dieu. Il y avait aussi un prieuré.

Avant 1789, la paroisse était à Grezin dont le prieuré fut réuni à celui du Broc au XVIIIe siècle. L'église romane de Grezin qui date du XVe siècle est aujourd'hui transformée en bâtiment rural. — Le mot *grezin* signifie endroit pierreux.

A la sortie du Broc, aux abords du chemin de Saint-Agne à Yssoire, M. H. Albanel nous a fait visiter les grottes de *Sangle*. Ces grottes importantes et à compartiments sont ménagées dans la falaise basaltique, au pied de l'escarpement. Elles ont été visiblement agrandies de main d'homme et ont dû servir d'abri dans les temps préhistoriques. Masquées par un épais taillis, on y arrive en suivant un petit sentier à travers les broussailles et les arbustes, au milieu des éboulis de la roche.

Chapitre II.

La Montagne de Perrier et ses Grottes. — Les Fossiles de Bravard. — A. Julien et les Glaciers du Plateau central. — Saint-Yvoire ; Sauvagnat ; Boissac et Pardines.

oyeux et alertes, remontons sur la chaud du Broc afin de jouir plus longtemps du merveilleux panorama qui se déroule autour de nous. Traversant le plateau dans la direction nord-ouest, nous arrivons au petit *écart des Quinzes*, en face de Perrier, pour descendre dans la grande vallée de la Couze, issue du lac Pavin.

Nous sommes à Malbattut, où l'on trouva, il y a une quarantaine d'années, une énorme défense d'*elephas meridionalis*; on en voit un fragment au musée de Clermont-Ferrand.

Laissant à droite le château d'Hauterive et celui de Montplaisir, nous passons devant Binazat pour franchir bientôt la Couze et entrer dans Perrier.

Baigné par des eaux limpides, à cheval sur la route départementale n° 9, protégé contre les morsures de la bise par une montagne pittoresque qui offre à l'œil émerveillé une multitude de grottes à la fois préhistoriques, féodales et modernes, Perrier, avec sa population d'entour 600 âmes, Perrier est une charmante localité. Un entrepreneur de mérite, M. Giraudon, maire actuel de la commune, a transformé ce pays en une sorte de petit Versailles, rendu plus intéressant par ses curiosités naturelles et géologiques.

Récemment reconstruite par M. Giraudon, d'après les plans et sous l'habile direction de M. Guimbal, architecte, l'église embellit encore le paysage et dresse hardiment vers le ciel sa flèche élégante. Romane dans son ensemble, elle s'éloigne quelque peu du pur style auvergnat pour emprunter au roman bourguignon plus fleuri et moins austère. L'ancienne église datait du Xe siècle ; elle a été remblayée sur quatre mètres de haut, si bien que le vieux chœur forme aujourd'hui une chapelle souterraine. L'antique porte a été murée, mais on a conservé son cordon d'archivolte à billettes et son puissant linteau triangulaire sur lequel on lit l'inscription romane : AIREBI ADREBEI A. Une belle croix qui servait d'antéfixe sur le chœur démoli a été intercalée dans le linteau de la porte neuve ; les pentures en fer qui ornent celles-ci à l'extérieur ont été empruntées à la vieille porte ou complétées sur le modèle des pentures de N.-D. d'Orcival.

Situées au-dessus du bourg, primitives résidences de nos ancêtres, abandonnées à de rares exceptions près, les grottes de Perrier sont étagées sans ordre les unes au-dessus des autres et présentent un curieux spectacle. Elles furent creusées à une époque immémoriale dans une sorte de lœss très tendre qui empâte d'énormes blocs anguleux de basalte ancien et de trachyte. Ces blocs erratiques servent souvent de plancher, de parements, de plafond même, si ce n'est de toiture débordant parfois à la façon d'un auvent rustique. Des murs les complétèrent ensuite et en fermèrent les vides pour ne laisser que les ouvertures strictement nécessaires ; les lambeaux de maçonnerie s'accrochent à la roche friable ou s'écroulent avec elle dans l'abîme.

Ravinées, bouleversées par les orages, amoindries par de fréquents éboulements, les grottes de Perrier ont dû loger à un moment donné une population considérable : le nombre des foyers qui s'y groupèrent peut s'évaluer largement au chiffre de 300 et plus.

A l'époque féodale, il y eût un château-fort qui a été emporté par les eaux et par les éboulements : la tour bizarre de Maurifolet, en quelque sorte suspendue dans les airs, est encore là comme un dernier témoin qui attend l'heure où il s'abîmera dans la poussière des ruines environnantes.

La montagne de Perrier est riche en fossiles. Faunes et flores s'y rencontrent à des hauteurs différentes, tantôt dans des bancs de sables micacés jaunâtres, parfois mêlés à de menus graviers, tantôt dans des couches terreuses arénacées de couleur grise, fauve ou jaunâtre. Bravard, qui a laissé une monographie de la montagne (1828), en a fait le premier une étude sérieuse poursuivie par l'abbé Croizet, Jaubert, Devèze de Chabriol, Bouillet, Pomel, Munier-Chalmas.

Bravard reconnut que les dépôts à ossements fossiles appartiennent à *deux époques distinctes*. Grâce à de longues et patientes recherches, il découvrit plus de quarante espèces de mammifères disparus pour la plupart, et, dans le nombre, treize appartenant à des carnassiers, parmi lesquels le terrible *felis cultridens*. — Le *mastodon arver-*

nensis et le *mastodon Borsoni* se rencontrent dans les alluvions sous-volcaniques de Perrier. La plaine de Sarliève offre l'*elephas africanus* ou *priscus* (de Laizer). L'*ursus spelœus*, grand ours des cavernes et le *rhinocéros tichorinus* sont cités dans le gisement d'Augnat.

De nombreux ravins entament profondément les agglomérats de Perrier et présentent des coupes géologiques naturelles faciles à examiner. Cette disposition permit à Bravard de multiplier les fouilles. Les ravins du *Colombier*, du *Creux-de-Traverse*, de la tour de *Maurifolet* ou du *Nid-de-Corbeau*, les côtes du *Rocher-Noir* et du *Nez-de-Perrier*, situés sur le flanc méridional de la montagne, ont fourni une abondante moisson de fossiles. Le ravin des *Etouaires*, qui s'ouvre au levant et se continue par celui de *Boulade* et des *Combes*, le ravin des Etouaires est devenu fameux ainsi que la côte d'*Ardé* et de *Bourbon*.

Le ravin du *Sablou-de-Lossa* n'est pas moins curieux. Il est situé sur la pente Nord du plateau et va se joindre à la vallée principale de *Boissac* en face de Trezins et de Saint-Yvoine ; il est au-dessous de la plaine de *Cros-Rolland* illustrée par la bataille dans laquelle les Ligueurs furent vaincus par les troupes royalistes et leur chef, le comte de Randan, blessé à mort (Mars 1590).

Mais la célébrité de la Montagne de Perrier vient de recevoir récemment une sanction plus éclatante. Notre ami, A. Julien, professeur de géologie et minéralogie à la Faculté des sciences de Clermont-Ferrend, y a trouvé la révélation et la preuve de l'existence des glaciers du Plateau Central, lequel présente une altitude moyenne de 800 mètres et embrasse une étendue de 8 à 10 départements.

A Perrier, nous sommes en présence d'immenses amas

morainiques qui, sur certains points, atteignent l'épaisseur énorme de 150 mètres. Cette découverte de la réalité par Julien est une sorte de révolution scientifique qui renverse les théories plus ou moins judicieuses que les naturalistes avaient hasardé jusqu'ici. Honneur au savant qui a su voir clair au milieu de ce chaos !

En l'état de la science à son époque, Bravard ne pouvait même pas pressentir la vérité. Il reconnaît que les fossiles appartiennent à deux périodes distinctes ; mais il s'arrête à cette simple constatation paléontologique et ne sait pas se rendre compte de la nature des dépôts et surtout de leurs causes.

Julien, que nous voulons essayer de résumer ici, Julien constate dans le Plateau Central les traces indélébiles de deux périodes glaciaires. La plus ancienne, et aussi de beaucoup la plus grandiose, remonte à la fin des temps tertiaires (pliocène supérieur). La plus récente est survenue au milieu de l'époque quaternaire, un peu avant l'apparition de nos modernes volcans à cratères.

Désormais, nous connaissons l'âge, la structure, les modalités, tous les caractères de ces formations si intéressantes et si répandues dans le Plateau Central. C'est un fait considérable acquis à la science, classique en un mot, confirmé par les investigations et une sorte d'enquête sur les lieux d'un savant de mérite, M. Munier-Chalmas, directeur des études géologiques à la Sorbonne et professeur de géologie à l'école normale supérieure. En 1884, montrant le lœss de Perrier, Munier nous disait : *voici la boue glaciaire de Julien.*

Le colossal amas morainique, déposé par les glaciers qui descendaient des Monts-Dore et s'étendaient jusques par delà la colline d'Orcet et le puy Saint-Romain

(779 mètres d'altitude) où l'on trouve des restes de cette ancienne extension, ce dépôt repose sur une couche de 4 mètres environ de sable ferrugineux micacé renfermant des ossements de mastodontes, de *machairodus* ou felis cultridens, d'hyènes, de tapirs, de cerfs, etc. C'est le lit d'un vieux fleuve tertiaire, d'une Couze grandiose.

Les sables fluviatiles en question sont d'ailleurs plus récents que l'apparition de l'imposant appareil volcanique des Monts-Dore, anté-glaciaire et synchronique de la formation des Alpes. — On connaît, du reste, la végétation de l'Auvergne au moment des éruptions du Mont-Dore; les ruines de ces volcans anciens ont vu les effroyables érosions de l'époque diluvienne. Les débris des végétaux de cette époque se rencontrent à l'état d'empreintes dans les cendres consolidées de Boutaresse où Julien les a découvertes le premier. Pomel a reproduit les empreintes trouvées à Murol et à la Bourboule; Munier-Chalmas est venu les reconnaître à Perrier et dans le Cantal.

D'après les glaciéristes, les données les plus favorables pour le développement des glaciers sont des *froids modérés* et une *très grande humidité de l'air*. Ces conditions se trouvaient remplies dans le Plateau Central à la fin de la période tertiaire et au commencement du quaternaire. La température était alors uniforme et douce comme le révèlent les flores dont nous venons de parler.

Dans notre région, tout concourt à prouver l'existence des grandes périodes glaciaires révélées par Julien. C'est d'abord ce lœss, cette boue si bien qualifiée par Munier et dont les lambeaux, encore plaqués sur les roches primitives, couvrent le Plateau Central au-dessous des cîmes les plus élevées dans le haut Cantal, la Haute-Loire, la Lozère. Les moraines profondes, latérales et frontales se rencontrent à chaque pas avec leurs blocs erratiques, parfois énormes, dont le Nez-de-Perrier offre un magnifique spécimen. De toutes parts enfin on reconnaît des lits de roches moutonnées, des traces évidentes de striage et de polissage comme sur les granites en aval de Besse, ou comme sur les basaltes du ravin de Boissac, qui vient se heurter contre la butte porphyrique de Saint-Yvoine.

Saint-Yvoine, alias Pierre Encize (petra incisa), est un des points marquants des environs d'Yssoire, curieux et pittoresque sous tous les rapports.

Le bourg est assis sur une pointe de roc, en face de la fameuse montagne de Four-la-Brouque dont nous parlerons plus tard. Il est hardiment perché au bord de l'abîme au fond duquel coule l'Allier. Il domine le long chenal torturé qui relie Sarliève au bassin d'Yssoire, gorge étroite et profonde qui semble avoir été hachée par les coups d'un sabre colossal.

Formé par la racine sanscrite *ew*, *yv*, le mot Yvoine désigne un grand courant d'eau.

Dans les temps géologiques, au moment de la fonte des glaciers du Plateau Central, un fleuve immense a couvert la région de ses ondes gigantesques pour couler ensuite à la hauteur de *Petra incisa*. En remontant de *Gournay* et Coudes jusqu'au *gour de Blot*, la masse flottante des eaux s'est précipitée en cataractes formidables auprès desquelles les chutes du Niagara ne sont que de vulgaires cascades, le Maëlstrom d'Edgard Poë un chétif remous.

Les temps actuels marquent d'ailleurs une phase de sécheresse, comme le prouve cette multitude de petites vallées d'écoulement entièrement à sec ou à peu près.

Nos insignifiantes rivières en temps d'inondation ne peuvent donner une idée, même la plus faible, de ce fleuve inimaginable dont les flots s'élancent en colonnes furibondes de plusieurs centaines de mètres de haut, creusant les gouffres qui les dévorent, emportant les moraines et les dépôts accumulés par les glaciers pendant des milliers d'années, démolissant irrésistiblement le gigantesque barrage qui retarde à peine leur course, mettant à nu un lit de roches cristallines anciennes qui sont elles-mêmes entamées, triturées, pulvérisées. Un œil humain a-t-il contemplé ce spectacle d'une magnificence indescriptible ? Peut-être ! Mais tout cela n'est plus.... Il reste........ il reste, la gorge splendide de Saint-Yvoine.

Saint-Yvoine (sanctus Yvonius) est une commune d'environ 480 habitants. Les restes de l'ancien château de *Pierre-Ancize* (petra incisa, VIIe siècle) se confondent avec les habitations actuelles et ne présentent un certain intérêt qu'aux abords de l'église. Le tympan ogival de la porte de l'escalier est orné d'un écusson bien sculpté mais mutilé : on y reconnaît pourtant la date de 1526. Aux IXe et Xe siècles, les populations trouvèrent dans le fort un refuge contre les courses des Normands.

Propriétaires du lieu par donation de Roger, comte de Limousin et époux d'Eufraise, dame de Pierre-Ancize, les moines de Charroux fondent l'abbaye d'Yssoire vers 948, et lui donnent la seigneurie de Saint-Yvoine que les abbés vendent plus tard (1562-1569) à Annet de Sarlans.

En 1590, le fort de Saint-Yvoine est occupé par les ligueurs.

L'ancien bac, établi en face de *Prat-moret* pour desservir la voie du ravin de la Laye a été témoin (1592) d'un sinistre épisode des guerres de la Ligue en Auvergne.

Gouverneur d'Yssoire pour le roi, le marquis d'Allègre a vainement tenté un coup de main contre Sauxillanges et forme le projet d'enlever Saint-Germain-Lembron. Son lieutenant d'Authezat commande à Billom ; il lui envoie l'ordre de venir le rejoindre mais l'Allier est débordé et d'Authezat, serré de près par le ligueur Dandelot, officier du duc de Nemours, cherche un asile dans le petit fort de Parent.

Dandelot essaye inutilement d'incendier Parent. Il va quitter la partie et ramener ses soldats dans leurs châteaux respectifs, lorsque les sentinelles signalent une troupe d'hommes d'armes venant d'Yssoire et suivant le chemin du bac de Saint-Yvoine.

C'est le marquis d'Allègre qui s'avance et gagne le bord de l'eau. Ignorant ce qu'est devenu d'Authezat, inquiet sur son sort, il fait transporter en diligence ses soldats sur l'autre rive. Déjà le bateau revient pour la troisième fois chargé d'une cinquantaine d'hommes. Mais un grand bruit s'élève, la terre tremble. Dandelot apparaît à la tête de cinq cents chevaux, fonçant ventre à terre sur le lieu du débarquement. Une horrible confusion se met parmi les gens d'Allègre séparés de leurs compagnons restés sur la rive gauche. Le bateau sombre au milieu des flots en fureur de la rivière grossie ; cent dix hommes sont tués ou noyés. Désespéré d'un désastre auquel il vient d'assister sans pouvoir porter secours aux siens, d'Allègre n'ose rentrer à Yssoire et se retire à Meilhau.

Le ligueur Hugues de Faidides s'empare du château de Buron (1594) et ne consent à le restituer au sire d'Oradour de Saint-Gervazy qu'en échange de la cession de Saint-Yvoine. Cette terre passe ensuite aux familles de Chaudessolles et de Lamoignon pour appartenir enfin à la maison de Lastic qui a encore d'importantes propriétés dans la commune.

On prétend voir un tumulus (mohila) dans une petite élévation située au couchant de la localité. Cette motte nous semble formée par des sédiments en place, un lambeau des boues glaciaires.

De Saint-Yvoine nous grimpons au puy Neyran qui s'élève à 600 mètres d'altitude et d'où l'on jouit d'une vue splendide.

Dans un pli de terrain, nous apercevons sous la butte de le Margeride le joli bourg de Sauvagnat dont les vins sont renommés à juste titre et qui tire son nom du celtique *Salvagnat*. Sa population est d'entour 600 âmes. La cure était autrefois à la nomination de l'abbaye d'Yssoire. On voit au milieu du pays les restes importants d'un vieux château qui tombe de vétusté et dans lequel sont aujourd'hui les meilleures caves de l'endroit. Une grosse tour, démolie il y a quelque temps dominait l'ensemble des constructions entourées de remparts et de fossés avec un pont-levis dont la porte d'entrée est en ruines. Deux rues appelées *rues du Fort* offrent de l'intérêt : nous donnons le dessin de celle qui est au couchant; elle porte le cachet du XIIIe siècle.

Nous passons à Trezins pour descendre dans le fond du ravin de Boissac.

Arrêtons-nous au lieu dit le Fournet où se trouve une très vieille fontaine : les sources d'ailleurs sourdent ici de toutes parts. Quoiqu'on n'aperçoive aucune trace extérieure de constructions, cet endroit solitaire a été habité jadis. A l'époque gallo-romaine, il y eût assurément une villa qui dût disparaître sous l'invasion des Barbares. En pratiquant des fouilles dans son champ, sous une couche d'alluvions

La Rue des Forts a Sauvagnat

de 2 à 3 mètres d'épaisseur, un propriétaire de Saint-Yvoine, Etienne Armand, a trouvé des voûtes, des pierres de taille, des tronçons de murs, des pans de maçonnerie avec des lits de cendre et de charbon mélangés d'ossements à demi calcinés d'animaux, ainsi que des squelettes et des crânes humains ; ajoutez à cela deux fines statuettes en bronze, des fibules, épingles, poinçons et menus objets en ivoire ou en bronze, signes d'un luxe raffiné et d'une civilisation accomplie.

De nombreux débris de vases gallo-romains à la pâte caractéristique sont disséminés au milieu de ces ruines et leur assignent une date. Nous en avons recueilli une certaine quantité et sommes même parvenus à reconstituer des vases et une magnifique soupière presque dans son entier. Les dessins sont variés et témoignent du goût des artistes. La soupière est ornée d'un cercle de grands médaillons renfermant un *Eros* qui porte de chaque main un *phallus* en guise de flambeau. Ailleurs, nous voyons des aigles écartelées, alternant avec les danses lascives d'un satyre et d'une bacchante, des courses de chars (quadriges), des signes cabalistiques, des zodiaques, etc. Un vase, qui remonte au temps de Domitien Trajan, représente Diogène se livrant à un vice honteux et tenant une lanterne dans l'autre main (officine de Libertus).

On lit parfois des noms de potiers et d'ouvriers qui vivaient à l'époque d'Adrien et d'Antonin, par exemple : ALBUCI. OF (ficina) ; — BALBINI. M (anu), de la main de Balbinus ; — IVNAB (Banui), en rétrogradant ; — QUINTILLIANI. M (anu), ouvrier d'Albucus.

En continuant notre route, nous passons au domaine de Boissac qui appartient à la famille Vimal. Le mot

Boissac vient du germanique *Busch*, en basse latinité boscus : les Boissières, le Bouchet, la Bussière sont synonymes.

Dans la falaise basaltique exposée au Midi, on remarque deux grottes qui ont été habitées dans les temps préhistoriques et où l'on ne peut parvenir qu'à l'aide d'une échelle.

De Boissac, nous grimpons sur la chaud mouvementée de Pardines-Chadeleuf dont l'altitude moyenne est de 610 mètres.

En appuyant vers la gauche, nous arrivons sur le bord d'une falaise à pic d'où l'œil plonge au fond du val sinistre de la Loubière, d'une beauté saisissante et sauvage. Là-bas, d'énormes pans de rochers sont étendus en long, tandis que d'autres se tiennent à demi renversés sur le flanc et comme suspendus en l'air dans l'équilibre de leur propre masse. Un mur de basalte d'une hauteur vertigineuse se sépare lentement de la montagne que l'abîme semble aspirer. Les lèvres du gouffre s'élargissent fatalement, un peu, un peu plus chaque jour jusqu'à ce que le mur s'écroulera tout d'une pièce sur les débris alpestres qui l'ont précédé.

En 1733, d'après Chabrol et Piganiol de la Force, le 23 juin 1737 selon Dulaure, un éboulement formidable se produisit sur ce point à la suite d'un violent orage. Glissant sur le sol détrempé par la pluie, une partie de la montagne se détache du plateau avec un fracas horrible et se précipite dans la direction de la Couze entraînant ou broyant tout sur son passage. Plus de soixante bâtiments sont renversés ou engloutis. Il n'y eût pas d'accidents de personnes. Pour mieux jouir du spectacle des feux de la Saint-Jean, les habitants se tenaient à l'autre extrémité du bourg. Leur épouvante fut telle qu'ils crurent à l'écroulement du monde lui-même et qu'ils s'enfuirent au loin comme des désespérés en poussant des cris d'horreur.

Le calcaire forme ici la base de l'escarpement et, sur ce calcaire, on trouve une couche de cailloux roulés d'un mètre au moins d'épaisseur. Ce sont les revêtements basaltiques de Pardines qui ont protégé et protègent encore les conglomérats de Perrier.

Pardines dépendait autrefois du Dauphiné d'Auvergne; mais vers 1511, le fief fut donné à Thomas Boyer. On y voit les restes de l'ancien château avec trois vieilles tours : c'est le quartier des Forts. La population actuelle est d'environ 600 âmes. La petite église romane, sous le vocable de saint-Martial, est à une seule nef avec abside demi-circulaire, quatre colonnes accouplées forment pendentifs et séparent les branches de la croix. La coupole du transept présente quatre corbeaux romans, décoration que l'on retrouve à la façade sud et à l'abside avec archivolte à billettes. La croisée méridionale est curieuse.

Chapitre III.

—

Meilhau; Chidrac; Saint-Girgues. — Saint-Floret et la Grotte ensorcelée. — La Vallée de Saurier. — Le Val des Loups (Valbleidp).

e Pardines on jouit d'une vue pittoresque et riante. Le regard s'arrête à peine sur les fraîches prairies de Meilhau, Chidrac, Saint-Cirgues et se hâte de remonter avec ravissement la charmante vallée de Saurier.

Le bourg de Meilhau, qui compte environ 430 habitants, a dû succéder à une cité lacustre. Chabrol assure avec raison que le mot signifie *au milieu des eaux*. La seigneurie appartenait à une famille du nom. Morinot de Tourzel l'acheta en 1387. Dans son armoirial de 1450, G. Revel donne le dessin du vieux château féodal entouré d'une enceinte fortifiée et flanqué aux angles de tourelles en cul de lampe : il en reste peu de chose, Allant mettre le siège devant Yssoire, le duc d'Alençon, frère d'Henri III, y couche le 28 mai 1577. Dédiée à Saint-Remy, l'église n'offre rien de remarquable : il y a toutefois un joli bénitier en marbre blanc de 1512.

Le château de St-Chéques

De Meilhau à Saint-Cirgues, la promenade est délicieuse. Nous passons à côté de la coquette maison de campagne de M. Girot de Langlade. Nous traversons de belles prairies émaillées de fleurs champêtres avec de riches plantations de pommiers. De grandes lignes de peupliers et des haies de saules rabougris coupent cet ensemble qui forme un vrai bocage.

A notre droite, voici l'opulente cité de Chidrac qui domine la flèche de son élégant clocher. Remaniée à diverses époques, restaurée depuis peu, l'église romane de Chidrac fut donnée en 1015 au couvent de Sauxillanges par l'évêque de Clermont, Etienne, fils de Guillaume, comte d'Auvergne. Les moines de Sauxillanges y fondent presque aussitôt un prieuré à leur nomination (1030). La seigneurie faisait partie du Dauphiné d'Auvergne.

Nous entrons à Saint-Cirgues, petite commune de 260 habitants. C'est un des plus beaux villages de l'Auvergne, écrit Dulaure. Il faut rectifier et dire que c'est un séjour des plus agréable, un site vraiment délicieux avec un château magnifique entouré d'un parc admirable ; mais le village . . . . . ! Sur un petit emplacement perdu dans un coin difficile à dénicher à moins de renseignements bien précis, on admire une superbe colonne crucifère du XVe siècle en pierre de Volvic délicatement sculptée dans le style composite ; un vrai bijou d'ailleurs classé parmi les monuments historiques; les écussons du fût ont été mutilés. Sur la croix figure d'un côté le Christ, de l'autre une madone, autant de petits chefs-d'œuvre dûs au ciseau d'un artiste inconnu.

La châtellenie appartint d'abord à des seigneurs particuliers pour rentrer ensuite dans le Dauphiné d'Auvergne jusqu'en 1501. Confisquée sur Thomas Boyer, la terre est donnée au Connétable de Montmorency qui la cède plus tard au sire de Montboissier. Après la mort du marquis de Canillac, elle fut vendue (1724) au maréchal d'Allègre. — Le lendemain de la fête, les habitants étaient tenus de visiter le château, autrement dit d'aller à la *Chize*.

Construit par T. Boyer à la fin du XVe siècle, illustré par le séjour de la marquise de Rupelmonde, célèbre amie de Voltaire qui lui adressa son *épitre à Uranie* (Dulaure), parfaitement entretenu par son propriétaire actuel, M. le Comte de Hunolstein, le château est fort bien conservé. Il est flanqué de quatre tours, y compris le gros donjon; les fossés sont à sec. Deux hautes galeries crénelées achèvent de clore la cour intérieure au sud et à l'ouest. Munie de barbacanes et de machicoulis, la grande entrée est défendue par deux échauguettes très élégantes.

Dans le château, on admire des tapisseries de haute lice et de vieux meubles très curieux. De belles boiseries servent de plafond à la grande salle que décorent des tableaux historiques.

Nous passons maintenant à Saint-Vincent, commune d'environ 400 âmes. Le fief relevait de Montaigut-le-Blanc et appartint ensuite à la maison d'Allègre. G. Revel a laissé un dessin du château-fort (1450) qui devait être considérable. Modifiée au XVe siècle, l'église romane a la forme d'une croix avec piliers engagés sans colonnes. Les corbeaux de l'entrée et une louve à dix mamelles placée sur le faîte de la toiture datent du XIe siècle.

Le puy de Lavelle se dresse devant nous au nord de Saint-Vincent, à hauteur de l'embouchure du ruisseau de Chavelle. Dans les basaltes qui reposent directement sur le terrain tertiaire, on trouve des cristaux de christianite

Saint-Floret

et de mésole, notamment dans la partie qui regarde le village de Clémensat.

Désormais le beau vallon de la Couze de Pavin se resserre jusqu'à Saurier. Nous laissons à droite les colombiers d'Ouliande et d'Iglas, à gauche l'écart de Rezonzoux et nous arrivons à Saint-Floret.

Autrefois surnommé *le Chastel*, Saint-Floret est une commune de 560 habitants. L'église date du XVe siècle et devait être celle d'un ancien monastère. Elle est placée avec le cimetière sur le puy de Chatei, rive droite de la Couze. Les eaux de la rivière baignent la base escarpée de la montagne dont l'accès est pénible; c'est pourquoi l'on a bâti dans le bourg même une chapelle que des agrandissements successifs ont rendu suffisante pour les besoins du culte.

Les restes de l'ancien château de Saint-Floret-le-Chastel sont remarquables. On y reconnaît encore les détails principaux donnés par le vieux croquis de 1443 qui est à la bibliothèque nationale (armoirial d'Auvergne et du Bourbonnais) : c'est une construction originale du XIIe siècle.

Transformée en grange, défigurée et mutilée, la grande salle des chevaliers est encore magnifique: elle mériterait d'être classée et préservée par là d'une destruction prochaine. Douze nervures ogivales d'une élégance rare vont se rattacher à une belle clef de voûte armoiriée; la retombée des arcs se fait sur autant de culs de lampe richement sculptés. De curieuses peintures murales avec légendes gothiques du XVIe siècle représentent des chasses et des tournois. — Tout cela est bien délabré; tout va s'effaçant, se démolissant chaque jour : encore un peu, il n'en restera rien.

Un Robert de Saint-Floret figure comme témoin dans l'accord entre Pierre de Madic, Précepteur des commanderies du Temple en Auvergne, d'une part, Robert Dauphin, comte de Clermont, et Hugues Dauphin, seigneur de Léotoing, d'autre part, au sujet de la justice du village de Farreyroles (10 septembre 1295). Il est aussi mention de lui dans le compte arrêté par Gérard de Paray, bailli d'Auvergne, pour le terme de l'ascension 1299 (28 mai), à raison de l'arbitrage entre ledit seigneur Robert et le châtelain *Geraldus de Buxeriis* qui lui avait causé préjudice (Sp. Br. pp. 237 et 252.)

Au XVIe siècle, la terre de Saint-Floret rentre dans la maison de Bellenave, puis dans celle de Digoin avec René-le-Loup pour passer à celle de Loriol et faire enfin partie du marquisat de Tourzel.

A l'époque des guerres de religion, le château fut assiégé par le marquis d'Allègre qui s'en empare après avoir battu le capitaine protestant des Parbes dans la petite plaine de Noyol.

Situé non loin du château, le rocher dit *de la Garde* (warta) devait servir de poste d'observation. — A Orphange, nous avons recueilli une hache en mélaphyre.

Avant de reprendre notre bâton de voyage, visitons la *grotte ensorcelée* dans laquelle une vieille matoise exploite la bêtise et la crédulité des bonnes gens. Recueillies dans un petit creux de la roche, les eaux qui suintent sont, *paraît-il,* souveraines pour les maladies des enfants, surtout pour celle connue sous le nom de *carreau*. On trempe un linge dans l'onde; on humecte la partie affectée; c'est fait. Le remède est efficace, soyez en sûr, et, comme preuve, la sorcière lance le linge mouillé après la voûte du rocher; il s'y colle, et s'y colle à demeure. Si le linge retombe, malheur! il faut recommencer et payer à nouveau, ou sinon..... De petits carrés de toile tapissent en effet le plafond de la grotte. Les mauvaises langues, — elles sentent le roussi, prenez garde! — les mauvaises langues osent murmurer que la fine mouche s'en vient, la nuit, renouveler la provision pour mieux entretenir la croyance. C'est faux, archi-faux!... *Mounies!!*..

A deux kilomètres en amont de Saint-Floret, nous passons devant les ruines du châtelet de Rambaud perchées sur un petit roc cramponné au massif principal. Dans ces parages notre attention est attirée par d'importants dépôts qui forment les eaux minérales, de vraies montagnes qui grossissent chaque jour: on s'arrête avec surprise. Et pourtant cela ne peut donner une idée même la plus faible du rôle considérable joué par l'hydrothermalité dans la confection de l'écorce terrestre. Le phénomène, écrit A. Julien dans son ouvrage « *la théorie des volcans et le Plateau central* (1884)», le phénomène n'a jamais subi d'interruption depuis les temps géologiques les plus reculés. Son activité incessante, inouïe, peut seule expliquer la formation des immenses amas de travertin ou d'aragonite de l'époque des volcans à cratère, des assises formidables de travertins calcaires ou silicieux et de meulières de l'époque basaltique, des filons sans nombre de quartz, fluorine, barytine et minéraux variés de l'époque des porphyres, des couches puissantes des minerais de l'époque silurienne.

Avant d'arriver à Saurier, nous apercevons de hautes cîmes, minces et déchiquetées, qui se développent dans les airs. Le petit village de Creste avec ses 150 habitants se cache dans une anfractuosité de la roche. Il est là sous l'abri chancelant de la falaise qui accompagne dans leur chute les ruines de l'ancien château féodal, une carcasse d'oiseau de proie, desséchée sur son aire en poussière et dont quelques débris tiennent encore droit. Les pans de mur se confondent avec le basalte ou déchirent le ciel comme de longs os debout sur la *sierra* croulante. La chapelle et un petit cimetière subsistent encore. Tout autour, du nord-ouest au sud-est, on reconnaît les traces d'une ancienne cité dont les murs très épais sont en pierre sèche.

Il est question d'un Durand de Creste, vers l'an 1199. On parle aussi d'une bataille qui aurait été livrée en 1368 non loin du *chastel de Creste*. Au XVIe siècle, la terre entre par mariage dans la maison d'Apcher de Montbrun, plus tard dans celle de Bosredon.

Nous arrivons maintenant à Saurier : la population de la commune est d'entour 530 habitants. La vallée s'élargit ici pour former une sorte de petit bassin frais et coquet.

Saurier, autrefois Sauriac, relevait du Dauphiné d'Auvergne dont il suivit la fortune jusqu'au moment où le fief fut vendu à Thomas Boyer (XVIe siècle). Il passe ensuite a la maison de Montboissier-Beaufort-Canillac pour être acheté plus tard par le Ministre Bertin. On voit les restes du chateau avec deux portes et des vestiges de fossés.

Placée sous le vocable de sainte Radegonde, l'église a été construite en plusieurs fois. Les deux premières travées sont du XIe siècle ; celle qui porte le clocher est du XIIe; le chœur, la chapelle sud et le mur fortifié qui protège l'entrée nord sont du XVe. On remarque un beau christ en ivoire et des débris d'ornements en marbre qui devaient faire partie d'un tombeau. Cette église dépendait d'un monastère de femmes : l'arcade de la tribune du chœur des religieuses existe encore.

En face de Saurier, au sud, se dresse le grand puy de Brionnet sur lequel on trouve les vestiges d'une antique forteresse. Il y a aujourd'hui une chapelle où l'on se rend en pèlerinage. En creusant le chemin qui y conduit, on a découvert un éperon de chevalier et divers objets en bronze. A la base du monticule même, il y a des traces visibles de constructions qui ont dû être importantes. Au dire des gens du pays et de ceux du village de la Roche, de qui nous tenons le renseignement, le puy a porté le nom d'*Ysserre* (Yssoire). Nous avons recueilli par là trois haches en fibrolite.

A Saurier, la route fait un coude vers le sud; mais à une petite distance du bourg, un bras de la rivière se détache dans la direction de Coteuge pour grimper à Besse jusque sous le puy de Pailleret (1735^m. d'altitude). Nous le laissons pour continuer notre course sur Courgoul, petit village de 250 habitants, dont le fief appartenait en 1526 aux seigneurs de Creste et de Roche-romaine, et plus tard à la famille de Malafosse du Caufour (1789).

Nous avançons encore, et le val n'est déjà plus qu'une gorge étroite, un couloir resserré qui s'enfonce, s'enfonce toujours entre des berges de plus en plus élevées, bien boisées, si escarpées parfois que l'on dirait de hautes falaises garnies de velours d'un vert noir, A un brusque détour du val perdu, l'œil s'arrête sur une série de pitons déchirés et nus, de crêtes désolées qui se détachent par dessus les flots torturés des grands bois. On dirait les ruines immenses d'une forteresse de géants à demi-submergées dans une mer de verdure. Cet ensemble formidable porte le nom de *Chasteix de Dziaula* ou *Djaula*.

On se croirait ici dans une impasse sans issue, au bout du monde. Par où s'échapper ? Et comment font la route et la rivière pour courir ainsi côte à côte, en se tordant, au fond du gouffre, et ne point disparaître quelque part dans l'inconnu. Le murmure de l'eau rend le silence plus solennel. C'est le recueillement lui-même. Et nous ressentons, mais plus empoignante, plus concentrée, s'il est possible, l'impression religieuse que l'on éprouve en glissant sur le pavé de la galerie mystérieuse d'un cloître du moyen-âge. Les arbres ici sont les piliers et le ciel forme la voûte de l'édifice. Tout le pays présente un caractère d'étrange beauté et de grandeur sauvage. Mais comment décrire un tel site ? C'est le *Valbeleix*.... le *Val-bleidd*, la vallée des loups. En celtique, le mot *beleix*, *bleix*, *bleidd*, signifie loup.

La commune compte aujourd'ui environ 700 habitants. Le bourg est situé sur la route, entre la roche Nitais (1,187 mètres d'altitude) que domine le rocher de l'Aigle (1,200 mètres), et le puy de Croix-Combadine de Chanzèle (1,094 mètres) derrière lequel se dresse celui des bois du Mont (1,167 mètres). La roche Nitais présente un aspect bizarre et lugubre. La montagne s'est partagée en deux : la partie restée debout présente une haute muraille à pic, l'autre partie s'est écrasée sur elle-même et a couvert l'escarpement de ses débris alpestres. On trouve par là trois grottes assez spacieuses creusées par l'homme dans le tuf sous-volcanique.

Pendant plusieurs siècles, la seigneurie de Valbeleix (Bostbeleix) appartient à la maison de Senecterre, puis à celle de Crussol. Mgr de la Garlaye, évêque de Clermont, l'achète vers la fin du XVIIe siècle, puis le fief passe à la famille Guérin.

Le compte de Berthon Sannadre, receveur d'Auvergne (1401), classe la paroisse de *Valbeillès* dans le *prévostage de Rocha-Sonnadoyra* et fixe sa cotisation pour un feu à *XII escus* (Sp, br. p. 463).

Thourein Guillaume, curé de Vic-le-Comte, député du clergé aux Etats-Généraux (1789), mort à Vic le 27 février 1792, est né au Valbeleix.

Bâtie au XIe siècle, remaniée au XIVe, reconstruite partiellement au XVe et à la fin du XVIIe, l'église est à une seule nef orientée avec trois chapelles. Sur un cartouche placé à l'extérieur et sur lequel on voit l'écusson aux 5 fuseaux, on lit cette inscription : *Fait en l'an 1699 par Necterre. L. Verdier de Brouliet et Michel Chandezon, Cousuls.* Les armes de la famille de Senecterre sont d'ailleurs sculptées dans la nef sur un des chapiteaux. Son portail est couronné par un cordon d'archivolte placé au-dessus des claveaux. La corniche à chanfrein repose sur des corbeaux ornés de têtes grimaçantes. Cette église dépendait de celle d'Yssoire ; les bénédictins de Saint-Alyre nommaient à la cure; ils avaient fondé un prieuré qui existait déjà en 1248.

Dans le cimetière, on admire une belle croix dont nous reproduisons le dessin. Le groupe qui se presse autour d'elle est formé par nos amis le bon curé Voldoire, MM. Emile Portenseigne et Parrain, jeune. Il y a aussi une lanterne des morts, petit monument très rare : c'est une sorte de tourelle qui a été tronquée au niveau du mur de clôture et placée à l'angle nord-ouest. On remarque à l'extérieur trois petites ouvertures rondes d'environ 12 centimètres de diamètre où l'on venait allumer à la flamme perpétuelle entretenue dans la lanterne, à ce que nous a raconté M. le curé Voldoire.

Quel regret pour nous de ne pouvoir pousser jusqu'à Compains et Egliseneuve-d'Entraigues pour explorer une région des plus tourmentée et trop peu connue. La grande montagne attire; on y domine de haut et l'horizon n'a plus de limites. Les lacs élevés de Bourdouze, Montcineyre, Chauvet, les Bordes, la Godivelle, les puys de la Griffe (1255 mètres), de Montcey (1210), du Joran (1327), d'Espinchal (1232), tout ce pays si curieux dans sa majesté sombre fascine le touriste et captive l'intérêt du naturaliste. Mais il nous faut revenir en arrière, passer de nouveau à Courgoul et prendre, au delà du puy de Clouzel, la route qui conduit à Besse.

Chapitre IV.

Ranlaigue et Coteuge. — Saint-Diéry. — Les Grottes de Jonas. — Besse-en-Chandeze ; le lac Pavin ; Vassivière. — Les Montagnes des Monts-Dore.

alte, un instant !

Nous devons tourner ici brusquement à l'Ouest afin de remonter la Couze de Pavin qui reçoit comme affluents de droiteles ruisseaux de Pradelle, de Sarbagnat, de Vaneuge. Les massifs granitiques de ces parages renferment des filons de galène-argentifère dont on a essayé l'exploitation. Des galeries ont été ouvertes, des puits creusés, mais le tout est à l'abandon, provisoirement sans doute, car le minerai semble riche. Par ordonnance du 30 janvier 1828, la concession a été donnée à Jean-Baptiste-Amable Peydière.

De nombreuses sources minérales jaillissent de toutes parts et sont à Ranlaigue l'objet d'un commerce assez actif. Ces eaux ferrugineuses sont agréables et bienfaisantes ; fréquentées par les gens du pays, elles s'expédient au loin et méritent d'être recommandées.

Nous arrivons au milieu d'une enceinte à demi-recouverte par une vaste agglomération de scories volcaniques.

Au delà de Lains, une source énorme jaillit sous la grande cheyre embroussaillée ; deux petits sapins indiquent à distance le point de sortie. C'est une dérivation de la Couze dont une partie s'engouffre sous la lave pour suivre un canal souterrain.

Voici maintenant Coteuge (Arcauteughol) qui appartenait en 1329 à Bertrand de la Tour d'Auvergne. Antoine de la Tour, vicomte de Turenne, le cède plus tard à son frère Raymond. Le fief entre ensuite dans la maison de Langeac, puis dans celles de la Mer de Matha et de Nozière de Montal, une des plus distinguées de la haute Auvergne.

Coupons à droite pour gagner la route départementale n° 4 et aller voir Saint-Diéry en passant à *la Bataille* dont le nom dérive du bas latin *bataillicæ* : on désignait ainsi les fortifications de la ville ou du camp.

La commune de Saint-Diéry compte 750 habitants. La famille du nom s'est éteinte depuis longtemps. Comprise dans le prévôtage de Montferrand (sp. br. p. 461), la paroisse est imposée en 1401 à raison de deux feux.

En 1455, la terre appartient à Marie de Perol, épouse de Draguinet de Lastic. A la fin du XVe siècle, elle passe à Jehan de Bellenave Saint-Floret, puis successivement aux maisons de Damas, d'Allègre, de Vandy, Eschalard de la Mark, du Lac, d'Oradour de Saint-Gervazy, de Ligondès. Le prieuré était sous l'obédience de l'abbaye de la Chaise Dieu.

Bâti sur une esplanade basaltique, le château de Saint-Diéry-bas, propriété de la famille de Bois-Rambaud, est assez bien conservé. Les routiers anglais s'en emparèrent au XIVe siècle sur le Borgne de Veauce. Placée à l'extérieur, abandonnée sans entretien, l'ancienne chapelle ro-

Saint-Diéry-le-Bas en 1887

mane est très intéressante. La disposition générale des maçonneries et les détails d'architecture méritent de fixer l'attention de l'archéologue.

M. Ronzel, instituteur, nous a donné une hache en jadéite recueillie par lui.

Notre visite à Saint-Diéry a nécessité un détour et nous prenons le chemin de traverse qui va rejoindre la route départementale n° 4. Faisons halte au village du Cheix pour aller voir les grottes de Jonas qui sont à une courte distance sur le territoire de la commune de Saint-Pierre-Colamine (550 habitants).

Classées parmi les monuments historiques, les grottes si curieuses de Jonas nous rappellent les grottes de Strougoux, Laroche, Courbières. De même que celles-ci, elles ont été creusées dans un tuf volcanique rougeâtre et s'étagent les unes au-dessus des autres à 10, 20, 30 mètres et plus de hauteur : la paroi presque à pic de la montagne paraît criblée de grandes cavités et on peut apprécier à leur nombre l'importance de la population qui y a vécu. Par suite d'éboulements successifs, l'intérieur de certaines chambres est aujourd'hui à découvert. Des logis entiers ont suivi dans leur chute les énormes pans de roche qui se sont écrasés sur eux-même ou bien couchés sur le flanc, encombrant de leurs débris la base de la montagne. A l'ingéniosité de leurs dispositions, on comprend quelle ruse et quelle patience de sauvage ont été apportées dans la confection de ces grottes dont nous admirons les restes imposants. Les fissures de la pierre ont fourni les ouvertures que l'on a dissimulé autant que possible derrière les aspérités du roc. Les étages ont été reliés entre eux par des sentiers hardiment taillés en écharpe au-dessus de l'abîme et souvent masqués par de petits parapets naturels dont il reste des vestiges, Ajoutez-y le rideau des grands arbres qui existaient alors, et l'on comprendra que les habitants devaient, dans une mesure relative, y trouver aisance et sécurité.

L'origine des grottes de Jonas se perd dans la nuit des âges préhistoriques. Fréquentées à l'époque celtique, elles ont dû se développer, s'améliorer avec les besoins et les progrès des temps: on signale d'ailleurs dans le voisinage l'existence d'un dolmen que nous n'avons pas su retrouver. Leur importance n'a cessé de grandir même au moyen-âge, puisqu'elles se trouvèrent alors le centre d'une population assez considérable pour amener l'institution d'un fief avec château féodal et chapelle taillés dans le roc.

On admire la hardiesse de conception de l'ouvrage, la sûreté d'exécution, l'habileté déployée par l'artiste. Les détails du château sont soignés, traités de main de maître, les salles d'armes des chevaliers, le réfectoire, les cuisines, les écuries avec auges, tout jusqu'à la disposition même des grottes. Et cet escalier à vis fouillé dans le tuf avec son noyau central, ses marches balancées, son hélicoïde parfaite ? c'est lui qui reliait les étages du château; il est malheureusement en ruines.

La chapelle n'étonne pas moins et donne une grande idée du génie de ceux qui l'ont aménagée. On peut la reconstituer grâce aux parties qui existent encore et aux blocs détachés dans lesquels on retrouve des colonnes, des chapiteaux, des arcs doubleaux, des portions de voûte. Les baies étaient étroites; mais on remarque dans le plafond très aminci une rosace demi-circulaire qui s'ouvre au-dessus dans une pièce largement éclairée par une grande ouverture de 2 mètres de côté. A gauche de l'autel cubique, on reconnaît un sacrarium de 0^m86 ; la sacristie avait 6 mètres carrés.

Il y a sur les parois des murs des traces de peintures à peu près effacées. Cependant on y reconnaît des personnages nimbés et quelques vagues silhouettes de saints. La mieux conservée représente le Christ recevant la couronne d'épines et le sceptre de roseaux ; dans le tympan, le Seigneur assis sur son trône semble bénir le peuple.

Cette église romane daterait du XIe siècle et aurait été consacrée à cette époque pour les facilités du culte ; car les habitants de Jonas étaient obligés de se rendre à l'église de Saint-Pierre-Colamines bâtie au faîte d'une montagne escarpée et inabordable en hiver.

On prétend que les Templiers auraient trouvé un refuge dans les grottes de Jonas la première année de la suppression de leur ordre (1309). Ce sont eux qui auraient transformé la montagne en une véritable forteresse, munie d'un pont-levis à dix mètres environ au-dessus du sol.

Nous avons recueilli deux statuettes en bronze trouvées au milieu des débris de la montagne. L'une, qui a 88 millimètres de hauteur, représenterait l'opulence : c'est une reine couronnée, florissante de jeunesse et de santé, debout et tenant dans son bras gauche une corne d'abondance. La seconde (55 millimètres de haut) symboliserait la misère : on voit une vieille femme, maigre et ratatinée, accroupie sur les talons et couverte de guenilles ; de la main gauche elle présente une quenouille, tandis que de la droite elle tend une sébille comme pour implorer la charité.

De Jonas, nous gagnons la haute montagne, en suivant la rectification du Cheix à Lompras et à Besse. Nous

ISSOIRE, IMP. CLAUDIUS GAILARD

J.-B. M. BIÉLAWSKI

LES GROTTES DE JONAS

remontons une gorge accidentée au fond de laquelle cascade la Couze. Sur les roches granitiques qui sont à découvert par là, on reconnaît de nombreuses traces glaciaires. Nous sommes dans la région où a régné l'immense glacier descendu des Monts-Dore et dont les ramifications rayonnaient au loin de toutes parts : parti de Besse, un des bras qui s'allongeait vers le sud fut coupé par le volcan de Sarrans.

Besse-en-Chandèze compte environ 1,900 habitants. Son nom vient du mot Bessa ou Baissa qui dans la langue d'Auvergne signifie pâturages et désigne aussi des terrains marécageux. La ville et la seigneurie faisaient partie de l'ancien patrimoine de l'illustre maison de la Tour d'Auvergne que l'on cite déjà au XIe siècle. Le vieux manuscrit Godivel conservé dans les archives de la mairie parle de certaines franchises dont jouissait la cité vers l'an 1204 ; mais la commune ne fut véritablement établie qu'en 1270, la commune, c'est-à-dire, selon la chronique des évêques du Mans, la communion, paix ou association des faibles entr'eux.

Les deux frères, Bernard VII, qui périt au siège de Tunis le 14 août 1279, et Bertrand de la Tour accordent à la ville une charte de privilèges datée de Saint-Saturnin au mois de mai 1270 et confirmée par Philippe-le-Bel en 1276. Ce document remarquable, que Chabrol reproduit en entier (p. 93 à 97), est écrit en dialecte auvergnat ou langue d'oc. C'est une œuvre pleine d'équité, de science et d'ampleur, écrit M. Jaloustre Elie dans son ouvrage « Une charte communale au XIIIe siècle ». C'est plutôt un rôle de fixation de taxes. Il convient d'observer que ces chartes se sont toujours concédées à beaux deniers comptants, que leur octroi est dû, en général, à la nécessité où bien des seigneurs se sont trouvés d'attirer les fo_râins sur leurs terres dépeuplées ou de battre monnaie pour soutenir leur faste. La féodalité n'a jamais été que la hiérarchie de la force et de la conquête. Il est vrai qu'en Auvergne la griffe féodale fut peut-être un peu moins aigue que dans d'autres contrées grâce à l'intervention fréquente de la royauté, à la force des coutumes écrites et à l'ascendant des monastères. Pour l'acquit de leurs franchises « *per la franchedat de la vila* », les habitants payent *cents sols*.

Besse a dû posséder une station mégalithique. L'importance de la région se révèle dans le mot *Chandèze* qui signifie *séjour de la divinité*.

Si l'on s'en tient aux documents historiques, la ville était fortifiée d'une manière imposante dès le commencement du XIVe siècle. En 1370, une haute tour carrée fut édifiée près de l'église avec une ceinture de remparts. Dans leurs incursions de 1373, les Anglais détruisent la première chapelle de Vassivière ; mais, quoique assiégé plusieurs fois pendant la guerre de Cent ans, les guerres de religion et de la ligue, Besse n'est jamais pris et reste constamment fidèle à la cause royale.

En 1401, le prévôtage de *Rocha-Sonnadoyra* (sp. br. p. 463-4) comprend la paroisse de Besse-en-Chandèze qui est imposée pour deux feux à *XXIV escus*, la ville à *VI escus* pour demi-feu, Murol à *XV escus* pour I feu 1/4 et Chambon à *XII escus* pour I feu.

Par lettres patentes de 1406-1417, 1436-1449, Charles VI et Charles VII permettent aux habitants de Besse de clore entièrement leur ville par une enceinte de murailles bastionnées avec fossés et pont-levis. Il y eût trois portes crénelées flanquées d'échauguettes à barbacanes ou

LE BEFFROI OU LA TOUR DU MAISE DE BESSE-EN-CHANDÈZE

meurtrières rectangulaires et à machicoulis, sortes de fentes verticales ménagées dans les galeries au sommet des tours. Au-dessus de la première entrée, le moucharaby, petit balcon saillant ouvert en-dessous, défend la porte que ferme la herse pesante au devant de laquelle le pont-levis redressé se tient debout comme un bouclier. Des corbeaux supportent d'ailleurs l'entablement du chemin de ronde qui couronne les remparts et que protègent de nombreux créaux. La porte de la *bessou* (Clermont) et celle de l'*admirat* (Limagne) n'existent plus. Il reste la porte dite du *beffroi* dont nous donnons une vue prise du dehors : on l'appelle aussi porte de la montagne, de Notre-Dame, du *Maise,, Maisel* ou *Mazel*, vieux mot qui signifie boucherie. Un mur en fer à cheval entoure cette porte à la façon d'un large plastron et la protège contre les morsures des terribles écirs.

Six grosses tours rondes flanquaient et soutenaient les murs d'enceinte, formant ainsi un redoutable ensemble de fortifications mentionnées par Jehan de Vernyes (1583). On en voit des vestiges nombreux qui contribuent à rendre la ville de Besse intéressante et curieuse à visiter. Ici, c'est le beffroi de 1440 ; ailleurs, ce sont des rues entières construites en vieilles maisons des XVe et XVIe siècles avec pignons aigus et portes gothiques aux tympans enrichis de blasons. Dans l'ancienne demeure du châtelain de Marguerite de Valois, un escalier à vis dit *de la reine* mérite surtout d'être examiné pour sa calotte ogivale, délicate et ornée d'entrelacs avec cinq beaux médaillons armoiriés.

Encastrée dans le revêtement extérieur du mur de l'ancien cimetière, une pierre de taille avec inscription rappelle que la porte de l'admirat fut restaurée en 1619 par les consuls Babut et Besseyre. Le millésime de 1656 gravé sur un mur engagé dans la maison Tournadre-Salvant donne la date de la réparation d'une partie du mur sud.

En 1588, Besse fut agrégé aux treize bonnes villes d'Auvergne. Catherine de Médicis, reine de France et aussi comtesse d'Auvergne, dame de la Tour et de Besse du chef de sa mère Magdeleine de la Tour qui avait épousé (1518) Laurent de Médicis, duc d'Urbin, Catherine fit rédiger le splendide terrier qui porte son nom et que l'on conserve dans les archives de la cité. Sa fille, Marguerite de Valois, fit don (1606) au Dauphin de France, plus tard Louis XIII, des comtés d'Auvergne et de Clermont avec la baronnie de la Tour. Descendant par sa mère de la maison de la Tour, J.-Louis de Rochechouart, marquis de Chandenier, attaque cette donation. Un arrêt du parlement tranche le différend (17 septembre 1617), et le 20 janvier 1620 une commission nommée par Louis XIII adjuge au marquis de Chandenier les terres de Besse, Ravel, Saint-Saturnin, Saint-Amand, Chanonat, Montredon (Baluze et Chabrol).

Vers 1668, la seigneurie entre dans la famille de Broglie dont une descendante, la fille du Président Lamoignon, fonde l'hôpital (1744) qui existe encore. La maison de Lignerac possédait la terre en 1789. — Avant cette dernière date, une brigade de maréchaussée composée de quatre cavaliers résidait à Besse où se trouvait d'ailleurs (1740) un des onze bureaux de tabac établis dans la basse Auvergne. On y comptait plusieurs corporations entre autres celle des notaires et celle des marchands ayant leurs bannières, et des confréries au nombre desquelles on cite celles du Rosaire et de Saint-Crépin.

Chef-lieu de district en 1790, la ville eût ensuite un

tribunal composé d'un procureur, cinq juges et quatre suppléants.

Les armoiries de Besse, d'après le registre de 1698, sont *d'azur à un saint Jean-Baptiste dans le désert, d'or, accompagné de trois fleurs de lys posées 2 et 1.*

L'église paroissiale est dédiée à saint André. La nef romane est du XIe siècle ; le chœur, dont les boiseries sont belles, et les chapelles adossées sont des XVe et XVIe siècles ; l'abside et le clocher sont modernes. La chapelle de N.-D. de Vassivière est récente. — Giraud de la Tour donne à Cluny la moitié de cette église (1069). Une bulle d'Alexandre VI l'érige en collégiale (12 juin 1498). Il y avait alors une communauté de soixante prêtres-filleuls dont le nombre était réduit à douze au XVIIIe siècle. Depuis 1286, le chapitre de la cathédrale de Clermont-Ferrand et celui de Vic-le-Comte nommaient à tour de rôle à la cure qui recueillait les revenus de l'église de Chandèze.

Nous quittons Besse par la porte du Maise pour marcher vers la haute montagne. Et la poitrine se dilate, et l'on respire à pleins poumons l'air vif et pur. La route serpente à flanc de côte ; elle longe le précipice au fond duquel écume la Couze.

Là-bas, écoutez! C'est l'écho Lenègre qui reproduit une phrase musicales de vingt notes...,

Tout proche du *Gelas*, nous escaladons l'immense chaussée naturelle qui emprisonne les eaux limpides du fameux lac Pavin (1197 mètres d'altitude), une des merveilles de l'Auvergne. Long de 800 mètres, large de 700, profond de 96, ce lac superbe est si régulier qu'il en paraît circulaire ; il occupe le fond d'une ancienne soufflure volcanique. Les parois presque à pic se cachent, surtout du côté méridional, sous d'épais taillis de sapins. Le lac est d'ailleurs dominé par le puy de Montchalme, volcan éteint qui s'élève à 1,411 mètres d'altitude. A la base de ce volcan, vers le sud-est, on trouve le *creux de Soucy*, puits naturel de 17 mètres de profondeur et dont la gueule a été recouverte par une grille.

Reprenons la route pour aller visiter la petite église de Vassivière reconstruite en 1753. L'ancienne chapelle avait été édifiée vers 1530 sur les ruines d'un oratoire que les Anglais détruisirent en 1369, ainsi que le petit bourg qui avait dû succéder à quelque pagus gaulois.

La statue de Notre-Dame de Vassivière est l'objet d'un véritable culte. Après tant d'autres, en commençant par le prieur de Pébrac, dom Branche, le bénédictin dom Cladière, Piganiol, après tant d'autres nous ne voulons pas raconter la longue histoire des pèlerinages accomplis en ce lieu, ni celle des nombreux miracles attribués à l'image vénérée.

Pendant la rude saison des frimas et des grandes neiges, la statue habite l'église de Besse. Mais quand le doux muguet s'avise de rouvrir ses blanches corolles, quand le soleil ranime la terre sous ses chaudes caresses, que la brise s'en vient folâtrer au milieu de la verdure et des fleurs, alors on se hâte de transporter la Vierge dans sa maison de campagne où elle séjourne trois mois : elle redescend en septembre, le dimanche après la saint Mathieu.

Désormais nous voguons en plein vent vers les hauteurs. Les larges plateaux ondulent, s'étagent les uns au-dessus des autres. De rares bouquets d'arbres, aux tons chauds, se présentent çà et là ; des rochers grisâtres avec leurs rudes arrêtes percent de toutes parts ; au-delà encore, voici un dernier rideau de cîmes déchirées, puis le ciel bleu de l'immense horizon.

Le soleil resplendit dans sa gloire.

Comme tout est calme ! Que le ciel est limpide !

De grands troupeaux de vaches ruminent en liberté et paissent l'herbe savoureuse ; les génisses relèvent la tête pour nous suivre d'un œil paisible. Les mugissements des taureaux s'éteignent sans écho, et la complainte mélancolique du pâtre accentue le recueillement de ces vastes solitudes de pelouse verte.

Mais *Lui*, ce pâtre si misérable aujourd'hui, dirait-on qu'il fut le premier roi du monde ? Quelle déchéance !

L'homme qui eût le génie de s'assujettir, le premier, les animaux domestiques, celui-là fut le plus grand de tous, le bienfaiteur par excellence de l'humanité dont il réalisa dès lors l'affranchissement matériel. Avant lui toute civilisation était impossible. Le pâtre des temps primitifs est donc bien le chef des chefs, et longtemps aussi il resta le souverain suprême.

A l'aurore de la civilisation indo-européenne, le pasteur nomade est le maître de la terre : Roi, Pontife, Poëte, poëte surtout parce que la vraie poésie est encore dans le peuple, principalement aux temps primitifs de l'humanité. Mais ce n'est point un poëte dans le sens moderne du mot. C'est un chanteur réel qui célèbre l'univers et les grandes émotions de l'homme en face des splendeurs de la nature. Il communique aux autres l'enthousiasme qui le transporte, et, de son chant, il ne reste que l'impression actuelle soulevée par l'inspiration du moment.

Interprète d'un idéal commun qui est le symbole de la Création, le poëte exprime alors le sentiment intime de ses semblables : il chante l'âme humaine dans son berceau.

C'est de là que lui vient son prestige et son ascendant. Il domine, il règne, il conduit: il est le Pasteur. — Le premier état de la grande famille aryane fut d'ailleurs caractérisé par la paix profonde, le calme solennel en harmonie avec la nature, par une grave contemplation dans la majesté sereine des cîmes qui sont au-dessus des orages vulgaires.

Naïve et forte, simple et franche, telle est la poésie pastorale primitive. Les clochettes des liserons s'entrelacent doucement. Les bluets et les coquelicots forment un riant parterre. Le chant du rossignol est un ravissement; il jette en d'inexprimables rêveries. Les insectes bourdonnants et le vent qui frôle les feuilles chuchottent d'étranges murmures..... Un sentiment délicieux, poignant, tout religieux, pénètre et remplit l'âme qui s'élève au-dessus de sa destinée personnelle et cherche à saisir sa relation avec l'*Etre universel*,

Elevons-nous encore.....

Le sang du Dragon a rougi nos lèvres. Le langage des petits oiseaux n'a plus de secrets pour nous. Les fleurs parlent. Nos yeux attirent les flots de la mer verdoyante des grands bois suspendus aux flancs des abîmes..... Salut à toi, ô nature splendide! Salut! Comment ne pas t'aimer avec passion ?....

Et soudain le cor d'Obéron réveille les échos endormis de l'immensité; les solitudes de pierre se peuplent de voix inconnues; les forêts sont remuées jusque dans leurs retraites les plus mystérieuses. Les notes prolongées expirent dans le fond des gorges désertes: on dirait l'invocation plaintive d'une race disparue.....

Et le cor magique résonne de nouveau.... loin..... bien loin. Sa fanfare mourante est empreinte d'un charme étrange, indicible ; il vibre en des accents qui font tout oublier. C'est un souffle de fière indépendance qui fait frissonner le corps et transporte la pensée. L'homme éprouve la sensation de l'éternel, de l'infini, cette sensation large et vague des grandes montagnes où l'azur sans nuages enveloppe les dômes de verdure tendre ou de neige scintillante.

Et alors, errant sur les hautes cîmes, le pâtre peut chanter avec Uhland :

> *Gronde à mes pieds, nuage en feu !*
> *Je suis debout dans le ciel bleu.*
> *Siffle ouragan ! Je te connais,*
> *Passe et laisse mon trône en paix :*
> *Je suis le fils de la montagne !*

. . . .

Nous sommes sur la fine pointe du pic de Sancy à 1886 mètres d'altitude . . . . . Quel spectacle ! . . . . Quelle magnificence ! . , . .

Nous avons sous les yeux tout un cortège de dominations ayant chacune leur suite de vallées, gorges, plateaux, gouffres béants, précipices vertigineux, cascades à la voix rauque, volcans éteints, sombres cratères, aiguilles de rochers aux apparences fantastiques, tout un ensemble impossible à décrire. Et les sources de la Dogne et de la Dore sont là sous nos pieds.

Le roi de ce royaume de la pierre est le pic de Sancy. C'est lui, le souverain qui contemple son peuple de cimes altières : Chambourget, Costapein, Chagourdeix, Pailleret, Gros, Ferrand, Cacadogne, Redon, l'Aiguille, Chergue, les Crebasses, le roc Cuzeau célèbre par ses cristaux de *martite*, le plateau de Durbize, Marcilhe, le Capucin, et combien d'autres encore. . . . Et puis, tout là-bas, sur la rive droite de la Dordogne *(Dor ononia)* de magnifiques stations thermales dont la réputation ne fait que grandir chaque jour. — Le mot *dor, dur,* se rapporte au gaëlique *dwr,* qui signifie eau, rivière : son origine est sanscrite.

El voilà les montages providentielles d'où descendent les eaux bienfaisantes qui arrosent nos riches vallées et y apportent la fraîcheur et la fécondité.

Salut à vous, Monts-Dore !
Salut !

Chapitre V.

La vallée de Chaudefour. — Chambon et son lac. — Murols. — Senectèrre ou Saint-Nectaire.

Adieu, pic de Sancy, nous te quittons à regret! Adieu! Trop vite au gré de chacun, il faut se laisser glisser sur des pentes interminables. Secoués par des spasmes, nous essayons en vain de ralentir notre chute, et nos yeux se ferment involontairement. L'abime nous attire, l'abime avec sa terrifiante séduction, parfois mortelle. Là-bas, tout là-bas apparait la sinistre vallée de Chaudefour, une des gorges les plus tourmentées, les plus sauvages qui soient au monde. Comme c'est bien ici le *val perdu*, celui dont les pics déchirés sont vierges de pas humains et reçoivent à peine la visite de quelques rares oiseaux de proie emportés sur l'aile de la tempête.

Des égoûts du Mont-Dore, c'est le plus grand, le plus profond. Les eaux s'y engouffrent à la façon des trombes, en ligne verticale : il semble les aspirer avec une vitesse vertigineuse par une sorte de violente succion. Dans cet immense et sombre entonnoir, les orages prennent des proportions formidables. La foudre y promène avec rage ses éclats grossissants que les roches répercutent à l'infini et se rejettent avec des exaspérations de fureur : l'enfer en révolte!.. Séjour de désolation, il faudrait la plume d'Anne Radcliffe pour narrer tes lugubres légendes.

Mais le val s'est élargi ; les falaises se sont atténuées ; la physionomie du site change avec rapidité; nous avons franchi le seuil infernal. Nous sommes au hameau des Voissières, et nous descendons vers le joli bourg du Chambon qui compte environ 980 habitants.

L'église romane du Chambon a été récemment restaurée : deux cloches portent la date du XVe siècle. Dans le cimetière, on remarque une curieuse rotonde sépulcrale éclairée par trois petites fenêtres. Quatre enfoncements ornés de quatre colonnettes chacun sont ménagés dans les trumeaux. Ce petit édifice circulaire a 6 mètres 27 de diamètre intérieur, la hauteur du sol à l'intrados de la voute demi-sphérique est de 6 mètres 55. La voûte repose sur des arceaux plein-cintre supportés par six colonnes de 1 mètre 77 posées sur un socle de 0 mètre 50. Il y avait un prieuré taxé à XV livres XVII sous VI deniers dans le compte de Jean de Trie, bailly d'Auvergne, pour le terme de la Toussaint 1293. La pancarte des redevances annuelles dues au sacristain-mage de la Chaise-Dieu, 24 mai 1381, fixe à VI sols l'imposition du lieu.

Dans l'histoire manuscrite de la maison de Polignac par Gaspard Chabron (1620-1630), on trouve que le seigneur du fief était en 1344 Guillaume Roger, frère du pape Clément VI.

Entre Besse et Chambon, on signale un menhir triangulaire surmonté d'une croix : nous ne l'avons pas vu.

Le lac Chambon vu de Murols

Maintenant, nous prenons plaisir à muser sur les bords du joli lac Chambon endormi dans son nid de verdure. Un torrent de lave, descendu du Tartaret, a coupé le vallon en formant barrage.

Le vieux volcan du Tartaret s'élève encore à 962 m. d'altitude. C'est lui qui a vomi les coulées qui étendent au loin, jusques par de là Champeix, leurs bras immenses mamelonnés ; on dirait les vagues énormes d'un fleuve rapide subitement solidifié.

Nous passons à côté de la *dent du Marais* enchâssée dans sa rude machoire de trachyte : elle est le résultat d'un écroulement colossal. La montagne s'est fendue en deux : une portion s'est abîmée dans un gouffre ; le reste est resté debout et présente un mur à pic d'une élévation supérieure à trente mètres.

Nous laissons à gauche le hameau de Varennes dont les maisons se groupent autour des restes informes d'un vieux castel.

A un brusque détour de la route, nous voyons se dresser devant nous le dyke formidable de Murols qui porte jusqu'au ciel les ruines imposantes de sa hautaine forteresse féodale : ces ruines comptent au nombre des plus belles et des plus intéressantes de la France. Elles apparaissent comme le génie vaincu de la force brutale. Leur profil grandiose et hors ligne épouvante la pensée, confond l'imagination, défend toute parallèle. Quel effrayant château d'embuscade que ce nid de vautour perché là-haut ! Et l'œuvre de l'homme surpasse encore ici celle de la nature.

Dans les temps préhistoriques, le dyke de Murols a dû servir d'autel pour les rites oubliés d'un culte mystérieux, d'abri à quelque cité mégalithique puis à un pagus gaulois. A l'époque romaine il y eût un *castellum* ou *arcem* avec une enceinte coloniale sous les murs de laquelle passait une voie dont on retrouve encore d'autres traces au pied du pic de l'Angle. Cette route venait du levant et conduisait aux thermes du Mont-Dôre, d'où il est possible de la suivre jusqu'au delà de Latour (P.P. Mathieu). — Dans la plaine au sud de Murols, on a d'ailleurs trouvé une tombe gallo-romaine et de nombreux fragments de poterie rouge.

L'invasion des barbares arrive. Le castellum et la colonie disparaissent sous les flots des hordes sauvages; mais la tourmente s'apaise enfin. Le leude mérovingien et carlovingien succède aux duumvirs, le château franc remplace le castellum romain. Le plan de la forteresse est du reste tout tracé ; il n'y a qu'à relever les murs de son enceinte.

On suppose que Murols fut assiégé et pris par le roi Thierry en 532. Cela est possible ; mais la merveilleuse description du *Meroliacense castrum* de Grégoire de Tours paraît difficilement s'appliquer à l'emplacement actuel.

Audigier assure qu'en 998, il y avait une forteresse relevant des seigneurs d'Apchon (les Comptour).

L'importance du lieu devait être considérable au XIe siècle: les restes d'une chapelle romane de cette époque en font foi ; il fallut même comme annexe en construire une autre au XIIIe siècle, et les deux confondent aujourd'hui leurs débris.

Le chevalier Robert Chambe, seigneur de Murols, vivait en 1223. Les Chambe ou Chamba finissent par abandonner leur nom patronimyque pour ne conserver que celui de la maison de Murols dont les armes sont *d'or à la fasce ondée d'azur.*

Murols en 1887

Héritier de son oncle le cardinal Jean, Guillaume de Murols restaure et agrandit le château vers 1410, d'après les plans de l'architecte Pierre Celeyrol. Il conserve et éclaire le côté occidental, vieux donjon obscur et lourd, à peine troué de quelques petites ouvertures avares de lumière; mais il le couronne d'une guirlande de jolies tourelles en saillie reliées par un chemin de ronde crénelé. Sur les trois autres côtés, il élève de magnifiques constructions dans le goût de l'époque, en harmonie avec les progrès de la science militaire d'alors et les nécessités de la défense. Un curieux testament qu'il a laissé (1410-1413) rend compte de la dépense et des misères de l'entreprise : il donne une triste idée de la condition besogneuse des grands seigneurs du temps.

Le mariage de Jeanne de Murols avec Gaspard d'Estaing, Sénéchal de Rouergue, fait rentrer la terre (1504) dans l'illustre maison d'Estaing. Les armes des d'Estaing sont « *de France au chef d'or pour brisure* » avec cette épigraphe : « *Sic me mea facta decorant* ».

En 1592, les royalistes essayent en vain d'attaquer Murols.

Un peu plus tard, Gaston d'Orléans met le siège devant la place (1682); mais François Ier d'Estaing le repousse avec perte. Déserté en 1713 par son propriétaire, l'abbé Joachim d'Estaing, le château de Murols avec la terre est vendu par décret (31 mars 1770) à Le Maistre de la Garlaye, évêque de Clermont qui meurt en 1776. Ses héritiers, Suzanne de Chambon et ses fils, vendent alors le riche mobilier du château auquel ils enlèvent tout jusqu'aux fermentes des portes : une place prise d'assaut, livrée à sac et à pillage par une bande noire de brocanteurs. Le temps n'a fait que continuer l'œuvre de destruction et la main de l'homme infiniment plus meurtrière et plus aveugle ne lui a pas marchandé son aide. Malgré son bon vouloir, la famille de Chabrol est restée impuissante à retarder le destin fatal,

Les ruines immenses de Murols sont empreintes d'une majesté sans égale. Une haute tour couronnée domine leur ensemble. De sa plate-forme où l'on arrive par un escalier ménagé dans l'épaisseur des murs, la vue embrasse un horizon grandiose et s'abaisse au dessous sur un spectacle de désolation. Quelques jours encore, quelques orages, et ce sera fini. Le vent seul gémit sous les voûtes effondrées: debout sur les pans de murs qui s'écroulent, des plantes s'agitent au souffle de la bise, et, de loin, ressemblent à des archers fantastiques... Les ruines elles-mêmes meurent de vieillesse et de décrépitude; tout n'est que ruines sur terre. Respect à ces vénérables! Touristes, ne hâtez pas leur fin !

Au milieu de ce monde de débris, on distingue quatre corps de constructions contiguës avec cour à l'intérieur et remparts flanqués d'éperons et de tours. L'enceinte bastionnée est en outre munie de becs, ce qui se rencontre très-rarement.

Le côté du couchant représente une moitié de polygone colosssal à sept pans implanté sur la crête de l'énorme dyke: c'est la partie la plus ancienne. Soudés ensemble, roc et château ne font qu'un et présentent une masse de 50 à 60 mètres d'élévation. Le piédestal a été disposé en talus presque droit et garni d'un revêtement de maçonnerie qui fait corps avec la forteresse dont il se distingue par de grosses verrues de basalte que l'on n'a pu ni masquer ni enlever.

Les arêtes de ce polygone monstre sont en pierre de

aille de grand appareil; elles forment cordon et tranchent sur le surplus des maçonneries qu'elles servent à consolider. Les angles sont d'ailleurs couronnés par des échauguettes très élégantes que relient un chemin de ronde crénelé : on admire encore leurs jolis culs-de-lampe. Les autres parties de la forteresse sont, nous l'avons vu, de la fin du XIVe et du commencement du XVe siècles. Et cela composait un tout magnifique et pittoresque.

Le joli castel en miniature, élevé au sud-est, en avant de la façade principale, doit dater seulement de 1680. Les cages de deux escaliers sont encore debout, mais veuves de leurs marches : un écusson surmonte chaque porte,

Encombrée par les décombres, la grande entrée du château est ornée des armoiries de la maison d'Estaing écartelées de celles de Murols. Elles ont été exécutées (1550) en ronde-bosse par un artiste de talent sur une large pierre en trachyte rose à grands cristaux de sanidine. Les sculptures en sont admirables, avec encadrement, casque, cimier et support pour les divers écus. Par malheur, tout cela a été mutilé comme on peut s'en rendre compte sur la gravure. Un des griffons est sabré ; les génies sont décapités : des mains stupides se sont exercées par là.

Dans la région si remarquable et si tourmentée que nous explorons, aux environs de Murols, Chambon, Senecterre, sans parler des dolmens et des monuments celtiques, on rencontre à chaque instant les ruines de cités mégalithiques ainsi que de nombreuses grottes préhistoriques creusées dans le flanc des montagnes.

Nous avons visité *Serre-Soubranie*, entre le rocher des Prêtres et le buron de Sarliève; les *Chazeaux*, à l'Ouest du moulin de Chaux; les *Angles*, entre Courbanges et Surains; *Chatel-Guizon*; *Roche-romaine* où l'on reconnaît

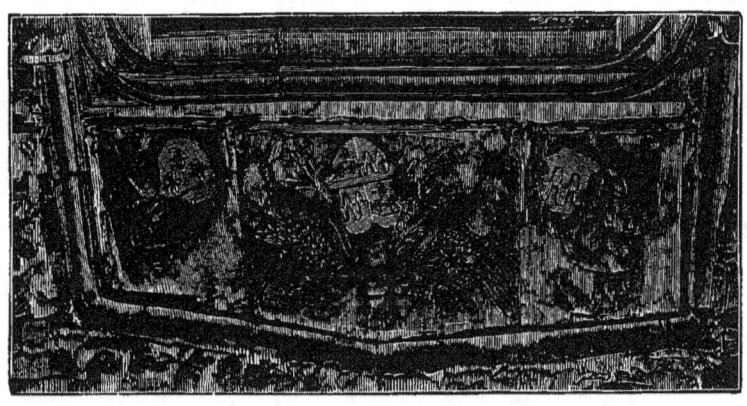

Tympan armoirié du chateau de Murols en 1887

les vestiges d'un vieux castel; *Conches* au sud-ouest du puy de ce nom; *Longueroche* et ses trois emplacements; *Rajat* et *les Boissières*; *Lenteuges*; *Sauvagnat* qui tire son nom du celtique *Salvagnat* et que domine le puy de Magère; *Farge, Parge,* ou *Pargus* qui désigne une vieille cité gauloise détruite par des éboulements: il y a des habitations ainsi que des étables creusées dans le tuf remontant à la plus haute antiquité.

Nous n'avons pas oublié le gentil village de Sachapt aux frais bocages, aux sources abondantes, aux charmantes prairies émaillées de fleurs alpestres: une oasis délicieuse non loin de laquelle se voit le curieux rocher de la Madeleine que la Couze a dû séparer du puy d'Eraygne.

La cascade des granges ne tombe pas à pic; elle est pourtant une des plus belles de l'Auvergne.

Dans ces divers endroits on trouve des armes et des outils en pierre. Nous y avons recueilli dix-sept haches dont douze en fibrolite, une en mélaphyre et quatre en éclogite.

A présent, nous chevauchons vers Senecterre ou Saint-Nectaire, commune de 1,240 habitants, station thermale célèbre à juste titre par les propriétés merveilleuses de ses sources. Nous passons au-dessous des grottes de Châteauneuf qui servent de base aux ruines informes d'une forteresse: un dolmen existe au nord de ce puy.

Nous descendons constamment. La route serpente avec la gorge du val; elle forme ici un coude plus accentué. Et dans un site sauvage, au centre d'un cirque de montagnes, debout sur un roc isolé, nous apercevons l'église romane de Saint-Nectaire. Classé parmi les monuments historiques, ce bel édifice du XIe siècle a été restauré depuis peu. Simple mais élégante à l'extérieur, avec de rares ouvertures au nord et à l'ouest comme il convient à une construction exposée aux intempéries d'un climat rigoureux, cette église a réservé pour l'intérieur ses décorations inspirées de l'iconographie chrétienne.

Les sculptures symboliques des chapiteaux, au nombre d'une centaine, reproduisent des sujets empruntés à l'apocalypse et aux écritures; celles de l'abside représentent la passion du Christ. Le buste de saint Baudime, en chêne recouvert de cuivre repoussé et doré, garni de pierreries et de cabochons, est un reliquaire bysantin fort beau. L'église possède aussi la vieille couverture, avec émaux, d'un évangéliaire du XIIe siècle,

En haut du village, on trouve une belle croix en pierre du XVe siècle.

Dans les temps celtiques, Senecterre s'appelait *Cornador* (réservoir des eaux). Les grottes étaient alors habitées. On trouve, d'autre part, sur le monticule, d'importants vestiges de constructions postérieures : il y aurait eu un temple dédié à Apollon.

L'illustre famille de Senecterre a produit deux maréchaux de France, quatre chevaliers des ordres du roi, des ducs et pairs. Ses armes sont *d'azur à cinq fusées d'argent accolées en fasce* (*nectère* signifie fuseau).

Mariée en 1548 à Guy de Miremont, Madeleine de Senecterre mérite le surnom d'amazone de son temps. Elle battit et tua de sa main le sire de Montal (1574).

Au XVIIIe siècle, la seigneurie passe dans la maison de Crussol pour être ensuite vendue à M. de la Garlaye, évêque de Clermont, puis à N. Guérin.

LE GRAND DOLMEN DE SENECTERRE EN 1887

Outre une corporation de prêtres filleuls et communalistes, il y avait un prieuré qui dépendait de la Chaise-Dieu. — Dans le compte de Jean de Trie, bailli d'Auvergne, le *Rector ecclesiæ de Niccicri* (corr: *sancto Nectorio*) doit payer XIX S, 6 deniers. En 1381, il verse VI S. au sacristain-mage de l'abbaye susdite.

A Saint-Nectaire-le-Bas, nous trouvons un des dolmens les plus remarquables du Puy-de-Dôme. L'autel en granite a 4 mètres de long sur 2 de large et 0^{m}70 d'épaisseur. Auprès de lui on reconnait les vestiges de monuments mégalithiques: quatorze parallélogrammes disposés sept à droite et sept à gauche et séparés par une sorte de petite rue. C'était peut être une allée couverte comme semblent le faire supposer les larges dalles qui gisent alentour.

Les établissements de bains de cette station thermale de premier ordre sont situés sur les rives du Courançous. Les eaux d'une efficacité rare sont d'une température qui varie entre 15 et 45 degrés ; elles sont classées parmi les eaux chlorurées-sodiques, bi-carbonatées. D'après le Docteur Louis Thibaud, on peut les ranger à côté de celles de la Bourboule ; elles présentent la plus grande analogie avec les eaux de la célèbre source de Bubenquelle à Ems.

Les sources principales sont celles de Boëtte et Saint-Cézaire, des Dames, Mandon, la plus abondante de toutes, Coquille, Cubler, Pauline (34°). — Les sources Sainte-Marie, Bauger, Saint-André sont froides.

D'après le Dr Thibaud, ces sources ont par excellence des qualités excitantes, résolutives, altérantes et reconstituantes. Elles possèdent à un haut degré, écrit M. Durand-Fardel la propriété de modifier dans un sens favorable les constitutions lymphatiques et scrofuleuses et de résoudre les manifestations diasthésiques les plus profondes et les plus considérables.

Chapitre VI.

Le saut de Sailhans; dolmen. — Verrières. — Montaigut-le-blanc et ses environs.

a-t-il une région digne à tous égards de fixer l'attention du touriste? C'est bien celle que nous venons d'explorer, et jamais on ne pourra la visiter assez.

De Senecterre nous descendons à Sailhans pour venir admirer, d'un pont à une arche, la belle cascade formée par la Couze: c'est un saut de sept mètres de hauteur. Le lit de la rivière se dérobe tout-à-coup, s'abaisse à pic et creuse un gouffre dans lequel les flots se précipitent en bouillons écumants. L'industrie de l'homme a su tirer partie de cette chute. Des moulins, dont les toits s'élèvent à peine au-dessus du niveau du sol, sont établis au bas de la cascade, tandis que, disposés en conséquence, des conduits saisissent la vague au passage et la transportent sur de vraies turbines en bois de la facture la plus grossière. Pour empêcher qu'une trop grande masse liquide ne tombe sur la roue, on oppose à la nappe d'eau des obstacles ingénieux qui la divisent, modèrent son élan, contre lesquels elle se brise pour rejaillir en gerbes qui affectent la forme de gigantesques éventails et retombent en rosée. C'est parfois d'un effet magnifique. La lumière du soleil se décompose à travers les lames transparentes comme à travers un prisme et laisse voir les brillantes couleurs de l'arc-en-ciel.

On trouve à Sailhans des constructions mégalithiques et, à une courte distance, sur la rive droite de la rivière, un dolmen assez bien conservé.

En suivant le cours du ruisseau, nous arrivons à Verrières où la Couze présente de belles gorges : son vieux pont serait gallo-romain. Il y avait un castel du XIVe siècle qui existe en partie, et un prieuré dont la chapelle sert d'église paroissiale. Les murs de l'édifice tapissés de vieux lierre sont bâtis tout au bord du torrent aux rives escarpées. Le pittoresque de ce point est encore augmenté par de grands dykes de rochers qui surplombent la falaise et se dressent semblables à de hautes tours brun-rouge déchiquetées par l'orage et rongées par le temps.

A partir de Verrières, la vallée de la Couze se resserre brusquement. De toutes parts, on ne voit que monts sourcilleux, cîmes altières, rocs menaçants, pics déchirés et nus, cheyres désolées. Les rives du torrent se dessinent au milieu de cet ensemble généralement sombre comme une étroite lanière de verdure, tandis qu'au dessus de la tête se déroule une bande capricieuse de ciel bleu.

Le versant gauche est à demi-caché par de maigres bois de pins, chênes ou hêtres. Les noisetiers ne manquent pas, les noisetiers d'où jaillissent les joyeuses risées du merle. Quoique bien maigre, cette végétation fait ressortir la nudité des montagnes de droite. Le torrent murmure ou gronde sur son lit de gros galets. Par intervalle, le rouge-gorge pousse son cri plaintif. Le beau temps est assuré, car le coucou fait sonner sa note monotone :

> « *L'oiseau gris chante à la feuillée,*
> « *Il pleut, sa pauvre aile est mouillée.*
> « *Le soleil perce les nuages,*
> « *L'oiseau fait sécher son plumage,*
> « *Il prend son vol d'une aile fière*
> « *Vers le lac bleu, vers la lumière.*
> « *Coucou ! Coucou ! Coucou !*
> Uhland.

De distance en distance, sur le flanc rapide des monticules, on aperçoit des bandes de moutons qui paissent au milieu de la bruyère et des genêts. Les bêlements se mêlent au cliquelis argentin des clochettes suspendues au cou des béliers, et l'écho soupire la romance de la bergère assise sous un rosier sauvage.

Cette gorge convulsée semble se tordre comme un reptile en fureur. Perdue dans ce labyrinthe, la vieille tour de Rognon apparaît soudain perchée à la cîme d'un pic : une sentinelle qui signale les voyageurs au châtelain de de la montagne embusqué par là. Située sur le territoire de la commune de Grandeyrol, cette tour doit dater de fort loin et n'a d'autre ouverture qu'une étroite porte percée à plus de 2 mètres au-dessus du sol. Sous l'escarpement, on distingue des vestiges de constructions et une sorte de redoute. Il y avait aussi un cimetière ; en ouvrant le chemin, on découvrit en effet des tombes de pierre rangées en forme de couronne.

Plus nous avançons, plus le paysage s'éclaircit et prend un air de gaieté. Le terrain a changé d'aspect; les vignes escaladent toutes les côtes. La vallée s'élargit ; elle est charmante de grâce et de feuillage. L'air est embaumé du parfum des foins, des senteurs agréables de l'acacia en fleurs. Une multitude de passerelles sont jetées sur la rivière, afin de donner accès dans des jardins et de belles prairies où le pinson guilleret fait retentir sa joyeuse ritournelle. Quelle allégresse !

> « *J'entends chanter et bruire*
> « *Un ruisseau de cristal,*
> « *Il bondit et va rire*
> « *Folâtre au fond du val*
> W. Müller.

La douceur pénétrante de ce beau vallon nous tient sous le charme et la brise fredonne :

> « *Fillette passe les prés verts*
> « *Portant chemise fine et blanche,*
> « *Et le soleil luit à travers*
> « *Quand, puisant l'onde, elle se penche.*
> « *Si j'étais le joyeux soleil,*
> « *Je glisserai sous la ramée,*
> « *Et d'un rayon chaud et vermeil,*
> « *J'entourerais la bien-aimée.*
> Wunderhorn (Tr. E. Schuré),

Nous arrivons à Montaigut-le-Blanc, importante commune d'environ 1260 habitants. Sur la rive droite de la Couze, un chemin creusé dans le granit porte le nom de *Chami de la Fade*.

Remarquable déjà par une disposition des plus pittoresques avec ses maisons bâties en ampithéâtre sur le versant méridional de la colline, Montaigut-le-Blanc rappelle une ancienne et illustre maison d'Auvergne dont les armes portent de *gueules au lion de vair.* Guérin de Montaigut devient en 1209 Grand-Maître de l'ordre de St-Jean-de-Jérusalem; il était fils de Pierre de Montaigut dont le frère fut tué à la bataille de Mansoura dans laquelle le roi Louis IX fut pris (1250). Pierre III du nom était en 1219 Grand-Maître des Templiers.

La terre passe ensuite dans la maison de Chabannes. Vers 1430, le fort fut emporté d'assaut par le sire de Permes qui avait à se venger d'Antoine de Chabannes et à reprendre les biens que celui-ci lui avait enlevés.

Au XVIe siècle, la seigneurie appartient à la famille d'Allègre, puis à celle de Maillebois pour être vendue en 1755 à Jean Charles comte de Laizer de Brion.

Le château de Montaigut-le-Blanc date du XVe siècle. Ses ruines imposantes se détachent sur le sommet du monticule. Deux portions contigües de l'édifice sont seules debout: le gros donjon carré dont les murs se lézardent et la belle tour hexagonale de l'escalier.

Bien éclairé par de jolies fenêtres, l'escalier était large et magnifique : les marches ont disparu. Il se termine par une voûte gothique dont les délicates nervures en pierre de taille sont au nombre de six. Ces nervures convergent vers la clé qui porte un superbe écusson aux armes de Montaigut. Une charmante porte ogivale, en partie obstruée par les décombres, donne accès dans cette tour ; mais les fines sculptures qui ornaient le tympan ont été brutalement mutilées. On distingue encore les cuisines spacieuses, les celliers, les prisons, de vastes souterrains. De son éternelle et sombre verdure, le vieux lierre tapisse les pans de murs à demi-renversés. Vers l'Ouest, on trouve les restes de l'ancienne chapelle du XIIe siècle.

Grimpons sur les débris croulants pour venir admirer deux cheminées monumentales adossées l'une à l'autre; elles sont gracieuses, bien conçues et travaillées avec goût. On pénètre ensuite dans une sorte de réduit en forme de spatule dont le petit bout s'appuie contre la tour de l'escalier, tandis que l'autre extrémité vient s'arrondir dans un bastion qui regarde le nord. Si l'on passe la tête à travers l'embrasure de l'étroite meurtrière, l'œil plonge au fond d'un effroyable ravin : le puy de la Rodde se dresse en face.

L'église paroissiale de Montaigut est dans le plus mauvais état : la voûte du chœur qui date du XVe siècle s'est écroulée depuis peu. Il est question de transférer l'église ailleurs. La nef, le transept, une petite chapelle nord-est remontent au XIe siècle; le collatéral nord est du XIIe. La façade sud offre des corbeaux; des griffons, syrènes, feuilles, entrelacs sont représentés sur la porte et sur les chapiteaux grossièrement fouillés. La cuve baptismale de style roman est très belle; elle est entourée de colonnettes engagées qui reçoivent la retombée des arcs plein-cintre dont une torsade forme l'archivolte.

A l'extrémité nord-ouest de l'étroit et long plateau de la Pinière, à 4 kilomètres environ de Montaigut, on rencontre le monument celtique des *Chazoux*.

Laissant à droite le puy de Gourdon, nous entrons sur le territoire de la commune d'Olloix où l'on trouve un menhir et deux pierres branlantes. Olloix possède les restes de la construction féodale d'une commanderie de Templiers (XIIIe siècle) qui fut occupée en 1312 par les Hospitaliers de Saint-Jean-de-Jérusalem pour passer ensuite à l'ordre de Malte. Dans l'église, mi-partie du XIIe et mi-partie du XVe siècle, il y avait enchâssé dans le mu sud le tombeau d'un chevalier du Temple : de la statue couchée, les bonnes gens avaient fait un saint *gouerou* (guerrier). L'ancienne église paroissiale était établie sur le plateau de Lissun.

Nous franchissons la petite rivière de la Monne, qui prend sa source au puy Balladon, pour aller reconnaître l'emplacement de l'allée couverte de Cournols, monument mégalithique qui a pour ainsi dire disparu : il avait 11 mètres de longueur sur 4 de large et 2 de haut. Nous avons recueilli par là deux haches, l'une en fibrolite, l'autre en basalte ; il s'en est trouvé un certain nombre d'autres en roches de diverses natures.

Retournons en arrière et passons à Chaynat dont le vieux fort a été démoli. Cette seigneurie appartenait à l'ordre de Malte et relevait de la commanderie d'Olloix.

A Ludesse, où nous avons trouvé une hache en éclogite, il existe une pierre branlante et des restes de constructions gallo-romaines connues sous le nom de *cabanes des fées*.

Le chemin que nous suivons en ce moment nous conduit droit à Champeix, important chef-lieu de canton, jolie petite ville d'environ 1,600 âmes, bien abritée dans une vallée profonde creusée par la Couze.

Le Marchi-di-Hall de Champeix

Chapitre VII.

Champeix et le Marché-di-hall. — Neschers. — Chadeleuf. — Coudes et Montpeyroux.

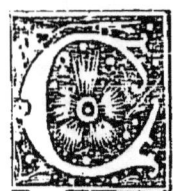hampeix (Champeilhs, Champelhs) tire son nom de campus, diminutif campellus ; il faisait partie du Dauphiné d'Auvergne au XIIe siècle.

Le 20 juillet 1423, le dauphin Beraud lui accorde une charte de commune. Charles de Bourbon, duc de Montpensier, aliène la terre (1541) en faveur de Thomas Boyer, général des Finances, sous la réserve de l'hommage. Le fief passe ensuite à la famille de Canillac-Montboissier. Champeix qui, d'après Baluze, relevait de la sénéchaussée d'Auvergne, Champeix devient au commencement du XVIIIe siècle le chef-lieu du marquisat de Tourzel, érigé en faveur de la marquise de Rupelmonde, dame de compagnie de la reine et fille du maréchal d'Allègre. Ce marquisat comprenait (Dulaure) la seigneurie de St-Cirgues, Chidrac, St-Floret, St-Vincent, Meilhaud, Tourzel, Perrier et Pradines ou Pardines. Le marquis de Sourches, grand prévôt de France y succède : il se tue à la chasse en tombant de cheval (9re 1786).

Champeix a vu naître le savant Grimoald Monnet (1734-1817), inspecteur général des mines de France.

Le château de Champeix, dont il existe un vieux dessin reproduit par A. Tardieu dans son dictionnaire historique du Puy-de-Dôme, ce chateau datait du XIIe siècle. Bâti sur un mamelon, il devait être très fort, si l'on en juge par l'assiette de la place et l'épaisseur des murs. A l'époque des guerres de la Fronde il ne pût être pris que par famine et Richelieu donna l'ordre de le démolir en 1633, lors de son voyage en Auvergne. Le plateau qui se développe au couchant s'appelle *Loche* et le ravin *Partabourney*.

Les débris de l'ancienne forteresse dominent la ville et forment le *Marchi-di-hall*, ce qui signifie à la fois le grenier et le palais du marquis. A l'origine, le mot *hala* désigne une chaumière couverte de branches d'arbres et dans laquelle on emmagasine les provisions ; plus tard, il devient synonime de palais.

A l'extrémité nord des ruines du château, sur la pointe du puy *(del podier)*, on remarque l'ancienne église Saint-Jean, petit édifice laissé à l'abandon.

L'église paroissiale de Sainte-Croix est dans le bas-Champeix, sur la rive droite de la Couze qui sépare la ville actuelle en deux; elle appartint à un couvent de *Camaldules* (bénédictins de saint Romuald) dont l'ordre a été supprimé. La cure était à la nomination de l'abbé d'Yssoire. Il y avait une chapelle de la recluse (1199) et un hopital mentionné dans un titre de fondation du dauphin Robert (1302).

Non loin de la ville, on signale la *cabane des Fades* : le

mot cabane vient du celtique *cab* et se présente sous la forme *caban* dans les langues néo-celtiques. On voit également plusieurs grottes dans les environs, notamment sous la chapelle d'Anciat.

Les flancs granitiques du défilé entre Champeix et Neschers présentent des surfaces moutonnées et striées. Ce sont les marques laissées par les anciens glaciers qui venaient butter contre l'escarpement de Gournay et la montagne d'Ecouya (681 mètres d'altitude) : des lambeaux de boues glaciaires y sont encore plaqués.

Neschers ou Neschiers (noire cheyre) est une commune d'environ 900 habitants. Le bourg est bâti sur le bord d'une des coulées de lave les plus puissantes de l'Auvergne. La Couze est là rongeant le pied de la sombre falaise.

Après son usurpation de la Comté d'Auvergne, Guillaume-le-Vieux délaisse le fief à son neveu qu'il a dépouillé. Conquis par Philippe-Auguste vers 1210, Neschers fut rendu au dauphin d'Auvergne par Louis IX (1229 ou 1230), à la condition d'en détruire les fortifications et de ne pas les relever avant trois ans. La terre appartint successivement aux familles de Murols, d'Usson, de Montespedon, d'Apchon, d'Estaing, de Caldagués, Rodde de Vernines.

La belle église de Neschers a été construite de nos jours grâce à la générosité de quelques familles que nous ne voulons pas citer dans la crainte de froisser leurs sentiments de délicatesse.

Sur la rive gauche de la Couze, à 90 mètres environ au-dessus de la rivière, s'étend un large plateau qui se développe dans la direction de Plauzat et d'Authezat. C'est là que se trouvent les camps dits de *Bataillou*, de la *Bade*

Neschers en 1887

et de la *Flécheyre*. Les quatre enceintes avec leurs fossés profonds présentant une superficie de 16 à 18 hectares pouvaient contenir un effectif de 25 à 30,000 hommes. On suppose que ces camps furent établis par Guy de Dampierre, chargé, au nom de Philippe-Auguste, de conquérir les possessions du comte d'Auvergne Guy II (1209-1213). La porte de sortie se nomme *Sovaly*.

A Neschers, les dépôts glaciaires sont subordonnés à la coulée de lave qui est de la sorte plus récente. C'est au point de contact; tout près du bourg, que notre savant compatriote, le sénateur Pomel, a fouillé une station humaine de l'âge du renne. Il y a trouvé (1843) de jolies aiguilles à chas en os percées de trous, des coquilles des faluns de la Touraine dont le gisement est à 350 ou 400 kilomètres dans les vallées du Cher et de la Loire. Cela peut donner de précieux indices sur les migrations de l'époque magdalénienne. Nous avons recueilli dans ces parages une hache en fibrolite. L'abbé Croizet y a également découvert un certain nombre de haches en pierre et des monnaies celtiques globuleuses.

En marchant sur Coudes, on rencontre des ruines informes dans lesquelles on veut voir un temple de Diane : on y trouve d'ailleurs des tuiles à rebords et des poteries romaines ; le lieu s'appelle *Diana*.

Du point où nous sommes, nous entrevoyons Chadeleuf, commune d'environ 400 habitants. L'église est du XIIIe siècle ; la cure était à la nomination de l'abbé d'Yssoire. Pierre de Chadaleu, chanoine du Chapitre d'Ennezat a été l'un des rapporteurs de l'information faite à Paris (1309-1311) par ordre du pape contre les Templiers d'Auvergne. Le carme Clément Sourtiat (1711-1771) est né à Chadeleuf.

Nous redescendons sur la route départementale n° 8, et, laissant à gauche la fraîche villa de Beauvezeix, nous arrivons à Coudes.

Coudes est un joli bourg coquettement assis au confluent de la Couze et de l'Allier. La vallée s'épanouit agréablement en ce point. Baigné par les eaux limpides de la Couze qui fertilise ses délicieuses prairies, Coudes semble posé là comme dans un nid de verdure que lui composent de belles lignes de peupliers et de noyers encadrant des bouquets d'arbres fruitiers et de magnifiques vergers. Alentour, des coteaux couverts de pampre et de pêchers s'étagent à plaisir et forment de charmants vallons, tandis que des masses basaltiques dressent çà et là leurs fronts dépouillés. — Les routes nationales n° 9 et départementales n° 8, qui traversent la localité, contribuent à l'embellir et à l'éclairer.

A proximité d'une chapelle très ancienne qui sert aujourd'hui de cave et de cuvage, l'abbé le Bœuf reconnut en 1759 un cimetière mérovingien. Il découvrit cinq tombeaux avec inscriptions funéraires d'un beau style, quatre sur marbre blanc, la dernière sur une pierre en arkose ou grès dur.

La première épitaphe se rapporte à un certain Palladius. La date est de l'indiction (convocation à jour fixe d'un concile) cinquième du règne de Thierry I, roi d'Ostrasie: L'Auvergne était alors comprise dans ce royaume. Or, sous le prince Thierry, l'indiction cinquième se compte deux fois, en 1512 et 1527 (Dulaure). Dans Grégoire de Tours, il est question d'un Pallade, originaire d'Auvergne, lequel aurait été gouverneur du Gévaudan.

La deuxième inscription concerne Candedus et serait de l'an 526.

La troisième est relative à une nommée Errena, de l'an du Christ 538.

La quatrième se rapporte à un certain Pioni, sans date précise.

La dernière est incomplète.

On a d'ailleurs trouvé par là des débris gallo-romains et des sarcophages en pierre ordinaire (abbé Croizet 1838).

En 1240, Bertrand de la Tour accorde à l'abbaye du Bouschet la dîme sur les terres que ce couvent pourrait labourer en un jour avec sept paires de bœufs. Il y avait un hôpital vers 1317.

Le 14 mars 1590, le bourg est incendié par les royalistes partis de Clermont pour marcher contre les ligueurs d'Yssoire.

L'église romane de Coudes est très ancienne. L'abside est carrée; si l'on en juge par l'appareil et les moulures, elle serait même antérieure au XIe siècle (A. Mallay). La disposition des grands arcs de la nef est remarquable. Le clocher moderne n'est pas en rapport avec le caractère de l'édifice.

De Coudes, nous prenons le chemin très escarpé *de la côte* pour grimper à Montpeyroux bâti sur un mamelon à 515 mètres d'altitude. On y exploite d'importantes carrières d'arkose ou grès dur.

Une grosse tour du XIIe siècle domine la localité et se voit de loin. Cette construction féodale d'une hardiesse vertigineuse menace le ciel et sabre l'air à angle droit, écrasant de sa masse et de sa hauteur les maisons d'alentour. Elle est très bien conservée; rien n'y manque: oubliettes, celliers, salles voûtées grimpant l'une sur l'autre, escalier perdu dans l'épaisseur des murs, couronnement

Montpeyroux en 1887

crénelé et plate-forme munie de casemates avec abri pour le guetteur. D'étroites et longues meurtrières coupent çà et là le corps du monstre et ressemblent à de minces et rares zébrures. L'ancienne porte d'entrée s'ouvre à plus de dix mètres au-dessus du sol, mais le pont-levis a disparu : une fois le pont-levis dressé, la tour devenait inaccessible. Ce gros donjon est en effet isolé au milieu d'un cercle de vieilles constructions dans lesquelles logeaient les hommes d'armes et les habitants du lieu. La rue de la grande charreyre est tout près ; voici les rues de la poterne et des nobles ainsi que le passage des forts. Dans le chemin extérieur de *Tralhume,* il y a des vestiges de remparts et les tronçons de quatre tours.

Chapitre VIII.

—

Plauzat ; la Sauvetat ; Authezat. — Coran et son puy célèbre.

ontpeyroux est déjà loin ; nous descendons à Plauzat en suivant un chemin qui traverse le vieux camp de *Bataillou* que nous avons déjà visité.

Situé dans le thalweg, au bas des dernières pentes du puy Saint-Sandoux, Plauzat est une commune d'entour 1260 habitants. Son nom vient peut-être de la racine sanscrite tertiaire *Plu* qui signifie *couler*, laquelle se combine avec le suffixe ethnique *at*.

Conquise en 1212 sur le comte d'Auvergne par Guy de Dampierre pour le compte du roi de France, la terre fut rendue au Dauphin d'Auvergne par Louis IX (1229) à charge de l'hommage. Le fief passe ensuite successivement dans les maisons d'Apchon, d'Estaing, de Montaigut et de Bouzols.

Au moyen-âge, il y avait deux prieurés, le noir relevant de Sauxillanges et le blanc qui dépendait de Chantoin. Le bourg était fortifié et ne put être pris par les hugue-

Coudes — Montpeyroux

nots. En assez bon état de conservation, le château a été restauré sous Louis XIV.

Le chœur carré et la crypte de l'église sont antérieurs au XIe siècle. C'est à cause d'eux que l'on a classé l'édifice dont les autres parties des XIVe et XVe siècles ne présentent pas d'intérêt.

Au mois de mai 1847, on a trouvé à Plauzat 32 haches celtiques en bronze renfermées dans un vase grossier d'argile.

Marchons en suivant le cours du ruisseau de Charlet, et nous arrivons à la Sauvetat, ancienne commanderie des Hospitaliers de Saint-Jean de Jérusalenm puis de l'ordre de Malte. C'était un lieu d'asile pour les criminels, d'où lui est venu son nom *domus de Salvitati* (maison de refuge).

Construction des XIIIe et XIVe siècles, l'église est située dans le fort; elle servait de chapelle au château. On y voit une vierge assise, en cuivre massif avec émail, d'une exécution soignée. Elle date de 1319; c'est Odon de Montaigut qui la fit faire.

Il existe des restes imposants de l'ancien fort. Le gros donjon circulaire domine toujours la localité : on a installé l'horloge sur la plate-forme. Nous en donnons le dessin. Il servait de prétoire et de prison et se trouve encore décoré des armoiries de plusieurs commandeurs. Des ruelles formant labyrinthe l'enveloppent et sont combinés de manière à prévenir une surprise de l'ennemi. L'enceinte était d'ailleurs renforcée par des tours et l'on pénétrait à l'intérieur par deux portes crénelées.

Les dames du prieuré conventuel de Lavaudieu avaient des cens en directe (1669-1670) sur la Sauvetat (Sp. Br. p. 582).

En 1833, sur l'emplacement d'une villa, terroir de *Jusura*, on a trouvé une statue de Cérès et une tête de Mercure, toutes les deux en arkose, A peu près au même endroit, des objets antiques ont été recueillis plus récemment (1880) dans le domaine de *Liodieu*, près du *pont lari,* au lieu dit *les antars* (autels). Outre un certain nombre de pièces d'or, on a trouvé une médaille gauloise en électrum sur le revers de laquelle on reconnaît une ébauche grossière de cheval en liberté. On a découvert d'ailleurs un bloc quadrangulaire en marbre sculpté, une autre tête en arkose paraissant appartenir à une statue de femme. Cela semblerait justifier l'opinion qui croit à l'existence dans ces parages d'un temple païen et d'une cité importante.

La Sauvetat faisait autrefois partie de la paroisse d'Authezat : la distance entre les deux localités est à peine d'un kilomètre.

Authezat, Oltazac (Xe siècle) est une commune d'environ 600 habitants. Vers 1250, la terre entre dans la maison des dauphins d'Auvergne pour passer ensuite à celles d'Oradour de Sarlans (XVIe siècle), puis à la famille du Bouillé. L'église avec tour carrée est du XIVe siècle : elle ne manque pas de caractère, mais elle a été défigurée par des modifications successives.

D'Authezat en se dirigeant sur Chadieu, au milieu des vignes et à proximité de l'Allier, on trouve une pegmatite riche en feldspath et renfermant de beaux cristaux de tourmaline. La pegmatite est un granite à gros éléments dans lequel le mica a disparu ou s'est concentré sur quelques points.

Nous longeons à présent la rive gauche de la rivière.

Voici le château de Chadieu qui appartint successivement aux familles de Chadieu, de Tane, de Bapts et d'Arbelle.

Sur la rive droite, nous apercevons le petit écart de Brolac. Laissant *Arson* derrière nous, nous arrivons aux ruines de Chandezon et de Chalus-les-Bussières.

Cette grosse tour éventrée, à demi-renversée tout d'une pièce sur le flanc, cette tour et les ruines qui l'accompagnent représentent l'ancien chef-lieu de la terre d'Authezat. Nous sommes ici à la base du célèbre puy de Corent ou Coran.

Nous grimpons, en nous élevant d'assise en assise, sur les débris croulants d'un tuf volcanique rougeâtre. Quelle panorama splendide ! Nous avons sous les yeux une des parties les plus riantes de la vallée sans rivale de l'Allier avec une échappée merveilleuse sur la grande Limagne. La montagne s'avance ici en promontoire ; nous contournons le nez énorme et, devant nous, dans une anse de roches sombres, s'étale en amphithéâtre un joli bourg qui repose au milieu de la verdure des noyers et tourne au soleil levant les façades de ses blanches maisons. C'est Coran, Coran avec sa population d'environ 600 âmes.

Derrière la localité se dresse la haute et noire falaise de basalte. Dans le parement du mur gigantesque, on observe des grottes connues sous le nom de *grottes des fées*. Ce sont des soufflures volcaniques qui ont été agrandies de main d'homme et aménagées pour servir d'abri. Leur nombre devait être plus considérable ; mais des éboulements successifs les ont fait disparaître en partie. Quelques-unes sont désormais inaccessibles. Ailleurs, un étroit sentier de chèvres taillé en écharpe s'accroche aux aspérités du roc, escalade l'escarpement, passe devant les logis préhistoriques et conduit sur le sommet du puy. C'est le point le plus curieux de la montagne.

Le plateau de Coran présente la forme d'un siège gigantesque qui s'allonge du sud-est au nord-ouest: on dirait qu'il a été creusé, affouillé par une charrue colossale, et en effet on y reconnaît les traces d'anciens glaciers. Tandis que le point culminant est à 621 mètres, l'altitude moyenne n'est que de 550 mètres. Dans la partie nord, une vaste dépression de terrain marque l'emplacement d'un ancien lac aujourd'hui desséché. Au temps des Druides, c'était un lac sacré où l'on jetait les offrandes à la divinité. Il y eût un oppidum gaulois auquel la tradition locale donne le nom de *Rousselay*. Le vieux mot Coran l'indique du reste. *Cor* signifie enceinte fortifiée ; *an* est un suffixe ethnique d'origine celtique.

Toutes les civilisations se rencontrent par là, même les plus primitives, antérieures aux Celtes, se rapportant peut-être à une population autochtone. Dès l'antiquité la plus reculée, les établissements de l'homme s'y sont succédés depuis les stations en plein air et les palafittes jusqu'au château-fort du moyen-âge. Il ne reste plus que ruines sur ruines nivelées par la charrue et la culture ; mais il suffit de donner un coup de pioche n'importe où pour amener au jour ces débris de toutes sortes et parfois les objets les plus curieux. C'est comme une carrière d'antiquités que les chercheurs ne peuvent réussir à épuiser. Encore il n'est pas sûr que des fouilles scientifiques et sérieuses aient jamais été faites.

On y trouve des grattoirs, des bouts de flèche en silex

avec ou sans soies et parfois d'une perfection rare, des haches en silex à deux tranchants, des haches néolithiques en roches de toute nature, des polissoirs, des couteaux de sacrifice, des casses-tête gaulois. Les objets en bronze et en fer abondent : haches de toutes formes, lances, épées, pointes de flèche, couteaux, manches gallo-romains, lames de poignard, ceinturons celtiques en bronze, chaînes, bracelets doubles et simples, plaques, agrafes rondes, styles gallo-romains; la collection des fibules est des plus rares. A côté des fers de chevaux et des touche-bœufs, on rencontre des clochettes, des mors de bride, des anneaux et des clous. Les monnaies gauloises, gallo-romaines, féodales ont enrichi les médaillers des numismates. Les crochets, les bagues en or, bronze, fer ou os ne font pas défaut. On y découvre des statuettes en bronze gauloises ou gallo-romanes, comme celle d'Oziris qui fut trouvée en 1853, des fragments de miroirs métalliques, des amulettes phalliques en bronze et en verre, des moules de médailles en terre cuite, des roulettes, des rouelles en terre et en métal. L'énumération de toutes les trouvailles est loin d'être complète.

Quant aux poteries, il est superflu de les citer. Elles sont d'une variété rare; leurs débris jonchent littéralement les champs. En fouillant le sous-sol, on rencontre des voûtes et des pans de murs sous lesquels il y a parfois des vases assez bien conservés, des biberons gallo-romains, des melards ventrus, des amphores de très grande dimension. Nous avons recueilli par là deux belles haches, plusieurs fibules, et des débris d'objets en bronze. Sans parler des grattoirs, flèches, couteaux en silex et nombreux fragments d'armes et outils, nous possédons 14 haches néolithiques qui en proviennent: 3 en fibrolite,

1 en chloromélanite, 1 en dolérite, 3 en jadéite, 1 en aphanite. 3 en basalte, 2 en schiste.

Le puy de Coran peut être appelé à juste titre le merveileux pays des antiquités.

ISSOIRE, IMP. CLAUDIUS CAFFARD   J.-B. M. BIELAWSKI

SAINT-SATURNIN

Chapitre IX.

Saint-Saturnin. — Saint-Amand-Tallende.

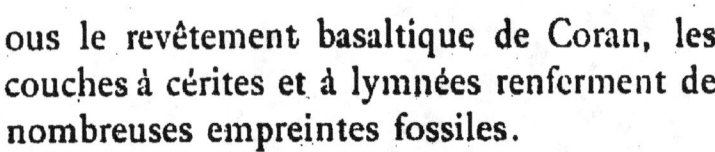ous le revêtement basaltique de Coran, les couches à cérites et à lymnées renferment de nombreuses empreintes fossiles.

Laissant Soulasse derrière nous, nous achevons de faire le tour de la montagne pour descendre à *Pont-Tari*. Nous suivons le soleil dans sa course. Voici le *Liodieu* (Lieu-dieu) et tout proche la chapelle Saint-George ; nous passons à côté de la croix de saint Roc pour gagner Saint-Sandoux, commune d'environ 1,000 habitants qui s'abrite dans le col au sommet d'une haute ravine. Le puy de Barneyre s'élève à 843 mètres d'altitude ; il renferme des grottes, et, dans le parc du château de Travers, on admire un des plus beaux faisceaux basaltiques de l'Auvergne. Les prismes ne sont ni parallèles ni verticaux ; ils rayonnent en tous sens : Le savant Desmarets en a donné dans l'encyclopédie une intéressante gravure.

De l'autre côté de Saint-Sandoux, sur le bord septentrionnal de la falaise du puy de Peyronaire qui domine Saint-Saturnin, le Marand et Saint-Amand-Tallende, on remarque un long cordon de constructions en pierre sèche. Cela représente un ensemble singulier de fortifications avec bastions, courtines, redans, guérites, tourelles, chemin de ronde ; on a même reproduit une sorte d'amphithéâtre avec gradins qui regardent la piste d'un cirque. Ces ouvrages sont dûs au marquis de Montagnac qui les fit exécuter en 1848 pour occuper les ouvriers. Tout cela croule un peu chaque jour, et certains archéologues de l'avenir ne manqueront pas d'y venir exercer leur imagination.

Nous descendons vers Saint-Saturnin, non sans admirer chemin faisant, le pittoresque et profond ravin qui encaisse la Monne. Nous franchissons la rivière sur un vieux pont jeté juste en face du château.

Vaste construction des XIIIe et XVe siècles, en assez mauvais état d'ailleurs, le château de Saint-Saturnin est flanqué aux angles par de grosses tours qui lui servent d'épaulement. Ancien patrimoine de l'illustre maison de la Tour d'Auvergne, il appartint ensuite aux familles de Rochechouart et Broglie.

Le mariage de Jean Stuart, duc d'Albanie, comte de la Marche, avec Anne de la Tour, comtesse d'Auvergne, fut célébré le 15 juillet 1505. Cette princesse meurt sans enfant à Saint-Saturnin en 1554 et, par testament, lègue la comté d'Auvergne à sa nièce Catherine, fille unique de Laurent de Médicis et de Madeleine de la Tour. Catherine de Médicis épouse à Marseille (1533) le second fils de François 1er, Henri de Valois, duc d'Orléans, puis Dauphin et plus tard roi de France (1547) sous le nom de Henri II.

Le château de Saint-Saturnin en 1887

Dans son voyage en Auvergne (mars 1566), Charles IX couche à Saint-Saturnin. Ce château fut assiégé pendant les guerres de religion et le marquis d'Apchon y fut tué le 15 juillet 1589. Louis XIII et Richelieu se bornèrent à en faire découronner les tours.

Dans le milieu des cheyres, sur une énorme verrue de scories volcaniques, il y avait une grosse tour ronde dont il reste des vestiges : elle servait de prison. On trouve une tour plus petite à proximité du village du Volcan.

La château de Saint-Saturnin domine le cours de la Monne et commande le bourg qui s'allonge devant lui, dans la direction du levant, sur un mamelon encaissant la rivière d'une part, et la route de l'autre. Sur la place, on trouve une jolie fontaine gothique du XVe siècle, richement sculptée aux armes de la Tour et de Broglie : elle a été stupidement mutilée.

Nous pénétrons dans la localité et, sur un petit renflement de terrain, nous voyons s'élever la belle église romane de Saint-Saturnin autrefois abbatiale et entièrement restaurée depuis peu. C'est un édifice remarquable du XIe siècle, dans le caractère des constructions bénédictines et classé parmi les monuments historiques. Son clocher octogonal à deux étages est le seul de l'époque qui, dans notre département, ait conservé intacte sa flèche de pierre. Il y a une crypte et des débris de l'ancien cloître ; le prieuré dépendait d'Yssoire.

L'autel paroissial du XVIe siècle est au chiffre d'Henri IV et de Marguerite de Valois. Deux tombeaux fixent l'attention, et, dans la crypte, on lit cette épitaphe :

> *Simplex et castus Patiens prior et generosus*
> *Nomine Bertrandus, clauditur hoc tumulo,*
> *Mal vit qui ne mande, ne commande.*

ISSOIRE, IMP. CLAUDIUS CAFFARD J.-B. M. BIÉLAWSKI

St-Amand-Tallende

Près de l'église, au nord-est, on remarque à l'angle du cimetière une petite chapelle romane avec abside demi-circulaire et campanile.

La commune compte environ 1230 habitants. Le bourg était fortifié comme l'indique le dessin donné par le registre d'armes de G. Revel; on voit d'ailleurs des restes importants de remparts (XVe siècle) avec portes fortifiées et voûtées.

Sur les feuillets de *dusodyle* intercalés dans les arkoses de Chadrat on trouve les empreintes de palmiers fossiles.

Par une longue et belle allée ombragée d'arbres, nous descendons à Saint-Amand-Tallende qui, jusqu'en 1789, s'est appelé Saint-Amand-la-Cheyre. C'est une commune importante dont la population dépasse aujourd'hui 1,500 habitants.

La seigneurie appartenait à la maison de la Tour. En mai 1256, les deux frères Bernard et Bertrand accordent à la cité une charte de franchises et de privilèges. Vers 1443, Charles VII lui permet de se fortifier comme cela se voit dans le dessin qui figure à l'armoirial de Revel (1450). Au XVe siècle le fief est compris dans le délaissement fait au marquis de Rochechouart-Chandenier.

Allant visiter le lac d'Aydat, Charles IX passe à Saint-Amand (mars 1566). L'année suivante, François de Senecterre, seigneur de Valbeleix, et Poncenat rançonnent la ville avant de regagner le Vivarais.

Le capitaine Merle s'en empare (3 octobre 1575) ainsi que de Champeix, Saint-Sandoux, Saint-Saturnin qu'il abandonne ensuite.

En 1588, Saint-Amand fut agrégé aux treize bonnes villes de la basse-Auvergne.

Sur l'emplacement actuel du couvent des dames de la Miséricorde, il exista une confrérie de Pénitents blancs (1650-1790).

Dans son manuscrit, Audigier mentionne la chapelle de Suzot avec image miraculeuse de la Vierge (1686). Une autre chapelle, dite de Saint-Gall, a disparu. Il y avait un monastère de Récollets, et des religieuses urbanistes de Sainte-Claire qui tenaient un pensionnat. Le prieuré dépendait de l'abbaye de Saint-Alyre.

L'église actuelle a été récemment construite dans le style du XIIIe siècle, sous la direction de M. Guimbal, architecte à Yssoire. L'ancienne présentait un assemblage de constructions des XIe au XVIIIe siècles : une tour fortifiée lui était attenante. Le petit castel de la Barge et d'intéressantes habitations du XVe siècle se voient dans l'intérieur de la ville.

Mais l'édifice le plus remarquable est le château *dit de Murol* qui vient d'être reconstruit à grands frais par le comte A. de la Tour-Fondue. Placé dans une situation aussi désavantageuse que possible, vrai bijou égaré dans un obscur recoin, cet édifice n'en reste pas moins une merveille d'architecture du moyen-âge dont le plan est dû à un architecte de génie, M. Bruyère, que la mort vient d'enlever prématurément.

Nous quittons Saint-Amand par le chemin de Veyre. Laissant Tallende et ses papeteries à droite, nous descendons dans le bas de la localité pour tourner aussitôt à gauche avec la route qui va au Cendre. Arrivés à la borne des Quatre-Seigneurs, nous prenons un petit chemin qui passe sous le puy de la Piquette et grimpe à Monton.

Au puy de la Piquette, on trouve les tubes des indusies, des lymnées et autres fossiles d'eau douce dont l'intérieur renferme des cristaux de mésotype et d'apophyllite,

Chapitre X

La Ville Gauloise de Monton et les trois tours de danse; une Prévoté. — La mésotype du Puy Marman. — Les Martres-de-Veyre et les Palafittes de Saint-Martial.

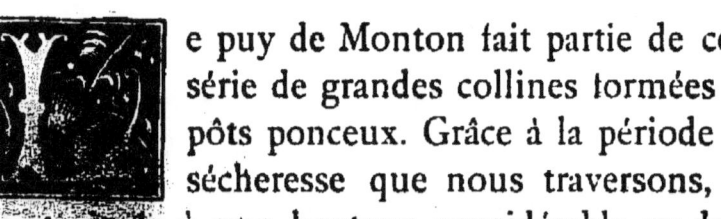e puy de Monton fait partie de cette longue série de grandes collines formées par des dépôts ponceux. Grâce à la période extrême de sécheresse que nous traversons, ces dépôts sont situés à une hauteur considérable au-dessus du niveau actuel des eaux. Abrités par des revêtements basaltiques et des reliefs de terrain, soutenus par des centres éruptifs sur les flancs desquels ils s'étagent, ils furent protégés au moment de la débâcle générale dûe à la fonte des glaciers et ils forment les lignes de faîte des vallées tributaires de la rive gauche de l'Allier.

En continuant de nous élever sur le chemin que nous avons pris, nous arrivons en vue du gros bourg de Monton.

Un escarpement de la montagne nous montre en même temps une multitude de grottes très curieuses creusées dans le lœss et des constructions grossières qui se confondent avec elles. Tout cela est d'ailleurs en relation intime avec la cité moderne et relié à elle par plusieurs points. C'est ce que l'on nomme la cité gauloise de Monton. Dominées par la statue en pierre d'une vierge colossale de 22 mètres de hauteur avec chapelle dans le socle, ces grottes rappellent celles de Perrier, de la Roche-Blanche et remontent à l'antiquité la plus reculée.

Sur l'esplanade qui couronne le puy, au-dessus des grottes, à l'emplacement de la statue, il y avait une pierre-fade qui était l'objet d'une sorte de culte et de certaines pratiques dont le sens s'est effacé mais qui n'en ont pas moins persisté.

Le jour d'un mariage, la noce se rendait sur le plateau, au milieu du cercle formé par les invités se tenant la main afin de marcher en rond dans une direction voulue, la nouvelle épouse exécutait alors avec chaque cavalier trois tours de danse enveloppant la pierre, cercles magiques destinés à rendre la jeune femme future bonne nourrice et à prévenir tous maléfices. C'est une superstition commune aux Indous, aux Slaves et aux Auvergnats. Ce vieil usage remonte aux Celtes qui l'apportèrent de l'Inde. Le code de Manou dit qu'en marchant autour de quelqu'un de manière à ce qu'il reste du côté gauche, on le rend inaccessible à l'action des mauvais esprits.

Les émigrants descendus des hauts plateaux de l'Asie trouvèrent dans nos régions les populations primitivement établies. Ils se mêlèrent à celles-ci, leur apportant une civilisation et une religiosité nouvelles. Sous d'autres latitudes et des climats différents, la faune et la flore ne sont pas les mêmes Des noms semblables sont néanmoins appliqués aux animaux et aux arbres qui, malgré des différences essentielles, rappellent ceux de la 1re patrie des émigrés. Voilà pourquoi tant de mots ont chez nous une racine assurément sanscrite, pourquoi les légendes et les pratiques chrétiennes renferment un si grand nombre de réminiscences des traditions et des usages de l'Inde. — Audigier prétend que l'étymologie du mot Monton dérive de mons Teutatés (mons Teut).

Compris dans le domaine du roi, Monton était en 869 le siège d'une viguerie. Dès 1287, il devient le chef-lieu d'une des prévôtés du baillage royal.

Le compte de la recette perçue par Berthon Sannadre, receveur d'Auvergne, en 1401 (voir à l'article Nonette, IIIe partie), établit que le *prévostage* de Monton embrasse 52 paroisses et accuse pour celles de ces dernières qui nous intéressent, les chiffres suivants. — Nous conservons l'orthographe donnée par le *Spicilegium brivatense* de M. A. Chassaing (extrait pp. 464 à 466).

Saint-Alaire soulz Monton, pour VIII feux IIII xx XVI escus ;

Saint-Marsal cum les Martres pour III feux XXXVI escus ;

Neschiers, pour II feux et demi XXX escus ;

Saint-Floret-le-Chastel, pour II feux, XXIV escus ;

Meillau, pour I feu et demi, XVIII escus ;

Saint-Cirgue, pour demi-feu, VI escus ;

Saint-Vincent, pour I feu, XII escus ;

Crestes pour demi-feu, VI escus ;

Champeilhs, pour V feux, LX escus ;

Saint-Diéri cum la chapelle de Veyrières, pour I feu, XII escus ;

Sailhans, pour demi-feu, VI escus ;

Montagut sur Champeilhs, pour IV feux, XLVIII escus ;

Clémensat, pour I feu, XII escus ;

Saint Netteri (Senecterre), pour IV feux, XLVIII escus;

Loupdesse, pour I feu, XII escus;

Grandeyroulz, pour demi-feu, VI escus;

Talende lo Majour, pour II feux, XXIV escus;

Talende lo Meneur, pour I feu, XII escus;

Saint-Amans la Chière, pour IX feux et demi, CXIV escus;

Lhouzu cum Oloiz, pour III feux et demi, XLII escus;

Rongières, pour I feu et demi, XVIII escus;

Fellines, pour demi-feu, VI escus;

Voudable, pour III feux, XXXVI escus;

Tourzel, pour I feu, XII escus;

Amtoing, pour I feu et demi, XVIII escus;

Couloumines juxta Voudable, pour II feux, XXIV escus;

Solinhac, pour II feux, XXIV escus;

Corent, pour demi-feu, VI escus;

La Salvetat, pour III feux, XXXVI escus;

Mareughol, pour IV feux, XLVIII escus;

Altezat, pour demi-feu, VI escus;

Sauriès, pour I feu, XII escus;

Chipdrat, pour I feu. XII escus;

Cousde et Montpeyroux, pour I feu, XII escus;

Plozat, pour IV feux, XLVIII escus;

Courgoilh, pour I feu, XII escus.

Monton fut fortifié de bonne heure. Le château existait déjà vers 1060. En 1315, la chatellenie possède 300 feux, c'est-à-dire à peu près la même population que la commune actuelle qui compte environ 1840 habitants. — Commandés par le comte de Châtillon, les royalistes assiègent et prennent Monton d'où ils chassent les Ligueurs (17 Juin 1590).

Il y avait une chapelle édifiée vers 1030, mais la paroisse

était à Sainte-Allise ou Hylaire près Veyre, sur la Monne, et ce lieu portait en 954 le nom de *Cardonay*.

L'église actuelle de Monton est une construction du XVIIe siècle. Elle est sous le vocable de sainte *Mème-Mouna*.

D'après Audigier, la famille Barberin (Barberini) d'où descend le pape Urbain VIII, mort en 1644, serait originaire de Monton qui a vu d'ailleurs naître le savant bénédictin dom Fr. Verdier-Latour (1742-1837).

De Monton, nous descendons au puy de Marman, roche pépérino-calcaire traversée par des dykes verticaux de basalte ancien que l'on exploite pour l'empierrement des routes. Ce basalte renferme une grande variété de minéraux cristallisés ; calcaire, barytine (?) vitrée, dolomie scolésite (?), aragonite, analcime, chabasie maclée ou phacolite, philippsite, etc. Mais les cristaux de mésotype y sont surtout remarquables et donnent à ce puy une sorte de célébrité minéralogique. On rencontre dans le basalte compacte de belles géodes qui atteignent parfois la grosseur de la tête et entièrement tapissées par des cristaux limpides de mésotype, silicate hydraté d'alumine et de soude. Les prismes allongés, qui atteignent jusqu'à cinq millimètres de côté, divergent ou s'entrecroisent en tous sens, comme des rayons, autour de points de cristallisation : c'est d'un effet magnifique.

Le puy de Marman est au-dessus de Veyre où François Ier, se rendant de Clermont à Villeneuve-Lembron, s'arrêta le 15 juillet 1532.

Nous arrivons maintenant aux Martres-de-Veyre, importante commune, d'environ 1,700 habitants, qui fut chef-lieu de canton de 1790 à 1800. L'ancien bourg et la paroisse se trouvaient plus au sud-est sur le territoire dit de *Saint-Martial*. Il y avait en ce point une église qui a disparu avec la vieille localité. Celle-ci s'appelait *Annoil* (Annoilium, Annogilum). La signification du mot nous échappe aujourd'hui, mais le suffixe oïlium, ogilum est un suffixe ethnique d'origine celtique. Le nom primitif s'est changé en celui de *Saint-Martial-des-Martines-de-Veyre* à l'exemple de beaucoup d'autres endroits qui ont abandonné leur nom pour prendre celui du patron de la paroisse, ce qui rend parfois les recherches historiques très-difficiles.

La haute antiquité d'*Annogilum* est hors de doute et le vieux pagus devait être installé sur pilotis. MM. Pommerol ont exploré les palafittes de Saint-Martial où ils ont trouvé du froment (triticum vulgare) dont la culture était déjà très avancée à l'époque robenhausienne et remonte d'ailleurs aux temps préhistoriques. L'industrie autochtone qui a pris naissance et s'est développée progressivement dans nos contrées pendant l'époque quaternaire, se trouve brusquement remplacée, — écrit M. G. de Mortillet, — au début de l'époque robenhausienne par une industrie nouvelle qu'apporte une grande invasion venue de l'Orient. Cette révolution est marquée par l'avènement d'une religiosité, principal caractère ethnique des peuples de l'Inde. C'est alors aussi qu'a lieu l'introduction des animaux domestiques et le développement de l'agriculture.

Le 29 septembre 1851, on a découvert à Saint-Martial (Annoil) un cercueil en chêne renfermant le corps d'une femme avec un collier de perles jaunes, vertes et noires : à côté d'elle, il y avait un vase d'argile, des noisettes et trois monnaies de cuivre. Le corps était revêtu d'un schall en aumusse, avec un bracelet en cuivre au bras et des babouches aux pieds. On pense que cette sépulture remonte au temps où les Sarrazins étaient en Auvergne (fin du VIIIᵉ siècle). On y a rencontré un casque gaulois en bronze, des vases et des médailles en bronze, des lacrymatoires en verre.

Outre des objets en bronze et en fer, on trouve aussi par là des outils et des armes en silex et en pierre polie, et surtout des quantités de belles poteries gallo-romaines, avec ou sans noms de potiers, notamment de celle en *terre rouge* que les Romains appelaient *terra campana*. Il devait y avoir une fabrique de vases et un port d'embarquement sur l'Allier qui coule auprès.

Fin de la Deuxième Partie.

TROISIÈME PARTIE

**Billom, Vic-le-Comte, Sauxillanges, Lamontgie
et les campagnes d'alentour.**

Chapitre I.

Le Puy Saint-Romain et son horizon. -- Coup d'œil sur Gergovie : Vercingétorix. — Dieu-y-soit.

ranchissons l'Allier au bac de Mirefleurs ; avant peu le passage s'effectuera sur un pont métallique en cours d'exécution. Nous sommes sur la rive droite de la rivière.

Devant nous se dresse le puy Saint-Romain, la plus haute élévation de la Limagne d'Auvergne, 779 m. d'altitude.

Dans son étude sur la Limagne et les bassins tertiaires du *Plateau Central* (1881), A. Julien nous apprend que c'est la montagne où l'ensemble des étages géologiques se montre le plus complet. L'Allier coule ici sur le granite. On rencontre ensuite les arkoses ou argiles sableuses, puis des bancs de calcaire à *cerithium Lamarkii* (coquille marine) d'une épaisseur d'environ 50 mètres: on peut y faire une riche moisson de fossiles. Au-dessus, sont les calcaires à *cerites* et à *lymnées*. En montant davantage, on marche sur les *pépérites* qui marquent le commencement des phénomènes volcaniques. Aux pépérites et calcaires à *phryganes* se mêlent les *travertins siliceux et calcaires*, produits de l'activité thermale. Après l'*hélix ramondi* (gastéropode), d'une puissance d'environ 200 m., on trouve enfin les basaltes.

En nous élevant sur le flanc occidental du puy, nous avons découvert, au milieu des vignes, de longs couloirs souterrains dans lesquels il faut se glisser en rampant. Ce sont des espèces d'étroits boyaux coupés, de distance en distance, par des puits de 2 à 3 mètres de profondeur avec des niches à droite et à gauche. Ces galeries ont pu servir de cachette volante dans les cas d'alerte et les moments de troubles; mais nous croyons qu'on a dû les ouvrir pour l'exploitation du silex.

Notre ascension est terminée.

Le panorama splendide dont on jouit de la fine pointe sur laquelle nous sommes arrivés nous dédommage amplement de nos fatigues.

Dans un cercle immense, on embrasse la chaîne pittoresque des monts Dômes commandée par son puy majestueux, la chaîne grandiose des monts Dores et le fier Sancy, les hauteurs sur lesquelles s'étendent la forêts de Vic-le-Comte et, plus loin, la longue série des montagnes bleues du Forez qui dentellent l'horizon au levant. Du côté du nord-est, l'espace semble reculer : la perspective agrandie plane sans fin sur les plaines luxuriantes de la grande Limagne. C'est féérique.

De toutes parts, au milieu de ce vaste cirque qu'illumine un soleil resplendissant, on n'aperçoit que mamelons couverts de pampre, puys isolés, gorges profondes, buttes verdoyantes, ravins décharnés, vertes collines séparées par de charmants vallons qu'arrosent de frais cours d'eau. Le contraste entre la plaine fertile et le roc abrupte, sauvage, revêt un caractère étrange de grandeur et de charme inexprimable. Les villes, villages, bourgs, maisons de plaisance, métairies, châteaux, ruines mélancoliques sont semés çà et là sur les bords fleuris des rivières, le long des pentes de coteaux, les uns mollement couchés dans de gracieux nids de verdure, les autres suspendus dans les hautes ravines ou hardiment perchés sur la cime des pics.

L'Allier tranche sur le tout comme une banderolle d'azur qui serpente à travers les prairies, les vignobles, les plus riches campagnes.

Du côté du midi, la vue dégagée s'ouvre sur les environs d'Yssoire et va se perdre dans la Haute-Loire.

A l'opposé, tout là-bas, on distingue Clermont-Ferrand admirablement assis au pied des derniers contre-forts du Puy-de-Dôme, sur un monticule d'où il contemple à l'aise les splendeurs de sa riche Limagne. Puis notre regard tourne légèrement à gauche et s'arrête sur le plateau de Gergovie.

Gergovie ! *Wehr-Gau!* cela veut dire en celtique le cantonnement général des guerriers, la grande ville de guerre.

Oui, c'est Gergovie, la montagne célèbre, consacrée par la gloire de Vercingétorix, le grand chef des cent têtes *(Ver-cinn-ceto-righ)*... Salut !

Pour nous, Vercingétorix n'est pas seulement l'Auvergnat (Arverne) illustre entre tous, le *Vergobret* chef élu de toutes les Gaules, le vainqueur de César. Il est le *Premier Français*.

Ce n'est ni la victoire de Gergovie ni la défaite de César qui ont laissé de *Lui* une si haute impression dans l'esprit des peuples. Non. Dans l'adversité, il sût se dépasser en héroïsme et en magnanimité. Et nous l'admirons davantage pour cela.

En lui s'incarne l'amour du pays dans ce qu'il a de plus noble et de plus généreux. Il est la personnification du patriotisme, d'un patriotisme dont le reflet idéal est venu jusqu'à nous.

Et le souvenir de ce grand Patriote nous touche d'autant plus.

De tous temps, la Patrie a su exercer son influence divine sur les âmes simples et honnêtes. Aujourd'hui comme alors, c'est une idée magnanime, un noble sentiment, un sentiment supérieur de la dignité humaine, qui soutient le soldat et en fait le héros du devoir. Le soldat n'est plus un soudard au service d'un chef d'aventure. Il sert son pays; il combat pour protéger les siens. C'est pour Elle, pour la Patrie qu'il sait tomber sans faiblesse ni bravade.

Qui vive ?.... Auvergne! France!

Présents.

Et, dans un lointain lumineux, se détache, exhaussée par le temps, une figure légendaire grande à l'égal des héros et des dieux de l'antiquité.

Les évènements auxquels se rattache la mémoire de Vercingétorix n'ont pas servi de sujet à une épopée, parce que l'épopée est le signe éclatant de l'avènement d'une jeune race. Les peuples vieillis ne sauraient trouver de telles inspirations. Les anciens bardes d'ailleurs n'étaient plus: leur souffle magique n'aurait pas réveillé les morts.

Populaire et anonyme, l'épopée puise à la fois dans le mythe et dans l'histoire ; elle chante une grande conquête ou une victoire décisive. Ce n'est pas l'œuvre d'un seul; c'est une œuvre commune qui prend corps lorsqu'elle a trouvé son *Vyasa* (arrangement) et son *Homère* (coordonateur). La poésie héroïque est l'explosion d'un sentiment ardent, spontané, général, une exubérance de la jeunesse et de la santé dans l'exaltation du triomphe : c'est l'aurore des peuples à leur berceau.

Hélas! Vercingétorix marque la fin des Gaules, mais une fin glorieuse et digne des hautes destinées de leur passé.

A une époque des plus reculées, les Celtes avaient commencé le mouvement des races indo-germaniques vers l'Occident. Ils avaient possédé la plus grande partie de l'Europe et fait trembler Rome naissante. Un duel à mort venait de décider entre eux et la fortune de César. L'histoire avait prononcé son arrêt. Mais l'agonie des vaincus, sanglante et terrible, devait durer longtemps encore : ce fut l'agonie du lion.

Abattues, mutilées, les nations celtiques ne renoncent pas à la lutte. Repoussées du monde réel, elles se réfugient dans celui des illusions : un grand travail idéal s'accomplit de la sorte dans leur sein. Les Celtes ont perdu leur Empire sur terre ; mais ils rêvent de le reconquérir, de l'agrandir même à l'aide des exploits les plus fabuleux, et ils vont régner par la poësie sur toute l'Europe féodale. Les sujets de la littérature chevaleresque, les romans (traductions) du Moyen-Age sont en effet d'origine celtique (A. Bossert).

. . . .

Mais nous sommes sur le puy Saint-Romain dont le vaste plateau s'allonge dans la direction du nord avec une inclinaison vers le nord-est. Ce plateau, que l'on désigne sous le nom de *bois des buis*, a servi d'assiette à une cité gauloise, et l'on y reconnait des traces de constructions mégalithiques.

Il y eût plus tard une petite église dont il ne reste pas de vestiges, et un prieuré dépendant de l'abbaye de la Chaise-Dieu. Dans la vente de Pont-du-Castel consentie en 1343 par Humbert, dauphin du Viennois, il est question d'un château de Saint-Romain. On trouve d'ailleurs de nombreuses traces de fondements et de constructions autour du mamelon principal sur la pointe duquel on voit une chapelle votive dédiée à saint Romain qui fut martyrisé et décapité en 258, sous le règne de Valérien. Le village de Saint-Maurice s'y rend en procession le jour de sa fête (16 août).

Devant la chapelle, à l'aspect du midi, s'étale un champ de sépulture que l'on a fouillé à diverses reprises. On y trouve des sarcophages en grès dont quelques-uns sont à découvert et à fleur de sol. Sur un point, on a rencontré trois tombes superposées ; les deux premières renfermaient des squelettes de taille ordinaire; la plus profonde un personnage de haute stature étendu sur un lit de cendres et de chaux et soutenu par des tuiles à rebord, une épée était à côté du squelette.

Le puy Saint-Romain commande toute la région et domine le cours de l'Allier dont le nom celtique *Elaver* est formé par la racine sanscrite AV qui indique le mouvement, la rapidité. C'est une position superbe, une clef dont César a dû s'assurer la possession dans sa campagne en Arvernie contre Gergovia. L'armée romaine s'est en effet avancée contre cette place par la rive droite de l'Allier. Une colonne de légionnaires traversa ce cours d'eau sous la Roche-Margnac (noire). Gabriel Siméoni explique ainsi un passage des Commentaires : « ..... *lequel embûche ne pouvait être autre part que là où est à présent Dieu-y-soit, château de la reine-mère* (Catherine de Médicis) ..... »

Le château de Dieu-y-soit figure sur la carte de l'ingénieur *Lescuyer de la Jonchère* seigneur des Vergnes (1739). Il était dans une île de l'Allier, au milieu d'un bois de vieux chênes couvrant les deux rives. Du temps des Gaulois, les Druides venaient y accomplir leurs sacrifices. Les noms de *Drun* et de *Dreuil*, qui désignent des territoires voisins, rappellent les divinités gauloises. Il est même possible qu'il y eût dans ces parages un collège mystérieux caché dans les ombres de l'antique forêt de la *Derne*.

Aujourd'hui, la rivière s'est rapprochée de la base de la Roche, laissant Dieu-y-soit à environ 500 mètres de distance dans l'intérieur des terres, rive gauche. L'emplacement du château, près du domaine de la *Vaure*, — le mot *Vaura* a le double sens de terre inculte et de mauvais bois, — se reconnaît à des restes importants de fondations, à quelques pans de mur et à des tronçons de tours. On remarque encore les enrochements qui servaient à protéger le pied des fortifications munies d'éperons.

Nous reproduisons ici les vers donnés à la gloire du lieu par le curieux manuscrit de 1552 qui est à la bibliothèque de l'Arsenal à Paris : nous en avons parlé dans *l'histoire de la comté d'Auvergne.*

> *J'ay (Dieu-y-soit), j'ay ma garenne*
> *J'ay mes beaulx prés, j'ay mon molin*
> *J'ay ma chevance, j'ay mon domagne*
> *J'ay des vignes, j'ay de bon vin,*

*Du poisson fraictz soir et matin
Grant logis dans un bon villaige
Et environ la Sainct-Martin
Force d'argent de mon herbage.*

Chapitre II.

—

Saint-Maurice. — Laps. — Enval. — Les eaux de Sainte-Marguerite. — Mirefleurs. — Les grottes de la Roche-Noire. — Saint-Georges-ès-Allier.

osciuszko, le grand patriote polonais, et Vercingétorix, le grand patriote gaulois, nous paraissent, à dix-huit siècles d'intervalle, se rencontrer dans une destinée semblable; mais le moskovite fut moins barbare que le César. Ce rapprochement produit en nous une émotion poignante. Et, avant de quitter le puy Saint-Romain, nous jetons un dernier et long regard sur Gergovie qui se perd là-bas dans une brume légère.

Nous descendons à Saint-Maurice qui s'abrite à mi-côte dans un pli formé par la pente méridionale de la montagne. Cette commune, d'environ 950 habitants, possède une église romane du XIe siècle laquelle relevait de Manglieu ; l'édifice remanié a perdu une partie de son caractère. Le comte d'Auvergne n'avait que la haute justice du lieu, qui était défendu par une enceinte fortifiée que la famille de la Mothe-Montboissier avait fait construire. Il fut pillé par les ligueurs en 1589. Un comte de la Mothe habitait l'endroit au moment de la révolution; il composa sur son nom la facétie suivante : « *ego sum voratrix, vomitrix* et *genitrix omnium* ».

Dépendant de Saint-Maurice, audessous duquel il est situé, le village de Lissac était autrefois sous la protection d'une haute tour qui a disparu.

Dans le dénombrement donné au bureau des finances de Riom par la prieure et les obières de Lavaudieu, les prieures de Chassignol, Bonneval, Toul, de l'ordre des bénédictins au diocèse de Saint-Flour, on voit que ces dames avaient des cens sur Saint-Maurice, *Lissat*, Val, Benaud, Laps, la Sauvetat (Spic. briv. p. 482).

Si nous marchons dans la direction de l'Est, en coupant par monts et par vaux, nous arrivons à Laps (Laus) commune d'environ 600 habitants.

> *Je suis Las près du grand chemyn*
> *Mal réparé dont j'en ay honte*
> *Dame Jacquette du Peschin*
> *Me mist du nombre et du comte*
> *Des terres du très puissant Comte*
> *J'ay mestier de réparacion*
> *Et si on n'en tiens autre comte*
> *Je m'en veays en démollicion.*

Le manuscrit de 1552 avait bien raison. De l'ancien château de Laps, il ne reste même pas des ruines. Il fut pris en 1587 par le comte de Randan qui venait de piller Saint-Maurice et marchait sur Vic. Une vieille tradition assure que Laps, alors appelé *Larbre*, aurait vu passer Charlemagne allant en guerre contre les Sarrazins d'Espagne.

Une gentille église ogivale a pris la place d'une ancienne

chapelle romane qui avait été construite par un membre de la famille de Montboissier-Canillac, commandeur de l'ordre de Saint-Jean-de-Jérusalem. Il y a une quarantaine d'années, on voyait dans cette chapelle une chaire antique, en bois de chêne, des plus curieuses sous le rapport archéologique.

Nous descendons à Benaud sur la route départementale n° 12 que nous abandonnons ici pour suivre un chemin qui passe au-dessus de Montfleury et conduit à Enval. Le ruisseau de Laps coule dans le fond d'un ravin qui se creuse de plus en plus. Nous passons aux Marandes et aux Moines. Voici la maladrerie et l'ancien pénitencier de la Challonge fondés au retour des croisades par un chevalier de Saint-Jean-de-Jérusalem. Cette maladrerie fut supprimée par arrêt du conseil d'Etat (4 mars 1691) et ses biens réunis à ceux de l'hôtel-dieu de Clermont-Ferrand.

En face, nous apercevons le joli château des Quayres soutenu par d'élégantes tourelles à pignon.

Le petit écart des *Mies* est déjà loin. Nous sommes à Enval.

Dans la liève de 1550, le lieu d'Enval est qualifié ville. Le château commandait la vallée et ces amas de roches calcaires dans lesquelles les habitants primitifs s'étaient creusé des demeures. La terre appartient d'abord aux de Beaufort (XIVe siècle) qui la vendent en 1486 à Jacques de Quincampois, capitaine d'Usson, pour la somme de 4,650 livres. Elle entre ensuite dans la maison des Dulac pour passer par alliance à la famille de Murat. La justice du lieu comprenait le village de Benaud, la terre de Farsac, le couvent de la Challonge, le château de Montfleury, celui de Quayre-le-grand et le village de Lissac.

En creusant récemment les fondations d'une grange,

on a découvert un squelette d'homme avec un squelette de cheval, ensemble une centaine de grattoirs et couteaux en silex dont quelques-uns fort grands. Un peu plus loin, on rencontra un caveau dans lequel il y avait des poteries grossières et une espèce d'urne renfermant des cendres. Grâce à M. Jean Chambeuf, nous avons pu nous procurer le tout.

Nous passons au chezal ou vieux Val. Nous laissons à gauche le pont de la *Malotière*, le bois des *Ladres* et les anciens moulins des *Pétades*, désignations significatives par elles-même. Voici Charbonnier. Une brise parfumée se joue dans les vergers odorants et sa fraîcheur nous annonce le voisinage de la rivière. Le saule et le peuplier se mirent dans le cristal de l'onde. Comme il fait bon par là ! Quel ravissant vallon ! Nous suivons le cours d'eau en marchant sur la berge droite et, doucement, nous arrivons à la station thermale de Sainte-Marguerite, propriété de la famille Mandement.

Les eaux minérales de Sainte-Marguerite sont citées dans les table de Peutinger et appelées merveilleuses par Jean Banc, médecin de Charles de Valois et du maréchal de Brissac. Les romains eurent en cet endroit des thermes importants. Très appréciées à juste titre par les populations des environs, ces eaux mériteraient d'être plus connues des étrangers et plus fréquentées par eux. Il serait à désirer qu'une entreprise sérieuse vienne y installer un vaste établissement avec le confort et les attractions désirables, et cette station prendrait enfin le développement qu'elle mérite.

On éprouve tant de plaisir à flâner par là, le long des belles rives de l'Allier, que nous ne nous pressons guères d'aller visiter Mirefleurs, résidence préférée de Jean Stuart, duc d'Albanie, comte d'Auvergne, lequel y est mort le 2 juin 1536,

> *Appeler me faictz* Mirefleur,
> *Justice de peu d'étendue*
> *De la Comté je suis la fleur*
> *Petit chasteau de grant vallue*
> *Je suis assis en belle veue*
> *De tous biens doibtz estre contemps*
> *J'ay mon beau parcq, grant bon fruics*
> *Et des Bestes pour passer temps.*
> Ms. de 1552.

Placé dans un site ravissant, Mirefleurs est bâti sur une sorte de terrasse naturelle au centre d'un demi-cercle formé par les pentes des puys Saint-Romain, Saint-André et la coulée basaltique de la Roche-Noire. Il regarde le couchant et observe le cours de l'Allier.

Le nom celtique du lieu s'est oublié. Dès 1315, il s'appelait Château-neuf. Mais un jour, Bertrand de la Tour, comte d'Auvergne et de Boulogne, s'en vint chasser par là. Saisi d'admiration en face de la campagne resplendissante dont les alentours offrent le spectacle, il la montra aux chevaliers de sa suite en leur criant : « *Mirez ces fleurs, messires!* » Louis XI consacre cette boutade de grand seigneur et, à la demande de Bertrand, ordonne qu'à l'avenir le lieu s'appellera Mirefleurs : C'est fait.

La cure était à la nomination de l'abbé de la Chaise-Dieu. Il y avait une communauté de prêtres-filleuls libres, richement dotés par les Comtes d'Auvergne, ainsi qu'un couvent de moines.

La justice comprenait le village de la Roche-Margnac

(noire), le bourg de Saint-Georges, Dieu-y-soit et le château de Chalendras. Les gens devaient le guet au château, et, avant l'érection du baillage général de la Comté, ressortaient devant son châtelain. Le fief était exempt de rentes envers le seigneur, de dîmes envers l'abbé de la Chaise-Dieu et de tous autres chefs ecclésiastiques.

Mirefleurs, qui compte aujourd'hui 1120 habitants, a été chef-lieu de canton de 1790 à 1800. On y voit encore de notables vestiges de son château dont G. Revel donne le dessin dans son armoirial.

L'ancienne paroisse était à Chalendras admirablement situé au-dessus de Mirefleurs, plus près du puy Saint-André où il y eût un prieuré compris dans la manse de l'abbé de la Chaise-Dieu. Il n'en reste absolument rien. Une voie qui suit le col et conduit à Buscéol s'appelle le chemin des morts : c'est le seul souvenir commémoratif d'une église et d'un cimetière dans ces parages. A un carrefour où se dresse une croix grossière, on découvre fréquemment des ossements et des crânes blanchis.

De Mirefleurs, nous montons à la Roche-Noire, petite commune d'environ 400 habitants. Le village est bâti au pied d'une haute et sombre coulée basaltique qui forme une falaise de quelques cent pieds d'élévation. Dans le parement du mur à pic, on voit des ouvertures pratiquées à différentes hauteurs avec traces de maçonnerie. Ce sont les entrées de spélonques ou grottes préhistoriques qui servirent plus tard à l'époque gauloise et aussi de refuge et de magasins en temps de guerre. Nous avons visité l'une de ces grottes en y descendant au moyen d'une longue corde : ce n'est pas facile.

Au pied de la falaise, il existe un long souterrain voûté dont les parties intactes servent de caves. Il conduisait, paraît-il, dans les entrailles de la montagne jusqu'à des cavernes dont l'accès est obstrué par des éboulements. La tradition rapporte que le souterrain part de l'église (XIIIe siècle) qui était la chapelle d'un ancien château féodal adossé à la muraille de basalte. La paroisse était à *Dreuil* sur la rivière d'Allier.

Contournant le château, nous passons à Tamiat pour nous rendre ensuite à Saint-Georges, commune d'entour 800 habitants, Cet endroit dépendait d'une préceptorie de Templiers. L'église du XIIIe siècle est un monument historique classé. Sous le porche on voit un ravissant portail à statuettes représentant la légende de saint Georges : les anciens vantaux avec leurs ferrures sont conservés.

Outre un certain nombre de grattoirs et couteaux en silex, nous avons trouvé dans ces parages, à Laps, Enval, Lissac, Saint-André, sept haches néolithiques en basalte, aphanite, mélaphyre, éclogite, fibrolite.

Chapitre III.

—

Buscéol. — Saint-Julien-de-Coppel. — Billom; Mauzun et Montmorin.

eyssat et Lignat que nous laissons à gauche dépendaient autrefois de la seigneurie de Buscéol dont les revenus étaient estimés 50,000 écus. L'étang de Lignat s'affermait jurqu'à 900 livres.

Nous remontons le ruisseau du Moulin pour passer à côté de la terre du Montel, ancien apanage des Laroche-Aymond, puis des Dulac de Lafarge. Charles de Valois en dépouilla le bâtard de cette maison pour donner le fief à son maître de chapelle. Un arrêt du parlement (1624) fit restituer cette propriété aux Dulac; elle passa ensuite dans la maison de Murat.

Un peu plus haut, à l'entrée d'une gorge assez profonde qui débouche sur la Limagne, s'élève une butte dont le plateau porte des masses de scories basaltiques mariées aux ruines d'un vieux château féodal. C'est Buscéol ou Busséol.

> *Je suis* Busséol *près de* Bilhon
> *Je voys du pays largement*
> *Je voys* Ravel, *Joze,* Bulhon
> *Et* Vertaizon *pareillement*
> Montmorin, Mozun, Clairemont,
> Mercurol, Couppeilh *et* Buron,
> *Le* Crest *aussi semblablement*
> *Et le chastel de* Mont-Reddont.

Les vers du m. s. de 1552 se sont chargés de décrire le panorama.

L'étymologie de Buscéol est dans le mot *buscus* qui signifie pays des bois. Le lieu révèle son existence dès la première moitié du XIIe siècle par le don que Guillaume-le-vieux en fait au pape Alexandre III afin de gagner la faveur du chef de l'église et paralyser les démarches de son neveu dont il a usurpé le patrimoine (Histoire de la Comté d'Auvergne).

Le château se composait d'un vaste rectangle formé d'un côté par le roc, de l'autre par une épaisse muraille soutenue de deux tours. Le fort s'adosse à la lave et la domine à hauteur de sa crête. Au nord sont les débris d'une chapelle et, alentour, des pans de murs à demi-écroulés. Il existe encore quelques marches d'un escalier étroit reliant les constructions de l'enceinte extérieure à la porte d'entrée.

La cure était à la nomination de l'abbé de la Chaise-Dieu. Le prieuré lui fut réuni vers 1762.

Dans son voyage en Auvergne, Charles IX couche à Buscéol que le chroniqueur Abel Jouan appelle *Dusset* (28 mars 1566).

De la maison d'Auvergne, Buscéol passe dans celle des

Frédeville. N. de Macon, ayant épousé l'héritière de cette famille, en a joui jusqu'à sa mort (1811). — La commune compte aujourd'hui environ 260 habitants.

Nous nous arrêtons à la *font de Cheix*. Coupant alors à travers le petit bois de *Monmol*, au-dessus de *Calais*, nous enjambons la route départementale n° 12, pour nous jeter dans les taillis de Lavaure. Nous passons à *Lassias* et aux *Pointilloux*; nous montons à la *Roche* (chapelle romane) qui commande la vallée de Saint-Julien et où l'on reconnaît les traces d'un ancien château. Nous descendons dans un petit ravin pour regagner bien vite une large esplanade. Et là, devant nous, perchées sur un pic isolé, nous apercevons des ruines saisissantes du milieu desquelles s'échappe une haute tour à demi-éventrée.

> *Je suis* Coupeilh *dessus Bilhon*
> *Assis en une bonne terre*
> *Le roy Godefroy de Bulhon (sic)*
> *Me fist faire au temps de la guerre*
> *Plusieurs m'ont bien voulu conquierre*
> *Je me suis toujours deffendu*
> *Et ay receu mainct coupz de pierre*
> *Qui ne m'ont cassé ni fendu.*
>   M. s. de 1552.

Mais le temps a eu tôt relevé cet orgueilleux défi. Naguères encore, une moitié de la grosse tour s'est écroulée défonçant 2 ou 3 bâtiments situés au-dessous, dans la gorge. Le reste tient à peine en équilibre et ne tardera pas à s'abîmer sur les ruines environnantes. Et le tout, entraîné dans une chute commune, disparaîtra vite sous un linceul de poussière ou de verdure. O vanité de la force brutale !

Dès le Xe siècle, il est question d'un Etienne de Coppel.

La chatellenie fut longtemps l'apanage des Montboissier de la Mothe ; elle passa ensuite aux Montmorin et fut acquise plus tard par Jean Stuart, duc d'Albanie. Les Fontenille, les Cothon de la Salle, les Frédeville et les Guérin de la Rochette furent successivement châtelains de Coppel. Catherine de Médicis vend cette terre (1566) à Jean Curier, baron de Saint-Mier, et à Louise de l'Hôpital sa femme. La propriété passe au maréchal de Vitry qui la cède à Antoine de Rufé, marquis d'Effiat : plus tard, elle appartint à D. de Noinville.

Coppel est compris dans la paroisse de Saint-Julien dont la cure était à la nomination du chapitre de Billom. Remaniée à différentes époques, l'église n'offre guère d'intérêt et n'a conservé que des traces de l'ancienne construction romane.

L'importante commune de Saint-Julien-de-Coppel compte plus de 1750 habitants. M. Fayolle, instituteur nous a donné deux haches néolithiques, l'une en basalte trouvée dans l'endroit, l'autre en jadéïte recueillie au château du Cheix-près-Neuville.

En moins d'une heure nous descendons à Billom, chef-lieu de canton, siège d'un tribunal de commerce et centre d'un négoce tres-actif alimenté par de nombreuses foires qui se tiennent pour la plupart le premier lundi de chaque mois. Sa population s'élève au chiffre d'entour 4,100 âmes.

La signification du mot Billom, Billomagus d'après Piganiol de la Force, nous échappe ; mais le suffixe ethnique *om*, d'origine celtique, provient de la désinence *magus*, *omus* qui indique un établissement considérable dans la plaine. Aux temps préhistoriques, il a dû exister en ce point une ou plusieurs stations lacustres desservies par la rivière d'Angaud qui prend sa source à l'étang des Mores et dont les eaux stationnaient dans les bas-fonds, avant de s'écouler en prenant la direction d'Espirat, Reignat, Bouzel.

Une florissante colonie romaine y a certainement prospéré, ce que l'on reconnaît à des indices caractéristiques et à de nombreuses trouvailles en tuiles, belles poteries rouges, urnes cinéraires, amphores et produits variés de la civilisation latine. La voie ferrée de Clermont à Lyon passait par ici, venant de *Pérignat*-ès-Allier *(Peyrigno,* l'empierrée) où Gabriel Simeoni a découvert une colonne miliaire avec inscription (Dulaure).

Sous les rois de la première race, Billom a été le chef d'une viguerie royale qui relevait de Turluron.

A l'époque carlovingienne, il y eût un atelier monétaire comme semble le prouver *un tiers de sol d'or,* sur la pile duquel on lit : « *Biliomi vico* ».

Réputée de fondation royale, l'église collégiale et paroissiale de Saint-Cerneuf est très ancienne. Elle existait, dit-on, avec son chapitre du temps de Charlemagne, si bien que sa première construction remonterait au moins à la fin du VIIIe siècle. Carl-le-Grand aurait envoyé au chapitre de Saint-Cerneuf, qui nommait à la cure, son buste en vermeil accompagné d'une lettre. C'est le Grand d'Aussy qui raconte (1787) le fait et prétend avoir vu les deux objets. L'empereur d'Occident aurait même communiqué une nouvelle impulsion aux études, si bien que le chapitre de Saint-Cerneuf aurait rendu public l'enseignement de sa maîtrise, vouée à l'instruction des clercs, jusqu'au moment de la sécularisation de la science au XIIIe siècle (*Les anciennes écoles de l'Auvergne* par Elie Jaloustre, 1882).

Dénommée en 1555 première fille de l'évêché de Clermont, l'église de Saint-Cerneuf est un monument historique classé. La crypte est romane. Le chœur du XIe siècle a été remanié au XIVe ; sa grille est du XIIe. La nef, du style ogival naissant (XIIIe siècle), a été restaurée : elle est très-belle, ainsi que la façade ouest dont le portail est fort riche. Dans une chapelle latérale à droite, on remarque deux mausolées en marbre blanc avec statues représentant Hugues et Gilles Aycelin de Montaigut-Listenois, l'un surnommé cardinal de Billom, l'autre archevêque de Narbonne et chancelier de France en 1307. Des peintures murales reproduisent des épisodes de la vie et du martyre de sainte Catherine. Le bénitier nord sur colonnettes engagées dans le pilier, le grand escalier droit, nombre de détails intérieurs attirent l'attention du visiteur. Il existe à Saint-Cerneuf une dévotion, très-célèbre jadis, pour le précieux sang de Jésus-Christ rapporté, dit-on, de terre sainte par le chanoine Durand d'Albanelly : une confrérie de pénitents blancs lui est attachée.

Saint-Loup doit son origine à un prieuré de bénédictins fondé vers l'an 995 par Hugues de Mercurol. En 1028, il fut rattaché au monastère de Sauxillanges et à Cluny par la famille de Montboissier. Il y avait rivalité entre les moines de Saint-Loup et le chapitre de Saint-Cerneuf. La chronologie des évêques de Clermont rapporte en effet que le pape Urbain II ordonna à l'évêque Durand de sévir contre les chanoines qui avaient dévasté le prieuré.

BILLOM (St-Loup) en 1887

L'église actuelle de Saint-Loup fut commencée vers 1265 et terminée environ 150 ans plus tard. Elle fut érigée en paroisse au commencement du XIVe siècle. La dignité d'archiprêtre fut ensuite rattachée à la cure qui devint ainsi un des quinze archiprêtrés du diocèse. On suppose que l'édifice fut en partie ruiné par un tremblement de terre en 1490 : la flèche du transept aurait écrasé dans sa chute la voûte de l'avant-chœur et celle de la grande nef. En 1827, on a refait les voûtes qui menaçaient ruines, mais en les surbaissant de telle sorte que l'effet est très malheureux.

La porte principale (XIIe siècle) et les deux parties latérales (XIVe siècle) sont fort belles. Sur le porche nord s'élève un grand clocher avec une flèche des plus hardies. Le clocher du midi, dont les fondations existent encore, n'a jamais dépassé la hauteur des anciennes voûtes.

Outre une antique statue de la Vierge du VIIIe siècle, on voit plusieurs toiles dignes d'intérêt : une adoration des mages de Zuyrebarand, peintre espagnol du XVIe siècle ; la mort de saint Ignace ; le lavement des pieds, grand tableau moderne de L. Roux. — Le baldaquin blanc et or du grand autel, style Louis XIV, est remarquable : exécuté en 1701 par les frères carmes de Clermont, Spiridion de Saint-Martin et Robert de Saint-Girard, il fut acheté en 1727 par M. Gachier curé archi-prêtre de Saint-Loup, chanoine de la Cathédrale. Payé 450 livres par les pénitents, les confrères de N.-D. de Ronzières et du Saint-Scapulaire, il fut installé dans l'église paroissiale aux frais des luminiers (fabriciens) F. Huguet, notaire royal, G. Bonniol, Cl. Théalier et Jean Dalmas, vicaire. Il a 10 mètres de haut sur 6 de large et 5 de profondeur. Le maître-autel gothique en pierre blanche, qui est placé au milieu, sort des atelier de M. Pairault de Niort et a été consacré en 1883 par Mgr Boyer, évêque de Clermont-Ferrand.

L'église de Saint-Saturnin fut donnée, sous le règne de Lothaire (979), au prieuré de Sauxillanges par Guy, comte d'Auvergne. Troisième paroissiale de Billom avant 1789, elle desservait le Chauffour.

Une quatrième église, dite de Saint-Michel, est mentionnée en 1131.

C'est à Billom que les capucins eurent leur premier établissement dans la basse Auvergne. Autorisés par lettres patentes de 1579, ils furent installés le 4 octobre 1601 et dispersés et 1789. A cette époque fut fermé le couvent des Visitandines fondé vers 1620; Grégoire XV aurait approuvé leur installation par une bulle du 19 février 1621.

La commanderie des Templiers fut supprimée en 1309. Sa chapelle romane, située à côté de Saint-Cerneuf, sert aujourd'hui de salle d'asile. Cette construction doit remonter au Xe siècle; la porte ouest avait des incrustations en carreaux de terre cuite comme à Merdogne *(Mar-dun)*.

Simple modification de l'anciennne maîtrise capitulaire de Saint-Cerneuf, l'université de Billom a été établie dans la seconde moitié du XIIIe siècle. Elle comprenait, écrit M. Elie Jaloustre, quatre facultés : maîtres-ès-arts, théologiens, décrétistes, médecins, les trois premières qualifiées supérieures. D'après un mémoire de 1763, elle comptait au XIVe siècle plus de 2,000 élèves.

C'est en vertu d'une bulle du 4 juin 1445 que le pape Eugène IV la dote d'une faculté de décrèt, comprenant une chaire de droit civil et une chaire de droit canon. Par lettres des 26 janvier et 26 mars, Louis IX lui demanda deux places de professeurs. Très-florissante d'abord, l'université de Billom est en pleine décadence au XVIe siècle.

Nommé évêque de Clermont en 1528, installé en 1535, Guillaume Duprat appelle les Jésuites en Auvergne, et, par un concordat de 1555, les chanoines de Saint-Cerneuf se démettent en leur faveur de leurs droits et prérogatives universitaires. Fondé le 19 novembre 1558, le collège de Billom est celui qui fut, le premier en France, confié aux Jésuites. Sa prospérité fut rapide. L'évêque y dépense 10,000 livres; les consuls affectent 3,150 livres à l'installation des classes et s'imposent en outre à 4,000 livres (1567) avec l'autorisation royale.

Supprimés par arrêt du parlement (13 avril 1594), les Jésuites s'obstinent à rester, et, pour vaincre leur résistance, il faut sévir contre les consuls accusés de connivence avec eux. Les chanoines de Saint-Cerneuf continuent l'enscignement dans le collège; mais les Jésuites reprennent bientôt possession de leur maison (25 novembre 1604). Le 26 juillet 1619, une chaire de philosophie est fondée par Jacqueline de la Fayette, comtesse de Lude, dame de Pontgibaud et de Chateldon. Vers l'an 1628, saint François-Régis occupe pendant deux ans une chaire de grammaire.

Mais l'université de Clermont attire de préférence les élèves, si bien que celle de Billom va déclinant jusqu'à la nouvelle expulsion des Jésuites en 1762. Les deux villes entrent en lutte pour la possession des dépouilles des bannis et le partage des biens du collège de G. Duprat. Cependant les chanoines de Saint-Cerneuf reprennent la direction des études et le collège n'est pas supprimé grâce aux démarches actives de Mgr de la Garlaye.

C'est dans l'établissement des Jésuites de Billom que fut trouvé le fameux tableau représentant l'église sous l'emblème d'un vaisseau piloté par des P.P. de la société de Jésus. — En 1826, les Jésuites reprennent un instant la direction du collège jusqu'à leur bannissement (1828). L'évêché de Clermont y pourvut ensuite; mais, dans ces derniers temps (1885), une école militaire d'artillerie a remplacé le collège.

Billom était le siège principal de la justice des terres dépendant de l'évêché de Clermont à Mauzun, Vertaizon, Beauregard, Courpière, Cournon, Lempdes : un baillage d'appel y fut institué en 1551.

Duchêne, d'Ormesson, Piganiol relatent que la justice et la seigneurie avaient été donnés aux évêques par la maison de Montaigut-Listenois (paroisse de Saint-Jean-de-Glaisne) qui s'éteignit dans la personne de Louis, gouverneur du Nivernais. Un membre de cette famille, le cardinal Hugues Aycelin, avait d'ailleurs fondé l'hôpital en 1240. L'hôpital actuel est installé dans l'ancien couvent de la Visitation.

L'évêque Pons paraît être celui qui érigea la cité en commune vers la fin du XIIe siècle. La charte des franchises fut confirmée d'abord en 1202, puis par Guy de la Tour en 1280 (Chabrol).

Billom était la quatrième des treize bonnes villes de la basse Auvergne. Cependant le compte des recettes de Berthon Sannadre, receveur d'Auvergne, au sujet d'une aide réclamée (Décembre 1402) aux bonnes villes, ne lui assigne que le sixième rang quant à l'importance comparative de l'imposition sur chacune. Les bourgeois et habitants de Billom y sont taxés à 415 *escus* (Sp. Br. p. 484).

Billom avait des portes et une enceinte de fortifications dont il reste des vestiges. On y voit de vieilles rues pittoresques avec boutiques de marchands, des constructions dans le goût des XVe et XVIe siècles, maisons à entretoises, consoles et encorbellements, fenêtres à meneaux et croisillons, escaliers gothiques et fleuris.

Installé sur une tour, le beffroi existe encore et porte la date de 1577.

C'est à Billom que furent convoqués le 20 avril 1589 les députés de la province dévoués à la Ligue. Cette assemblée, hostile au roi, fut présidée par l'évêque de Clermont, François de la Rochefoucault, et par son frère le comte de Randan, gouverneur de l'Auvergne.

Il y avait à Billom d'importantes tanneries et des ateliers de teinture installés sur le canal qui traverse la ville et qu'alimentent les eaux de l'étang des Mores et de celui de la Gravière (rivière d'Angaud). Chabrol (1786), le Grand-d'Aussy (1788) mentionnent ces deux industries.

Jacques Picot-Lacombe (1752-1815) membre du conseil des Cinq-cents, Jacques-Antoine Huguet (1751) député du Tiers aux Etats-Généraux de 1789, membre du conseil des Cinq-cents puis Préfet de l'Allier en 1800, Mgr Croizier, ancien évêque de Rodez, sont nés à Billom.

A une courte distance de la ville, lorsqu'on a traversé le vieux pont de l'ancienne route, si l'on remonte à 200 ou 300 mètres en amont le long de la rive droite du ruisseau des Murolles, on trouve un rocher appelé le *rô des Fades*.

Quoique nous sortions du cadre que nous nous étions

tracé, nous ne pouvons résister au plaisir de pousser une pointe rapide jusqu'à Mauzun. Hardiment perchées sur un cône de basalte, ces ruines foudroyées mais hautaines rappellent le souvenir d'une des plus formidables forteresses de la féodalité. Sa situation élevée, écrit Dulaure, sa forme carrée et sa triple enceinte protégée par de nombreuses tours l'ont fait longtemps regarder comme une des plus fortes places de l'Auvergne. Autorisé par son frère, le comte Guy II, l'évêque de Clermont en fait l'acquisition vers 1207.

En 1259, le château de Mauzun joua un rôle considérable dans les querelles intestines entre l'évêque de Clermont, Guy de la Tour, et Robert V, comte d'Auvergne et de Boulogne, qui en revendiquait la possession. Les terres en litige, Lezoux, Vertaizon, Mauzun, furent affreusement ravagées ; l'intervention de quelques seigneurs amena un accord par lequel Mauzun resta à l'évêché.

Nous quittons Mauzun pour revenir à Billom et aller visiter les belles ruines du château de Montmorin, dont les seigneurs rendaient foi et hommage à l'évêque de Clermont. Calixte de Bompart avait accordé, au commencement du XIVe siècle, une charte de privilèges aux habitants de cette commune dont la population s'élève aujourd'hui au chiffre d'environ 1,000 âmes.

La maison de Montmorin avait formé les branches de Nades, de Saint-Herem et de la Chassaigne qui se sont éteintes la première en 1557, la seconde en 1795, la dernière en 1871. Une magnifique généalogie de la famille a été écrite par Marguerite-Emilie de Montmorin et déposée à la bibliothèque de Clermont-Ferrand.

L'ancienne chapelle romane du château, remaniée et agrandie aux XIVᵉ et XVᵉ siècles, sert d'église paroissiale.

Chapitre IV

—

Sallèdes ; Cremps. — Manglieu et son antique Abbaye. — Les Bois de la Comté. — La Chaux-Montgros. — Mercurol et les deux Tumuli Guerriers.

ous descendons de Montmorin dans la direction du midi pour aller rejoindre à Sarpanou le chemin vicinal de Billom à la route départementale n° 8.

Après une petite étape de huit kilomètres, nous arrivons à Sallèdes, aliàs *Celbédes*, commune d'environ 1,200 habitants. La localité n'offre rien de particulier. L'église a été tellement remaniée et modifiée qu'il reste peu de chose de l'ancien édifice, époque de transition. Les de la Guesle, seigneurs de la Chaux-Montgros, y avaient une chapelle mortuaire. Vers 1810, l'adjoint de la commune, Michel Gourcy, en faisant réparer le pavé de l'église, découvrit dans cette chapelle un caveau qui renfermait le cercueil d'une dame de la Guesle. Une tradition, dénuée de fondement, prétendait que c'était là le tombeau *de la Reine Marguerite de Valois*.

De Sallèdes nous allons à Laroux. Nous grimpons, en

passant, sur la petite butte de Cremps où il y eût un castel (maison-rocher). Vers 1423, Gehan de la Despence en était lieutenant et Girard Miron, clerc du receveur. Le château fut démoli à prix fait en 1634 par Benoît Chatelut, maçon de Vic-le-Comte, moyennant la somme de 1,300 livres, à la charge de combler en outre les fossés et les citernes. Cremps tombait alors en ruines; la foudre avait démoli la moitié du gros donjon : Antoine Vanthelon, archer des gardes du corps, en était capitaine depuis 1608. L'exécution eût lieu sous la surveillance des conseillers du roi René Devoyer d'Argenson, maître des requêtes, et A. de Murat, lieutenant-général de la sénéchaussée d'Auvergne, tous les deux commis à cet effet.

Dans le voisinage de la butte, on a trouvé il y a quelques années un véritable trésor caché dans un monceau de pierres et renfermant plus de 200 pièces romaines, la plupart en argent et quelques-unes en or.

Passons maintenant aux Vallières pour suivre le ru de Rochegut, gagner la Romandie et descendre à Manglieu, chef-lieu d'une commune qui compte environ 1,230 habitants.

Dans les temps anciens, Manglieu s'appelait *Tudurnense* dont la racine doit être celtique : on ignore la signification du mot. C'est au commencement du VIIe siècle qu'il aurait changé son nom primitif contre celui qu'il porte de nos jours, à la suite d'une aventure merveilleuse et fantastique arrivée à un certain *Magnus*, dont la légende est dans l'Histoire de la Comté d'Auvergne. L'étymologie vraisemblable est celle de **magnus locus**, lieu célèbre (Chabrol).

Attirés par un site favorable à la prière et à la sanctification, de pieux solitaires le choisissent pour s'y consacrer à la contemplation religieuse. C'est d'ailleurs un endroit agréable, arrosé par un frais ruisseau, fertile et bien ombragé d'arbres fruitiers. Le nombre des cénobites s'accroît rapidement et, dès 656 ou 657, saint Genés, évêque de Clermont, y fonde un monastère dont la réputation grandit rapidement. Vers 698, saint Bonnet se démet de l'épiscopat pour se retirer à Manglieu qui possède l'école monastique la plus renommée de la province. On y enseigne le calcul, la grammaire, les écritures et le code théodosien. Les hautes études y deviennent si florissantes qu'il sort de ce monastère une réfutation publique des hérésies de Jovinien et de Novatien qui se sont renouvelées en Auvergne vers la fin du VIIe siècle (Dominique Branche).

Ruiné par les Normands, Manglieu est rendu à la vie religieuse par Charlemagne qui l'érige en abbaye royale par lettres patentes de 806. Ce souverain lui concède de grands privilèges et des biens considérables confirmés et augmentés par ses sucecsseurs Louis-le-Débonnaire, Charles-le-Chauve, Pépin d'Aquitaine. Ce dernier lui accorde même, par une charte de 834, l'immunité exorbitante de servir de lieu d'asile aux criminels. En échange de tant de largesses, l'abbaye ne devait que des prières au souverain. Mais en 1352, l'abbé Guillaume et ses religieux traitent avec Jeanne, comtesse d'Auvergne, reine de France, épouse de Jean-le-Bon, pour la justice de Roure et de Saint-Babel. L'abbé délaisse à la couronne le droit de haute justice sur ses terres ; en compensation, la reine abandonne à l'abbaye les hommages, investitures, ventes, muages et autres droits seigneuriaux dans les terres que Manglieu possède en la comté d'Auvergne : elle ne se réserve que la moitié de l'émolument.

La justice de Manglieu s'étendait non-seulement sur le bourg et les villages voisins, mais elle embrassait encore tout le territoire compris entre Sauxillanges et Saint-Babel jusqu'au bac de Pertus. Saint-Maurice, Parent, Yronde, le couvent de Montmoye, ceux du Fayet et de la Challonge étaient autant de succursales. Le prieuré de Saint-Jean à Vic-le-Comte était devenu le hallier des dîmes que l'abbé levait dans le pays. C'était un lieu de grande fréquentation parce que, venant de Vic, la voie de Jérusalem y passait, se continuant par Montmoye, Sauxillanges, la Chaise-Dieu, etc. Grâce à la correspondance de couvent à couvent, les nombreux pèlerins trouvaient dans une certaine mesure, ressources et sécurité.

Le curé de la paroisse, dont la vieille église sert de grange aujourd'hui, était à la nomination de l'abbé.

En 1593, le prieuré de Vichel fut réuni à l'abbaye de Manglieu qui se faisait au XVIIIe siècle un revenu total de 70,000 livres sur lequel l'abbé prélevait 3,500 livres pour son usage personnel. L'abbaye a été chef d'ordre jusqu'au 3 septembre 1716, date de son agrégation à Cluny, dans le but de se soustraire à la juridiction des évêques de Clermont. Elle fut définitivement supprimée par lettres patentes de Louis XVI (janvier 1775) enregistrées au parlement (1777) et ses biens réunis à l'Hôtel-Dieu de Clermont-Ferrand. — La liste de ses abbés et la gravure de l'édifice actuel (1887) se trouvent dans l'*Histoire de la Comté d'Auvergne*.

Encore sous le vocable de saint Sébastien, l'ancienne église abbatiale de Manglieu sert aujourd'hui de paroisse. Classée parmi les monuments historiques, elle est une des plus remarquables de l'Auvergne. L'extérieur de l'abside carrée porte les traces du VIIe siècle. Le chœur, du XIe siècle, est recouvert d'une des charpentes les plus antiques et les plus curieuses qui existent. Le porche roman supporte une tour du XIIe siècle, la nef est du XVe. On y voit une jolie cuve baptismale, un beau bénitier en marbre blanc, une tombe du XIIe siècle, deux colonnes en marbre et de vieux fragments. On y a découvert en 1857 la sépulture d'un abbé ayant sa crosse à côté de lui : le haut de l'insigne est au musée de Clermont.

De Manglieu, nous rejoignons à la Ribeyre la route départementale n° 8 que nous remontons jusqu'au chemin d'intérêt commun d'Yssoire à Billom. Nous marchons dans la direction de Sallèdes ; mais, arrivés au hameau du Fourneix, nous tournons à gauche pour nous lancer au milieu des taillis des *Fleurides* et de *Cheiblanc*. Nous sommes dans les bois de la comté qui n'ont plus aujourd'hui qu'une étendue de 7 à 800 hectares et couvrent une série de puys formant une petite chaîne secondaire parallèle aux montagnes du Forez. Ce sont les restes des immenses futaies dans lesquelles les comtes d'Auvergne se livraient jadis aux entraînements de ces grandes chasses à courre qui ont disparu avec le moyen-âge. Les abois frémissants de la meute remplissent les profondeurs des fourrés. Les échos du val se renvoient les fanfares éclatantes. Et par-dessus, semblable au chant de cet infernal concert, résonne un cor.........

« *L'entendez-vous ? C'est le chasseur sauvage,*
« *Le voyez-vous derrière le feuillage ?*
« *Sa verte plume au vent flotte toujours.*
« *C'est le Chasseur.......*

Ballade (T. Ed. Schuré).

Hourrah ! hourrah ! C'est une ivresse ; c'est un délire !

Le tourbillon passe et s'acharne à la poursuite du loup, gibier du roi. Laissez aller..... Nous, nous faisons la chasse aux *pensers*. Et jamais, jamais nous ne revenons bredouille ni buisson creux.

Les bois de la Comté ont toujours le même attrait puissant. L'été, sous le couvert des grands arbres règne la plus agréable fraîcheur, tandis que la pelouse d'un vert vif forme un moelleux tapis qui invite au repos.

Etendu sur la mousse, la tête inclinée dans la main, on s'abandonne à une délicieuse rêverie. De riantes images flottent devant les yeux. Une foule d'idées lumineuses, féeriques traversent la pensée, jettent dans un trouble plein de charme et de poésie. Tout semble se réunir pour enchanter, pour émouvoir : le murmure des ruisselets qui fuient sous la ramée, le gazouillis des oisillons, le frémissement des feuilles agitées par un souffle insensible, mille bruits qui remplissent la solitude. L'œil suit le tiercelet dans son vol capricieux ou contemple les nuées qui passent dans les airs et semblent courir en jouant sur la cîme des grands arbres ; puis le regard rêveur se perd dans l'espace et sonde en vain les abîmes de l'immense pavillon bleu.

Et quelle agréable distraction on trouve à errer lentement dans les détours de la forêt, sombre ici, ailleurs éclairée par un joyeux rayon de soleil. Chaque chose y prend un air de mystère. Le pas ne résonne point sur la mousse qui tapisse le sol. La voix n'éveille qu'un écho solitaire, en quelque sorte étouffé. L'oreille ne saisit distinctement aucun des sons vagues qui traversent les airs.

Mais si une tempête éclate, alors c'est bien autre chose. La rafale passe en gémissant et courbe la cîme des grands arbres qui s'ébranlent secoués comme les vagues d'une mer en courroux. Les troncs des vieux chênes craquent avec un bruit sinistre. Les éclairs illuminent les coins les plus sombres ; c'est comme un vaste incendie. Le tonnerre roule avec de sourds grondements ou éclate avec fracas, tandis que des accords fantastiques, des gémissements lugubres sortent on ne sait d'où.

L'ouragan s'engouffre sous les voûtes de verdure sombre et fait frémir dans leur sein d'étranges harmonies qui donnent le frisson et remplissent d'une sorte de voluptueuse angoisse. Et comment analyser les sensations que l'on éprouve en présence des sublimes horreurs de la nature dans ses jours de grande orgie. — Mais la tourmente s'apaise enfin ; les vents se recueillent et se bercent avec des murmures adoucis. Le ciel s'est éclairci. Les arbres se secouent et laissent tomber les dernières gouttes d'eau ; les fleurs semblent essuyer des larmes comme pour mieux sourire ; les oiseaux ont repris leur joyeux ramage. Chut ! ...... le rossignol vient de préluder ; il entonne son ravissant solo : les notes déjà jaillissent par bordées éclatantes et semblent devoir briser sa gorge délicate.

> « *Charme des nuits, ô rossignol*
> « *Qu'au ciel ton chant prenne son vol,*
> « *Au ciel ta voix aimante!*
> « *Des oiseaux le dernier soupir*
> « *Sous la feuillée est venu mourir,*
> « *O chante, chante, chante!*
> « *Du fond du bois sombre et dormant*
> « *Chante dans le silence*
> « *Et que ton cœur s'élance*
> « *A Dieu qui règne au firmament !*
>
> Wunderhorn (Tr. Ed. Schuré).

Le sentier que nous suivons nous a conduit sur la lisière de Cheiblanc, à la hauteur d'un castel assez bien conservé, bâti sur le flanc supérieur d'une élévation disposée en terrasses, sous le bois des *Bardes* et de la *Pommeride*. La Chaux-Montgros date de la renaissance (XVIe siècle) et se compose d'un vaste corps de logis soutenu aux quatre angles par des tours dont le couronnement a disparu. Les ouvertures sont larges, bien percées et à croisillons. La brique se marie à la pierre de taille, forme des arêtes, des filets et des nervures limitant les étages, ce qui produit un agréable effet. — La gravure inédite est dans la seconde édition de l'*Histoire de la Comté d'Auvergne*.

Le 15 mars 1574, Catherine de Médicis en fait don à Jean de la Guesle, procureur général au parlement de Paris. Henri III confirme (1577) cette donation qui fut ratifiée par Marguerite de Valois (1601). Marie de la Guesle porte cette propriété dans la maison de Château-Vieux qui la garde jusqu'en 1677. Elle rentre alors dans la famille de Tannes, originaire du Piémont. A la mort du Sr Artaud de Viry, vers la fin du XVIIIe siècle, la maison de Bouillon, créancière de celle de Tannes, s'empare de la terre qui fut vendue par décret au commencement du XIXe siècle par la famille de Névrezé. Le château appartient aujourd'hui à M. Guyot-Lavaline, sénateur.

En face, on aperçoit le fameux puy de Mercurol qui se présente sous un aspect étrange. En quelque sorte orienté au milieu de l'arc de cercle décrit par les pentes inférieures des montagnes de Glaisne et de Champerogne, il se détache vivement sur l'azur du ciel, semblable à une tour gigantesque affaissée sur elle-même, sombre, décou ronnée, noircie par le temps et par la foudre. Au couchant, il regarde un merveilleux panorama que termine à l'horizon lointain la ligne pittoresque des monts Dômes et la chaîne imposante des monts Dôres.

Le nom celtique de ce puy s'est effacé de la mémoire des hommes ; mais, dans les âges reculés, alors que le Druidisme florissait par toute la Gaule, un autel inviolable se dressait sur cette cime abrupte pour servir à l'accomplissement des restes mystérieux de la *religion des chênes*. Un collège druidique a dû s'abriter quelque part dans la forêt sacrée. Il n'y a guères plus de cent ans que l'on voyait dans le voisinage les restes d'un bois de chênes extrêmement vieux désigné dans le pays sour le nom de *vénérable*.

A la base du puy, un peu au sud-est, il existe encore deux collines funéraires (mohila), deux tumulus guerriers qui ont pu servir de mottes féodales (?), mais que nous croyons celtiques. L'un est sur le bord du chemin qui conduit à l'étang desséché de la Chaux-Montgros : on l'a fouillé à moitié. Le second est sur la lisière du bois de *Cheiblanc* dans une sorte d'anse. Plus haut que le précédent, il est entouré d'un fossé circulaire avec une bordure de charmille : il a été l'objet d'une tentative superficielle de sondage, et des fouilles sérieuses amèneraient peut-être d'intéressants résultats.

Nous avons d'ailleurs recueilli dans ces parages un couteau en calcaire marmoréen, un polissoir en diorite et onze haches en fibrolite, chloromélanite, jadéite, mélaphyre, éclogite. Une hache en jadéite, trouvée près du grand tumulus, est un véritable bijou ; mais la plus belle, également en jadéite, provient de Cheiblanc, D'après

M. A. Damour, membre de l'Institut et chimiste distingué de Paris, qui en a fait l'analyse, cette dernière peut compter parmi les plus remarquables échantillons de la pierre polie, quoique son tranchant soit fort ébréché. La matière (silicate d'alumine, soude, chaux, magnésie) est assez pure, de couleur blanche veinée de vert très tendre et fond facilement à la simple flamme de la lampe à alcool en donnant un vert jaunâtre et transparent : sa densité égale 3,31.

Les deux tumuli sont certainement bien antérieurs à la conquête de la Gaule par César. La résistance des Arvernes a dû être particulièrement opiniâtre en ce point, grâce à d'épaisses forêts, refuge des patriotes et des druides proscrits.

Pour mieux asseoir leur domination, les conquérants établissent un poste militaire (vicus) dans une forte position stratégique ; et, d'autre part, afin de faire oublier le culte de Teutatès, ils élèvent sur le puy un temple destiné à être vu de loin et dédié à Mercure, le dieu du commerce, d'où le nom de *Mercurol*.

Après la chute de l'empire romain, l'Auvergne lutte pendant près de trois siècles avant de passer sous l'autorité définitive des Franks. Le temple de Mercure est renversé. Sur ses ruines, un des chefs à la longue chevelure s'en vient poser hardiment son aire et faire souche de rudes guerriers. Dès le Xe siècle, il est question d'un Hugues de Mercurol qui fonde le monastère de *Saint-Loup* à Billom. Avec le temps, les constructions meurtrières, tout hérissées de rocs aigus, se compliquent et s'entassent les unes au-dessus des autres pour mieux assurer la défense. Protégée par de solides enceintes et un fossé circulaire, la hautaine forteresse est réputée imprenable.

> *Mercurol suis, place très forte*
> *Scituez sur une puissante roche*
> *Qui viendra grater à ma porte*
> *Aura droict dessus sa caboche*
> *Jamais encore n'euz reproche*
> *Que par guerre je fusse prinse*
> *Sy en faist César mainct aproche*
> *Sans parfaire son entreprinse*
>
> M. s. de 1552.

Situé au milieu des forêts de la Comté, dont les fourrés servaient de retraite au loup, au sanglier, à l'izard, ce château-fort était le rendez-vous de chasse des Comtes d'Auvergne. Le village de Champclos tire son nom de l'enceinte où les seigneurs célébraient, au son des cors et des trompes, de brillantes passes d'armes en l'honneur de saint Hubert.

Après l'incendie qui détruisit au XVe siècle une partie du château de Vic, on transporta le trésor des chartes de la Comté à Mercurol qui devint le dépôt des archives jusques vers 1618. Ces archives furent alors transférées à Clermont et de là à Paris où Pierre du Puy, garde de la bibliothèque du roi, en fit l'inventaire en 1627. C'est dans ce fond si précieux que Baluze a puisé les preuves de son histoire de la maison d'Auvergne qu'il dédia au duc de Bouillon.

Par ordre de Richelieu, la redoutable forteresse féodale de Mercurol fut démolie en 1633.

Chapitre V.

Vic-le-Comte, ancienne capitale de la Comté d'Auvergne. — La Sainte-Chapelle.

ur la cîme désolée du puy de Mercurol, au milieu de débris sans nom qui forment un contraste saisissant avec la magnificence du panorama, on s'oublie volontiers dans une douce rêverie pleine de charme et de mélancolie. Que de fois nous sommes venu flâner par là à l'époque des vacances ! Nous étions à l'aube de la vie. Quel resplendissement magique ! A peine entrevue dans un lointain lumineux, l'existence s'offrait à nous sous les couleurs les plus riantes. L'avenir ?..... l'avenir semblait à nous pour jamais : les horizons étincelants de la jeunesse sont sans limites. Et pourtant la vie de l'homme dure à peine un éclair. Et le temps, cet infatigable marcheur que rien n'arrête, nous entraîne...... Allons, debout ! Touriste, reprends ton bâton de voyage ! Le soleil nous sert de guide.

Après avoir dépassé Champclos, nous laissons la coupe

PARENT PRÈS VIC-LE-COMTE

de Sarpanou à droite et le domaine de Rillac à gauche. Le bourg de *Pignol* (étym. : lieu planté en pins) n'est pas éloigné, mais un pli de terrain le cache aux regards. Le chemin se détourne un peu de Pardines, coupe le ru des Pétades et nous conduit à la croix de l'Aumône, en présence du château Duvernin nouvellement construit.

Nous sommes arrivés à Vic-le-Comte.

Vic-le-Comte est une jolie petite ville d'environ 2.700 habitants, située à 22 kilomètres sud-est de Clermont-Ferrand, à 45° 38'49" de latitude, 54'49" E. du méridien de Paris.

Comme toutes les vieilles cités, Vic-le-Comte est fort irrégulièrement construit. Ses rues, étroites en général, laissent fort à désirer. Cependant les routes départementales de Thiers à Champeix, de Veyre à Olliergues le traversent de la manière la plus heureuse et forment dans son sein une belle promenade circulaire qui lui donne un certain air d'aisance et de gaieté.

Le plateau (494 m. d'altitude) sur lequel est bâti Vic-le-Comte a été dénudé par des érosions puissantes. Il n'y reste que les arkoses et l'étage à lymnées que possèdent aussi les hauteurs voisines : Boischaud (807 m.), Ecouya (681 m.), Buron (685 m.). La masse de grès à gros grains se délite dans les bancs supérieurs et s'utilise alors en qualité de sable. Dans d'autres parties, il acquiert beaucoup plus de dureté et s'emploie comme pierre de taille ; il a même servi à la fabrication des meules anciennes.

La situation avantageuse de l'endroit, situé au-dessus d'une plaine fertile qui s'incline jusqu'à l'Allier par une pente douce, au centre d'un demi cercle de collines l'enveloppant du nord-nord-est au sud-sud-est, le firent choisir dès les temps préhistoriques pour l'établissement d'une grande station humaine — .A Vic-le-Comte même et dans les environs, à Langlade, le Pois, los Ourlos, Rochegourny, Ecouya, nous avons recueilli 15 haches néolithiques : 8 en fibrolite, 2 en chloromélanite, 1 en dolérite, 1 en jadéite, 3 en éclogite.

A l'époque gauloise, il y eût un pagus dont la trace se retrouve dans le quartier des *Farges* (Parges), à côté du faubourg de *Beauva* ou *Bova*. Bova est une forme latine du Kimrique *baw* qui signifie lieu humide et paludéen, lieu bas, ce qui est vrai pour le faubourg en question par rapport à la ville même.

Les Romains à leur tour ne manquent point d'installer un poste militaire et une colonie sur une position qui commande le bassin et en fait le point stratégique de la région. Il est à croire que l'oppidum primitif fut situé dans le quartier de l'Olme. Le mot *Olme, ulmus* signifie orme. L'orme est un arbre qui a été l'objet d'un culte tout particulier (H. Cocheris).

Vers le IIIe siècle, à l'occasion des horribles ravages causés par une des bandes de Crocus, fut élevée sans doute la lanterne des morts qui servait de charnier à l'église de la Sainte-Chapelle de Vic-le-Comte et dont Grivaud de la Vincelle nous a laissé une description.

Une grande obscurité enveloppe pendant plusieurs siècles la longue et douloureuse période de la lutte énergique de l'Aquitaine et de l'Auvergne pour défendre leur indépendance contre les Franks. La résistance fut noyée dans le sang et définitivement vaincue par l'assassinat de l'indomptable Waïfre (763). L'oppidum de Vic eût à subir sa large part de calamités, dont le souvenir s'est vaguement perpétué dans le pays.

ISSOIRE, IMP. CLAUDIUS CAFFARD. J.-B. M. BIÉLAWSKI

LA BUTTE BASALTIQUE DE BURON, PRÈS VIC-LE-COMTE

Après l'organisation définitive de la féodalité aux IXᵉ et Xᵉ siècles, le château de Vic acquiert une importance considérable. Il domine deux plaines fertiles et commande par sa position centrale : autour de lui, les sombres forteresses de Buron, Ybois, Saint-Babel, Crains, Mercurol, Coppel, Laps, Buscéol s'élèvent sur la cime des puys et compliquent leurs massives constructions.

Avec Guy II finit la grande comté d'Auvergne que Philippe-Auguste confisque et conquiert sur lui au commencement du XIIIᵉ siècle. La maison d'Auvergne se trouve éclipsée pour un temps; mais Guillaume X, fils de l'infortuné comte, obtient de la régente Blanche de Castille la restitution d'une infime partie du vaste patrimoine de ses ancêtres. On lui délaisse le territoire limité au sud par l'Allioux, à l'ouest par l'Allier, à l'est et au nord par les fiefs de Clermont.

Voici à quoi se réduisent en 1229 les possessions abandonnées au descendant de l'illustre famille qui porte fièrement le *gonfanon de gueules frangé de sinople sur champ d'or.*

En récompense de sa fidélité, à cause de sa situation et de son importance, les comtes choisissent leur nouvelle capitale qui prend le nom de Vic-le-Comte : ses armes sont *d'argent à trois macles de gueules portées en fasce, au chef de gueules.* A cette époque, la ville est loin d'avoir le développement qu'elle offre de nos jours; elle se tient à une distance respectueuse du château qu'isole une large ceinture de fossés. Les masures couvrent les pentes du Vignal, de la Chaussade, de l'Olsme, de la Roche, au dessus du ruisseau de Chanord, à l'ombre des églises Saint-Jean et Saint-Pierre. Au nord, les chaumières de Beauva demandent protection au vieux fort situé dans le quartier des Farges. A vrai dire, il n'y a que des faubourgs habités par des serfs, tandis que sur une esplanade se dresse le sombre donjon féodal.

Le 2 novembre 1367, le comte Jean I, Ministre d'état du roi Jean-le-bon octroie à Vic une charte de franchise afin d'attirer les étrangers dans sa capitale et de remédier aux calamités sans nombre qui ont décimé et ruiné sa population. Au lieu de s'améliorer, la situation empire. Pour augmenter la misère, tout semble se conjurer : peste, famine, guerre, sans parler des ravages exercés par les routiers et les grandes compagnies. La détresse devient si grande que dans l'espace de 20 ans la paroisse voit descendre successivement le nombre de ses feux de 40 à 8.

Bertrand VII et son épouse, Louise de la Trémouille, fondent à Vic le couvent des Cordeliers dont la pierre fondamentale fut posée le 17 mars 1473. L'église, sacrée le 3 octobre 1484 par le R. Bertrand, évêque de Bethléem et suffragant du cardinal de Bourbon, comprenait un maître-autel sous le vocable de sainte Marthe et deux chapelles latérales élevées, celle de droite en l'honneur de N.-D.-de-Pitié, celle de gauche sous le titre de saint François (Histoire de la Comté d'Auvergne). — Le couvent possédait des chambres destinées à loger les fous.

Au XVe siècle, Vic se relève peu à peu de ses ruines et devient surtout florissant au commencement du XVIe sous le gouvernement de Jean Stuart, duc d'Albanie, comte de la Marche, qui épouse (15 juillet 1505) Anne de la Tour, héritière de la Comté d'Auvergne. Ce prince agrandit et restaure le château. A la place de l'ancienne église romano-bysantine, les deux époux élèvent une

Sainte-Chapelle dont la beauté rappelle la munificence des Stuart. Cette chapelle fut bâtie, fondée, privilégiée à l'instar des saintes chapelles royales de Paris, Bourges, Orléans, Tours. C'était une collégiale sous le nom de Sainte-Couronne. Le chapitre, exempt de la juridiction des évêques de Clermont, était composé d'un doyen, de huit chanoines et de huit demi-prébendés. La bulle de fondation fut promulguée par le pape Léon X le 21 juin 1520.

Vic-le-Comte s'embellissait ainsi à vue d'œil, et le manuscrit de 1552 pouvait écrire non sans raison :

> *Il y a mil ans que je suis faict*
> *De mon premier commencement*
> *Encore ne suis pas parfaict*
> *Du tout cy tout entièrement*
> *Maiz j'ai un bel soulaigement*
> *Chacun m'appelle Vic-le-Comte*
> *Il y a longtemps certainement*
> *Qu'on a tenu de moy grand compte.*

Vers cette époque, dans son voyage en Auvergne, Charles IX fait une entrée solennelle dans la capitale de la Comté qui vit peut-être aussi une gracieuse apparition, la jeune et séduisante Marie Stuart.

Par un arrêt du conseil de 1588, Vic-le-Comte est agrégé aux treize bonnes villes de la basse Auvergne.

Pendant les guerres de la Ligue, Vic se range constamment dans le parti du roi et subit deux sièges. En septembre-octobre 1589, le comte de Randan, ligueur effréné foudroie la ville pendant treize jours à l'aide de six pièces de canon ; l'héroïque cité résiste victorieusement. Deux ans après, le duc de Nemours essaye de l'emporter d'assaut; la ville, qui n'a pas eu le temps de réparer les brèches de ses murs, est obligée de composer. Ces guerres lui coûtèrent plus de 100.000 écus, somme énorme pour l'époque. Aussi ne se relève-t'elle que lentement de ses ruines.

Le couvent des dames bénédictines de Saint-Joseph de l'ordre de Fontevrault fut fondé le 26 mars 1646 : sa chapelle avait appartenu avant 1309 à une commanderie de Templiers.

Aux XVIe et XVIIe siècles, Vic-le-Comte est en général dans un état prospère. Ses foires et ses marchés sont réputés au loin et ont une grande importance. Lorsque les cours plénières sont ouvertes, une affluence considérable de marchands et d'étrangers s'y pressent, attirés par les tournois et les fêtes de ces solennités. C'est le temps de la splendeur de Vic, embelli par le palais de ses comtes et ses six églises, sans parler de plusieurs chapelles. Elle a une noblesse nombreuse, une riche bourgeoisie et des corporations florissantes au nombre desquelles on distingue celle des notaires et des procureurs et celle des marchands.

Le consulat se compose de quatre consuls choisis parmi les notables. La ville est *honorée* (sic) de ses trois cours de juridiction, le baillage royal, la maîtrise des eaux et forêts, celle de la police exercée par les officiers du baillage concurremment avec le premier consul (ms. de Dalmas et relat. de Mesgrigny).

En 1652, Louis XIV, roi de France, héritier de la Comté en cède la possession à Godefroy-Frédéric-Maurice de la Tour d'Auvergne, duc de Bouillon, pair et grand chambellan de France, en échange de la principauté de Sédan et Raucourt.

Dès lors, de même que la seigneurie, Vic suivit une échelle décroissante. Il perd successivement de son lustre, voit disparaître ses privilèges un à un, tomber en ruines les belles constructions qui en faisaient l'ornement. Un nouvel ordre de choses arrive qui va bouleverser l'ancien, transformer, déplacer les intérêts. Bien des cités, d'une importance relative au moyen-âge, restent déjà stationnaires avant de tomber dans l'oubli.

Annihilé par le contrôle des officiers royaux, le pouvoir consulaire a pris fin de fait. Plus tard, par un édit du mois d'août 1764, le roi renonce en faveur des habitants de chaque ville à nommer les officiers municipaux. C'est à la suite de cette décision que le docteur en médecine J.-B. Chamboissier, l'un des trois présentés au choix royal, est élu premier maire de Vic-le-Comte par brevet de S. M. (mars 1766).

L'an 1789 arrive ensuite. Guillaume Tourein, curé de Vic, va siéger comme député à l'assemblée nationale qui, le 9 juillet, se donne le nom significatif de Constituante. C'est l'inauguration de l'ère actuelle.

On trouve encore à Vic d'anciennes maisons construites dans le goût des XVe et XVIe siècles. A entretoises et consoles en bois ornées de figurines, elles sont d'ailleurs disposées en encorbellement.

Du palais des comtes, il ne reste qu'une mince portion du corps-de-logis percé de larges et hautes fenêtres à moulures. La porte d'entrée nord avec son passage couvert est assez bien conservée ; elle est protégée par deux échauguettes élégantes mais découronnées.

L'ancienne Sainte-Chapelle du palais qui forme aujourd'hui le chœur de l'église paroissiale est classée au nom-

PORTE DE L'ANCIEN CASTEL DE VIC-LE-COMTE
EN 1887.

bre des richesses archéologiques de la France. C'est un des plus curieux et des plus beaux monuments du XVIe siècle, lequel appartient à cette époque de transition où l'art chrétien du moyen-âge luttait avec la renaissance.

Une galerie intérieure, en encorbellement, règne tout autour du chœur, au tiers environ de la hauteur de l'édifice. Elle est supportée par une large corniche à moulures superposées, où l'on voit des oves et des feuilles entablées ; elle se trouve d'ailleurs défendue par une jolie ballustrade dont dix-neuf des piliers supportent des écussons. On ne distingue plus les armoiries de ces écussons qui étaient ceux des grands vassaux des comtes d'Auvergne.

L'autel est d'un tuf calcaire ou marbre du pays d'un fort beau grain. Le retable qui le surmonte est remarquable par la richesse des sculptures, l'élégance et le fini des statues. Il a sept niches disposées en deux étages. Au premier, sont les quatres vertus cardinales ; au second, les trois vertus théologales. Rien de plus joli que les têtes de ces statues, de plus gracieux que les arabesques qui entourent les niches, ornent les montants et décorent les chapiteaux à volutes avec feuillage fantastique. De riches dais, les uns triangulaires, les autres circulaires, couronnent les statues. Ce chef-d'œuvre n'a pas été respecté et porte les traces de nombreuses mutilations. L'une des vertus cardinales a disparu et se trouve remplacée par un saint Antoine en bois vermoulu.

Le retable portait en outre les statues de la Vierge, d'Adam et d'Eve que l'on a fait disparaître en 1830 et remplacer par des anges et une Vierge en plâtre, *sous prétexte qu'elles étaient un peu nues.* Cinq écussons séparent les statues des étages, un autre se trouve au-dessous de la Vierge, mais ils ont été ratissés.

Au-dessus de la galerie et au point de jonction des travées, on admire les statues des apôtres rangées autour du chœur, sur de magnifiques consoles en culs de lampe ornées de feuillage, entrelacs et figures d'anges. Il n'en reste plus que dix. Elles sont exécutées en terre cuite de la manière la plus habile. Leurs belles têtes sont pleines d'expression, et, pour ainsi dire, vivantes. Les yeux regardent; de ces bouches muettes, on dirait qu'il va sortir des oracles.

De puissants contreforts supportent la poussée des arcs doubleaux qui séparent les travées, et ceux-ci, réunis aux nervures croisées et prismatiques de la voûte, viennent retomber en faisceaux sur les dais quadrangulaires qui couronnent les statues des apôtres. Les clefs placées aux interstices des nervures de la voûte sont en forme de lunette.

Les trois travées du chevet sont percées de larges fenêtres à quatre compartiments et trois meneaux prismatiques; les autres pans sont aveugles. Le sommet des ogives est découpé en sinuosités flamboyantes.

Les deux autres fenêtres ont conservé la plus grande partie de leurs curieuses verrières disposées en panneaux rectangulaires. Celle de droite représente les mystères de la Passion, celle de gauche des tableaux historiques tirés de l'ancien testament.

La corniche extérieure est décorée par une frise magnifique dans laquelle on distingue des têtes d'anges, des figures humaines, des griffons, des monstres de l'apocalypse, des entrelacs, des feuilles de chardons, des rinceaux, des guirlandes.

Chapitre VI.

—

La butte de Buron et ses ruines : légende du Garou. — Parent : la motte de Vellièra. — Les ruines du monastère du Bouschet alias Valluisant.

avier de Maisre, dans son spirituel *voyage autour de ma chambre*, a trouvé le moyen d'écrire une foule de détails philosophiques et de riens charmants. Si nous avions sa plume humoristique, nous essayerions de dépeindre l'intérieur hospitalier dans lequel nous avons passé les meilleurs moments de notre jeunesse. Mais le temps presse. Et déjà nous avons traversé le faubourg de la *Chaussade*.

Nous passons à côté de l'ancien couvent des Cordeliers, absolument méconnaissable : une ancienne fabrique de grosse faïence que l'on y avait installée n'existe plus depuis longtemps.

A gauche, on laisse, sur la lisière des bois de la Comté, les charmantes bourgades de Bort et de Langlade encadrées de frais bocages. Le puy des Chaumes ou de Saint-Hyppolite se dresse à côté et porte les traces d'un ancien ermitage. A notre droite, voici le puy d'Ecouya sur le plateau duquel il y eût peut-être une station préhistorique, car on y trouve des débris de poterie grossière, des haches en pierre et parfois des objets en bronze.

Nous marchons dans la direction du midi en nous élevant sur un petit chemin pierreux qui grimpe à travers champs. A peine arrivés sur la hauteur, nous apercevons tout à coup la formidable et sombre silhouette de Buron ou de Buyre. Le mot Buron dérive de l'ancien haut germanique *Bur* qui sigifie maison-rocher, citadelle : le *durum* des gaulois. En Auvergne, on désigne aussi sous ce nom les étables à vaches dans la grande montagne.

Les ruines de la forteresse de Buron présentent un aspect étrange, sinistre. Jetées sur le cratère d'un vieux volcan, elles se soudent à une scorie basaltique des plus tourmentées et sont dans une telle harmonie de couleur et de ton avec celle-ci qu'on les prendrait pour une fantaisie de lave. On dirait un tourbillon de flammes noires tordues par le vent et subitement solidifiées. Le jet de lave est nu, âpre, à pic du côté méridional sur la pente duquel s'appuie le village. A cet aspect, les fondations de la forteresse reposent sur des assises de basalte régulièrement cristallisées en prismes à cinq pans. On a trouvé au milieu des ruines des bouts de flèche et des viretons.

Le château de Buron est antérieur au XIIIe siècle. Il est mentionné en 1284 dans une charte de Robert, Comte d'Auvergne, puis plus tard dans le testament de Marie de Flandres. Il se composait d'un vaste corps de bâtiment flanqué de tours aux angles et protégé par une enceinte de fortifications qui enveloppait la base du monticule. La porte d'entrée était défendue par deux échauguettes

Buron pris des Verdiers en 1887.

Sa chapelle possédait une statue miraculeuse de la vierge que l'on y voyait encore en 1686.

C'était un fief qualifié de baronnie. La garde de la forteresse historique fut d'abord confiée à la famille Roger de Beaufort. En 1569, Catherine de Médicis en *regala* Antoine de Sarlans d'Hauser, son maître d'hôtel. La terre passe ensuite dans la maison de Gironde. Alexandre de Buron était grand échanson de France. Ses héritiers, MM. d'Assé, vendirent leurs droits à la famille de Verdonnet.

Dans son carnet de voyage (1799), Dulaure donne un croquis des ruines de Buron. Le cabinet des estampes de la bibliothèque nationale possède aussi une gravure de la fin du XVIIIe siècle. Le manuscrit de 1552 donne d'ailleurs une vue grossière du manoir dans son intégrité, avec les vers ci-dessous :

> *Je suis Buron, rocher bien hault*
> *Poinct ne doubte la baterge*
> *Pas nay paeur d'être prins d'assault*
> *Semblablement par mynerie*
> *Je ne craingst point l'artillerie*
> *Coupz de canon ne de bombarde*
> *Tant suis d'une maçonnerie*
> *Que de canoniers je n'ay garde*

Embusqués dans leur tannière, les maîtres primitifs de Buron furent longtemps l'épouvante de la contrée. Leur terrible souvenir s'est perpétué dans une légende. Cela est vieux, vieux comme les pierres et a dû se passer au temps des *Fades* et des *sorciers*.

Ecoutez !

C'était un terrible sire que ce seigneur de Buron, surnommé le *Garou*. Vassal hautain et farouche des premiers comtes d'Auvergne, il ne s'inclinait que juste devant un chef qu'il pouvait braver inpunément dans son repaire.

Là, perché comme l'autour qui cherche les hautes cîmes, il dominait le val et la montagne, surveillant d'un œil avide la proie qn'il convoitait.

Des passsages souterrains lui permettaient de se montrer à l'improviste et de frapper comme la foudre. L'un des conduits venait déboucher sur les bords mêmes de l'Allier, au pied de la roche Gournay. Une grande pierre plate, que les eaux de la rivière recouvraient en temps de crue, en masquait l'entrée, tandis que, dans une anse voisine, de légères barques, cachées par un rideau de broussailles et de saules séculaires, facilitaient au pillard les moyens de s'élancer sur l'autre rive.

Vaincu parfois, serré de près par les archers de ses nombreux ennemis, il semblait défier toute poursuite et s'évanouir comme par enchantement, mais pour reparaître ailleurs et renouveler ses brigandages. Aussi le pauvre peuple consterné lui attribuait-il un pouvoir surnaturel. Les bonnes femmes disaient en se signant qu'il avait fait un pacte avec l'enfer.

Une nuit la tempête déchaîne toutes ses fureurs; la rafale gémit dans les feuilles du tremble et de l'ormeau; le tonnerre roule dans l'espace avec un fracas épouvantable; par intervalle, l'éclair rapide déchire les ténèbres pour éclairer l'horrible tourmente de ses lueurs livides. Plus terrible que le Loup de Fouy, le féroce châtelain rassemble ses compagnons et se jette sur un couvent, paisible séjour des pieux moines.

Malgré les prières et les larmes de ces malheureux, il enfonce les portes de la chapelle et y fait tout apporter pour une orgie. L'enceinte sacrée retentit de chants sauvages ; les voûtes sonores accoutumées aux psalmodies saintes résonnent lugubrement tout étonnées de ces acccents étranges, sataniques ; les moines silencieux, debout contre la muraille, assistent semblables aux statues de la désolation.

— « Blanche barbe, s'écrie tout à coup le sire de Buron en s'adressant au vénérable prieur, vas nous chercher ces vases d'or et d'argent dans lesquels tu bois chaque matin ! Le vin doit y être meilleur........ Tu ne réponds rien ? C'est que sans doute tu as le gosier sec..... Tiens, vide cette coupe ! aujourd'hui l'abstinence est un crime. »

Mais le silence continne.

Alors le bandit se lève, marche à l'autel, enfonce le tabernacle et porte la main sur le ciboire.

Saisis de terreur à cette vue, les moines tombent à genoux, se frappent la poitrine et déchirent leurs robes. Puis une voix creuse résonne sourdement et répète « Maudit ! Maudit ! »

— « Ah ! Ah ! vieux tondu, ricane le sire, ta langue s'est donc enfin déliée ? »

« Maudit ! Maudit ! » répète le moine.

— Allons, tais-toi ! réplique le sacrilège avec colère. Bonhomme, fais-moi un peu raison de ce toast ! »

Et d'un trait il vide le calice qu'un de ses compagnons vient de remplir.

Alors le prieur se relève, étend la main sur le coupable et prononce contre lui un redoutable anathème,

— « Te tairas-tu, froc en guenille ! hurle le maudit.

Et du revers de son sabre, il abat la tête du misérable.

A ce signal le massacre commence ; mais en tombant chaque moine répète : Maudit ! Maudit !

Cependant le sacrilège est assis, brutal convive, autour d'une table chargée de viande et de vin. Les pieds dans le sang répandu, il est là, entouré de ses compagnons, jurant, blasphémant, raillant les moines et Dieu, lorsqu'une voix lugubre s'élève soudain sous les murs du couvent.

« Sire de Buron ! Sire de Buron ! dit la voix, songe à ton âme, l'heure est proche. »

Et des rires effrayants se mêlent aux vents déchaînés.

A ces accents sinistres, les convives frissonnent d'horreur. Seul, le sire de Buron se lève furieux et s'écrie en bégayant :

— « Railleur, viens donc ici recevoir ton salaire ! »

Et dans sa large main il saisit son glaive recourbé.

Mais la voix se fait entendre de nouveau.

Alors, poussé par une force irrésistible, le tueur de moines se dirige vers elle en chancelant, au milieu de ses varlets tremblants et muets de stupeur.

— « Attends, dit-il, attends ! »

Et son visage devient livide, et ses yeux lancent du feu.

Devant lui, les portes s'ouvrent ; devant lui, le pont-levis s'abaisse. Il arrive sur le préau et trouve un noir coursier qui piaffe d'impatience. Sans rien dire le chevalier s'élance sur son dos, et soudain le coursier se perd dans la nuit. Un cri d'angoisse suprême, de poignant désespoir vibre longuement sous les sombres arcades ; un éclat de rire strident lui répond, puis tout se tait, et, seule, la grande voix de l'ouragan se fait entendre.

Jamais plus on ne revit le sire de Buron.

Le lendemain, les paysans ébahis purent contempler les ruines du manoir maudit que les flammes avaient dévoré pendant l'orage. Au dire des pâtres du voisinage, des bruits étranges se font entendre à minuit dans les tours à demi écroulées : ce sont des pleurs et des rires bruyants mêlés à des grincements de dents. Parfois aussi, lorsque la tempête rage dans la plaine, un invisible coursier fait retentir son galop, et celui qui le monte pousse des soupirs lamentables.

Le cavalier qui chevauche ainsi à travers la nuit, pendant l'orage, c'est le spectre du Maudit.

Et voilà ce qu'en hiver, le soir, à la veillée, racontent les vieilles des vieilles qui n'ont plus de dents. Assises dans l'étable, sur un escabeau rustique, elles filent gravement leur quenouille à la lumière indécise d'un petit lumignon fumeux, et cette lumière tremblotante accentue encore les obscurités du ratelier où les bœufs ruminent dans l'ombre.

Le chapitre du surnaturel et des histoires à faire peur est entamé : il sera long. Les narrateurs sont convaincus. De temps à autre ils interrompent le récit pour se signer *dévotieusement* ou marmoter quelque chose d'inintelligible. Et chacun frissonne, et chacun se serre contre son voisin, sans oser regarder derrière soi, dans le *noir* plein de visions terrifiantes.

Bien au-dessous de Buron, dans le col formé par la réunion des pentes inférieures de ce puy et de celui d'Ecouya, mais plus près de ce dernier, on aperçoit la commune de Parent d'environ 530 âmes.

C'était un fief qui dépendait de la chatellenie de Buron en vertu d'un concordat passé vers 1284 entre le comte d'Auvergne et les moines du Bouschet.

Pendant les guerres de la ligue, le petit fort, en assez mauvais état et couvert de chaume, de Parent, est investi par le lieutenant du duc de Nemours, le sieur Dandelot, accompagné des chefs ligueurs qui ont donné la chasse au marquis d'Allègre sous les murs de Sauxillanges. D'Authérat, lieutenant du marquis, s'y est retranché à la hâte. L'ennemi dispose des lances à feu pour incendier la place; mais leurs efforts sont nuls à cause de la pluie : Dandelot épuise en vain les fusées incendiaires et abandonne l'entreprise.

Parent a vu naître Pierre Chabrit (1747-1785) qui fut conseiller au Conseil souverain du duc de Bouillon et avocat au parlement de Paris. La czarine Catherine II tenait en haute estime ce personnage remarquable qui mourut jeune et probablement empoisonné par des courtisans envieux de la faveur dont il jouissait. L'impératrice de Russie lui fit de magnifiques propositions dans l'espoir de l'attirer à Saint-Pétersbourg, et donna même son nom à l'un des deux grands navires qu'elle avait fait construire à Cherbourg. — Lors de la guerre de Crimée en 1854, le Pierre Chabrit fut coulé avec d'autres vieux vaisseaux à l'entrée de Sébastopol, afin d'obstruer la passe navigable et d'essayer d'en interdire l'accès à la flotte anglo-française.

Un de ses petits neveux, M. Chabrit Jean, ancien maire d'Yronde-et-Buron, a découvert (décembre 1884) une belle hache et une curieuse faucille en bronze dont il a bien voulu disposer en notre faveur.

A cent mètres environ du village de Parent, à l'ouest, s'élevait un énorme monceau de pierres basaltiques régulièrement assemblées, de forme circulaire, d'un volume supérieur à 500 mètres cubes et présentant, sur un terrain assez incliné, un relief moyen de 4 mètres. Il était connu sous le nom de *Motte de Veilléra*. Sa base couvrait un espace supérieur à un are. Un entrepreneur eût l'idée d'exploiter cette carrière de pierres prêtes à être enlevées sans frais. La hache et la faucille se sont trouvées au niveau du sol, au centre de cette motte leur servant de couvercle gigantesque. La hache a 0^{m}173 de long et pèse 687 grammes. La corde qui soustend la courbe de la faucille a 0^{m}155 et la flèche intérieure 0^{m}047 : l'instrument présente une largeur de 36^{mm} et pèse 142 grammes.

Au milieu des riches vignobles de Parent et Buron, dont les crus sont estimés à juste titre, on trouve de nombreux amas de pierres basaltiques réunis en mottes ou relevés en larges et hautes murailles. La plupart ont été formés par les cultivateurs qui ont *épierré* leurs champs; mais il doit s'y trouver aussi des tumulus préhistoriques dans le genre de la *motte de Velliéra*.

De Buron nous descendons à Yronde, *ecclesia de Hyrundis* (1015), comme cela est écrit à propos de la donation faite à l'abbaye de Manglieu par Etienne, évêque d'Auvergne.

La nef de l'église est romane avec abside demi-circulaire ornée de huit colonnes. Le clocher roman a disparu, mais on a conservé une belle cloche de 1570. Une partie du cloître du prieuré (1530) existe encore.

Yronde doit remonter à une très-haute antiquité. Il y eût peut-être un cimetière mérovingien. On y voit des vestiges de constructions féodales avec murs très épais et des amorces de tours. Au terroir de la *Pose* ou de la *Pove*, on trouve des débris de vieilles armes. Près du bois de la Courtade, on rencontre des fragments de marbres antiques de diverses couleurs. En 1842, on a découvert un squelette avec quatre deniers d'argent de Charles-le-Gros. Ce monarque fut couronné empereur d'Occident en l'an de grâce 880 le jour de Noël, devint roi de France en 884 et mourut en 888. Du côté de la croix, les pièces portent *Carolus rex* : sur le revers on lit *Claromont*.

Dans la paroisse d'Yronde, au milieu d'un frais vallon qu'arrose le ru de la Palle, on trouve les ruines méconnaissables de la fameuse abbaye du Bouschet, anciennement nommée Valluisant ou Vauluisant (vallis lucidœ). — Le mot Bouschet dérive du germanique *busch*, en basse latinité boscus.

En 1192, dans le but d'élever un magnifique tombeau pour lui et les siens, de constituer à perpétuité des gardiens sacrés pour sa dépouille mortelle, Robert IV, comte d'Auvergne, fonde le monastère du Bouschet et y appelle des moines de l'ordre de Citeaux sous la règle de saint Bernard. Le pape Célestin III confirme cette fondation.

Les comtes ne négligèrent rien pour embellir leur dernière demeure que l'on peut appeler le Saint-Denys de la maison d'Auvergne. Tous les testaments des princes et seigneurs de la famille qui y furent inhumés sont remplis de legs pieux en faveur du monastère. Ils lui concèdent, rapporte Dominique Branche, des fiefs, des villages, des églises, parmi lesquels Novacelle, Saint-Amand-Roche-Savine, des droits de dîme, de cens, de banalité, de pêche, de navigation sur l'Allier, des rentes, des domaines, des pacages, des troupeaux. Le cardinal d'Auvergne lui lègue sa belle mître estimée 2,000 francs, sa croix d'or que lui avait envoyé l'empereur d'Allemagne et d'autres bijoux du prix de 3000 francs rapportés lors de sa nonciature en Espagne. Conjointement avec le cardinal de Murat, le cardinal de Boulogne lui fait présent d'un superbe reliquaire contenant le chef entier de sainte Eubibie.

Dans son église merveilleusement décorée et que Dulaure put visiter dans son intégrité vers 1779, on admirait le mausolée de Robert IV, fondateur, placé auprès du maître-autel, du côté de l'évangile. Dans un caveau au-dessous de lui, reposait le corps de Mahault de Bourgogne, femme de Robert, ceux de Guy II et de son épouse Péronille du Chambon avec leurs enfants.

Un mausolée encore plus magnifique était celui de Godefroy de Boulogne, sire de Montgâcon et de Marguerite Dauphine, sa femme, fille de Jean comte de Clermont : il se trouvait placé sous une riche arcade gothique avec les figures couchées des deux défunts.

Dans une chapelle à gauche, on voyait la statue en marbre du cardinal de Boulogne couchée sur un mausolée non moins remarquable. Le chœur de l'église renfermait les tombeaux avec statues de Bertrand VI, comte de Boulogne et d'Auvergne, et de son épouse Louise de la Trémouille.

Sous les dalles funèbres de ce suprême asile, derrière le marbre de ces superbes monuments reposaient encore nombre de hauts personnages : Bernard de la Tour IV ; Robert VI et Béatrix de Montgâcon ; Bernard de la Tour VI et son frère Bertrand d'Olliergues ; Marie, comtesse d'Auvergne : Robert VII et son frère ; Philippe, duc de Bourgogne ; Guy, évêque du Port et cardinal d'Auvergne ; Marie de Flandres ; Godefroy II de la Tour, seigneur de Montgâcon et Antoine de Polignac ; François de la Tour d'Olliergues, vicomte de Turenne ; François de Polignac ; Jean, comte de Boulogne et d'Auvergne ; Louise de Créquy, et bien d'autres seigneurs de cette illustre maison.

Le monastère ne jouissait pas d'une réputation bien édifiante lorsqu'il fut supprimé en 1789. Déclaré domaine national en 1793, il fut vendu ; mais ce n'est qu'après 1800 que les acquéreurs le dépouillèrent et qu'il fut démoli petit à petit par les habitants des environs qui venaient s'y approvisionner de pierres. Le marquis de Laiser eût d'ailleurs la bonne fortune de pouvoir prendre le croquis de quelques-uns de ses mausolées avant leur disparition. (V. son recueil ms. à la bibl. de Clermont-Ferrand.)

Aujourd'hui, il ne reste rien de la splendeur et de la magnificence du Saint-Denys des comtes d'Auvergne. La poussière des puissants se trouve confondue avec celle des ruines sur lesquelles croissent les ronces et le mûrier sauvage. Le chant des oiseaux a succédé aux psalmodies religieuses. Semblables à des squelettes écrasés, quelques pans de maçonnerie restés debout offrent le spectacle d'une grande désolation. On voit des voûtes effondrées et la face ouest du mur d'enceinte avec deux tronçons de tours. Il existe un assez long souterrain dans lequel passe un filet d'eau.

Les ruines du Bouschet sont peu éloignées du domaine de Sarlans auquel on arrive par une montée assez raide qui coupe à travers des charmilles. On trouve un plateau spacieux planté de vignes et d'arbres fruitiers, un beau jardin avec un parc bien ombragé.

Le château est une construction italienne, assez élégante, rappelant le style mauresque des villas espagnoles. Autour d'une cour carrée intérieure, on remarque encastrés dans les murs les portraits des derniers Valois : celui de Catherine de Médicis est très ressemblant. On attribue à cette reine la construction de ce petit castel. On y a trouvé un vase en bronze ayant la forme d'une bouteille (H=0^{m}30 ; Circ.=0,38 ; Diam. de l'ouv.=0,07).

Chapitre VII

—

Le Massif de Four-la-Brouque : l'orthoze du porphyre quartzifère et Ferdinand Gonnard. — Saint-Babel et sa région : le Grand Rémond ; la cité préhistorique de Rayat.

aborowski est parvenu à vulgariser le préhistorique : il l'a fait avec talent et bonheur. Nous souhaiterions d'être aussi heureux dans la tâche que nous avons entreprise, à la recherche de tout ce qui intéresse notre pays. Simple touriste, sans prétention à la science, nous sommes néanmoins obligés d'employer parfois certains termes techniques que des périphrases ne sauraient remplacer, si ce n'est au grand dommage de la clarté de la narration. Qu'on nous le pardonne, et puisse cette obligation devenir, pour le lecteur comme pour nous, un motif de plus d'augmenter notre instruction !

Nous quittons Sarlans pour descendre dans le ravin de la *Panière* et remonter jusqu'au village de Fontcrépon. Nous nous élevons sur les flancs du grand massif de Four-la-Brouque, afin de gagner plus vite la hauteur.

Laissant derrière nous les puys Rousset (719 mètres d'altitude) et Moriat (705 mètres), nous nous avançons sur l'extrémité du promontoire qui domine le cours de l'Allier et la gorge pittoresque de Saint-Yvoine. Quel merveilleux panorama se déroule à perte de vue et quelle saisissante émotion on éprouve à contempler les splendeurs de l'horizon !

Dans son étude, avec coupes géologiques, sur *la Limagne et les bassins tertiaires du Plateau central*, notre savant ami A. Julien, professeur de géologie et minéralogie à la Faculté des sciences de Clermont-Ferrand, donne la composition stratigraphique des deux versants de l'Allier. Sa coupe de rive droite passe par le puy *Morial*, qu'il appelle Morion, l'un des trois sommets du massif montagneux que nous visitons. A. Julien considère Four-la-Brouque et Saint-Yvoine comme un grand barrage qui sépara la Limagne du bassin d'Yssoire, postérieurement au dépôt du terrain tertiaire. A l'aurore de l'époque pliocène, les divers étages de celui-ci furent disloqués par des failles nombreuses, à la suite d'un plissement transversal à l'axe de la vallée de l'Allier et dans une direction générale de l'est à l'ouest. La Limagne elle-même serait d'ailleurs la conséquence d'un énergique plissement latéral.

Le barrage fut démoli par une débâcle diluvienne dont l'imagination la plus fougueuse ne saurait donner une idée même infime. Tout le massif de Four-la-Brouque fut alors dénudé par une érosion formidable qui emporta les couches à *Potamides Lamarckii* et à *Lymnœa Pachygaster* qui sont conservées à Ecouya, à Buron, à Yronde.

A Four-la-Brouque, au-dessus du granite qui encaisse l'Allier, il ne reste qu'une formation d'arkoses d'environ 22 à 40 mètres de puissance. Les assises supérieures de ces arkoses sont exploitées comme pierre de taille à proximité d'une caverne qui donna son nom à la montagne. Des filons de porphyre quartzifère à grands cristaux d'*Orthose* traversent ces arkoses et s'épanchent dans différentes directions.

Le filon proprement dit de Four-la-Brouque part de la caverne du nom (640 mètres d'altitude), et se présente sous la forme d'un énorme prisme triangulaire couché sur le flanc de la montagne : sa base atteint parfois dix mètres. Il plonge dans le fond du ravin de *la Laye*, où coule le ruisseau du *Crinzoux*, pour reparaître plus loin sur le plateau des *Moïdas* (fourmis) à 626 mètres d'altitude. Sa direction nord-nord-est, sud-sud-ouest, fait un angle d'environ 14°30' avec la ligne nord-sud.

A l'opposite, de l'autre côté de la ravine des *Fourniaux*, à 150 mètres au-dessous de nous, l'arête porphyrique de *Prat-Moret* forme dans sa partie supérieure un angle d'entour 44° avec la ligne des pôles; mais elle s'infléchit bientôt pour faire un angle de 103° avec le nord-sud, prend une direction générale est-nord-est, ouest-sud-ouest, descend perpendiculairement à l'Allier et remonte à Saint-Yvoine (480 mètres d'altitude).

Disons maintenant que le porphyre est une roche éruptive ancienne, qui a pour base un feldspath à l'état amorphe empâtant des cristaux de même nature et souvent des minéraux accidentels. L'*orthose* est d'ailleurs un silicate double d'alumine et de potasse qui renferme parfois, mais très rarement, un peu de soude.

Notre ignorance en cristallographie ne nous permet point d'aborder la question des formes cristallines de l'espèce et de leurs lois de formation. Pour cette étude, il faut se reporter à la *Note sur l'orthose du porpyre quartzi-*

fère de Four-la-Brouque qu'a publié en 1883 un minéralogiste de premier ordre, notre ami Ferdinand Gonnard, ingénieur des arts et manufactures à Lyon. Celui-là aussi aime avec passion notre chère Auvergne, le pays où il est né. C'est un genre de chauvinisme qui n'a malheureusement pas assez de disciples et que l'on ne saurait jamais trop développer.

Nous répétons après F. Gonnard que l'on trouve dans nos filons de porphyre le cristal simple d'orthose, les macles de *Carlsbad*, de *Baveno* et celle baptisée par lui macle de *Four-la-Brouque* et que les allemands nomment macle de *Manebach*. — C'est le marquis de Drée qui l'a découverte le premier à la *Clayette* (Saône-et-Loire) : elle devrait porter ce nom. — On y rencontre une assez grande variété de groupements réguliers à deux ou plusieurs cristaux. Quant aux combinaisons bizarres, en nombre illimité, elles offrent les assemblages les plus divers, parfois d'une excessive rareté comme la *macle en cœur*. Le massif de Four-la-Brouque est aujourd'hui classique. On y trouve aussi de nombreuses et belles variétés de barytine (baryte sulfatée) dont les cristaux empâtés dans une argile rouge, atteignent parfois des dimensions remarquables.

La caverne qui lui a donné son nom est située presqu'au sommet de la montagne, à l'aspect du midi, dans le porphyre même : on dirait une vaste soufflure de la roche agrandie de main d'homme. Une grande partie de la caverne est comblée par des débris provenant des carrières en exploitation. Bien exposée, sèche et saine, elle a dû servir d'abri à l'homme primitif ; nous avons recueilli aux alentours plusieurs haches néolithiques et un joli nucléus en silex. De temps immémorial, les bergers s'y réfugiaient volontiers ; avant d'être en partie remblayée, elle était assez grande pour loger un troupeau considérable de chèvres ou de moutons. Quoique d'un accès peu commode aujourd'hui, elle est encore spacieuse et assez haute sous plafond pour qu'on puisse s'y tenir aisément debout. La tradition populaire rapporte qu'elle servait de séjour aux *Fades*.

Nous quittons Four-la-Brouque pour descendre sur un chemin ouvert en tranchée dans les arkoses tendres. Nous passons au domaine de la Courtade pour arriver au riche et gros bourg de *Roure*, dont le nom dérive de *roboretum* lieu planté en chênes. Nous laissons la Fontille à gauche pour franchir le ruisseau de Crinzoux et gagner Saint-Babel, chef-lieu d'une importante commuue qui compte environ 1360 habitants et comprend 35 ou 40 sections sur un vaste territoire très accidenté.

Saint-Babel était une châtellenie comprise dans la Comté d'Auvergne. Son château se dressait sur la butte basaltique qui domine l'endroit et sur laquelle se trouve l'horloge. La bibliothèque nationale possède une vue de 1450, et le ms. de 1552 donne un second dessin. En 1112, il est question d'Eustorg, seigneur de Saint-Babel. Eustache de Montboissier en était châtelain vers 1236. Par contrat du 7 mai 1605, la reine Marguerite de Valois donne à l'aumônerie d'Usson et de Saint-Babel les cens, rentes, dîmes et autres revenus et devoirs seigneuriaux des châtellenies d'Ybois et Saint-Babel. La justice et la seigneurie de ces terres ne furent pas comprises dans cette fondation connue sous le nom de *Donnerie d'Usson*. En 1668, les consuls et administrateurs de la charité d'Usson abandonnent ces revenus aux P.P. minimes. Par lettres patentes de 1676, le roi les réunit à ceux de l'hôpital général de Clermont-Ferrand.

L'ancienne église romane de Saint-Babel est à une seule nef. Les deux premières travées sont du Xe siècle ; des tailloirs curieux couronnent les piliers engagés. Deux autres travées sont du XIIe siècle ; les chapelles adossées appartiennent au XIVe. On remarque dans l'édifice un beau verrou, une tombe en arkose et un intéressant bénitier à huit lobes. La cure était à la nomination de l'abbaye de Manglieu dont relevait le prieuré.

Nous quittons le bourg lui-même en laissant à gauche un petit monticule surnommé le *saut-madame*. Notre ami, M. Maxime Roux, qui se livre avec ardeur à l'étude des *diatomées* et qui habite le *Buisson*, ancienne propriété de la famille d'Estaing, nous a donné rendez-vous au Théron sur le chemin vicinal qui conduit à Vindiolet en traversant les bois. Mais à une courte distance, nous nous jetons dans le taillis de gauche pour grimper au grand *Rémond* sur les éboulis de basalte qui encombrent le flanc de la montagne à l'aspect du midi.

Il existe sur le grand Rémond (700 mètres d'altitude), des traces de constructions. On y trouve des haches néolithiques, de petites meules à main en pierre avec lesquelles on écrasait grossièrement les grains de blé, des débris de poteries et de grosses tuiles à rebord. Il y eût certainement une station humaine et peut être une forteresse dans le genre de celles que les gaulois désignaient sous le nom de *durum*.

Ce qui semble confirmer cette opinion, c'est qu'au-dessous et non loin de là, au pied d'un autre puy appelé *Rayat*, on reconnaît, en dépit de l'épaisseur du taillis, une importante cité préhistorique dont les ruines couvrent plus de deux hectares de terrain et dans lesquelles on a recueilli des outils et des armes en pierre.

Toute cette région est des plus intéressantes. Bien des terroirs se font remarquer par l'étymologie de leurs noms. Nous citerons le *Fayet*, qui dérive de fagetum ou faiacus, lieu planté de hêtres ; le *Pinel*, de pinetum, lieu planté de pins; les *Bussières*, de buxeria, lieu abondant en buis; les *Joncos*, de juncariœ, les joncs; les *Sagnes*, de la langue d'oc, sagno, lieu humide avec joncs ; la *Brugère*, les *Bruyères* du Kymrique brwg, buisson ; les *chaumes*, de calmœ, bruyère ; les *Fougères*, de fulgariœ; la *Ribeyre*, de riveria, plaine bordant un cours d'eau; les *Graves*, du radical graw que l'on peut faire remonter au sanscrit gravan, pierre : la *Roye*, du germanique regen, synonyme d'essart; la *Barthe*, de la langue d'oc bartas, buisson ; la *Jarrige*, de jarro, variété de chêne ; *Teilly* ou *Teillet*, de l'armoricain til, aubier du tilleul.

A Fontcrépon, la Ramade, puy Moriat, dans la caverne de Four-la-Brouque, à Saint-Babel, los Cloviôs, le Fayet, les Fougères, Lheridière, le grand Rémond, la Martre, le Théron, la Guelle, la Ribeyre, les Joncos, Roure, le Pageix, les Estrigons, Basmaisons, Rayat, le Saut-du-Cheval, la Croix-de-Minuit, la Croix-des-gardes ou des quatre-seigneurs et divers autres lieux, nous avons recueilli un nucléus et 53 haches polies en quartz, silex, fibrolite, jadéite, basalte, éclogite, schiste, quartzite, chloromélanite, pyroxène, dolérite.

Chapitre VIII.

De Saint-Babel a Perthus. — Orbeil et la butte d'Ybois. — Brenat; Flat; Aulhat : les ruines de la Suchère et le chateau de Peuchaud. — Sauxillanges.

evenus à Saint-Babel, nous prenons le chemin vicinal qui mène au pont de Perthus.

Nous laissons à droite le massif de Four la-Brouque et le plateau des Moïdas avec le petit écart de la Paille. A gauche, voici les deux puys de Teilly et le hameau de la Tronchère. Dès lors, nous descendons rapidement dans un ravin profond où coule le ruisseau qui prend sa source à Nave. Nous ne tardons pas à apercevoir le beau bassin d'Yssoire et l'Allier qui l'arrose. A l'issue de la gorge, le bourg de Perthus (trouée) nous apparaît posé en vedette sur un mamelon qui baigne sa base dans les eaux de la rivière.

L'armoirial de G. Revel (1450) donne une vue de l'ancien château dont il reste des vestiges et qui porta successivement les désignations de castrum pertuso (XIe siècle), Perthuis (1450), Perthus (1580).

Nous nous arrêtons au pont pour manger une friture chez notre ami Courtine.

Nous passons ensuite à Orbeil (terra de Urbello, Xe siècle), où il n'y a que 4 ou 5 maisons, mais qui est le chef-lieu d'une commune d'environ 570 habitants. La petite église de transition, sous le vocable de Saint-Sauveur, est à une seule nef dont les piliers engagés sont surmontés de simples tailloirs. La chapelle sud est du XVe siècle : les deux autres sont plus récentes. On remarque un certain nombre de corbeaux romans autour de l'abside carrée et sur la façade nord dans le parement de laquelle se trouve engagée une très vieille pierre avec inscription que nous n'avons pu déchiffrer. La cure et le prieuré étaient à la nomination de l'abbé d'Yssoire. En fouillant dans le cimetière qui est à l'est et au sud de l'édifice, on a récemment découvert une douzaine de lacrymatoires avec de petites urnes cinéraires. C'est le maire, M. Montcelet, qui nous a rapporté le fait ; mais cette intéressante trouvaille a disparu sans laisser de traces.

La route passe au Chauffour au nord duquel on voit les petites et les grandes Aires. Le tout est dominé par la butte d'Ybois sur laquelle il ne reste pas pierre sur pierre de son ancienne forteresse féodale qui fut démolie en 1634 par ordre de Richelieu. La baronnie d'Ybois fut comprise dans la petite Comté d'Auvergne délaissée à Guillaume X (1229) par Blanche de Castille.

Le manuscrit de 1552 donne le dessin de la redoutable forteresse qui avait une seule enceinte et un donjon carré.

Je suis Ybois, très forte place
Où il y croist de bon froment

> *Car la terre y est bonne et grace*
> *J'ay de bons vins et largement*
> *Poiz et febves pareillement*
> *Et tant de fruictz et nourriture*
> *Que de l'argent semblablement*
> *Forces prez et bonnes pastures.*

Cette énumération pompeuse des richesses du lieu et des alléchantes provisions d'un garde-manger si bien garni en *mauvais vers* n'empêcha pas Marguerite de Valois de n'y trouver que maigre pitance, « *des noix, quelque lard et des fèves* » pour tout régal à l'effet d'apaiser une mâle faim. Fuyant les poursuites de son frère, la reine de Navarre entre en Auvergne, gagne la Limagne, *passe à Pertus* (20 octobre 1586) *où le seigneur de Châteauneuf, Jacques de Scorailles-Claviers, devait venir l'attendre et se réfugie dans le château d'Ybois.* Le capitaine de la place est alors le sire de la Jonchière. Canillac, gouverneur d'Usson pour le roi, fait investir le fort. D'après le *divorce satyrique*, elle y est surprise avec *son amant Aubiac, et conduite prisonnière à Usson.*

Le Chauffour et Orbeil possèdent une riche flore fossile dans les couches à *cérites* et à *lymnées* du terrain tertiaire.

Au Chauffour, nous abandonnons la route pour descendre à Brenat dont la commune compte environ 620 habitants. Brenat (Brennacus, X^e si.) dépendait d'Usson et faisait partie de la Comté d'Auvergne. En 1789, il appartenait au duc de Bouillon. Le curé était à la nomination du prieuré de Sauxillanges.

L'église du XIIIe siècle (A. Mallay) est à une seule nef avec piliers carrés engagés et arcs doubleaux en ogive. Le chœur est décoré de nervures à trois tores supportées

par des chapiteaux à crochet avec des têtes de femmes pour supports. On remarque une stalle du XVIIᵉ siècle, un très joli bénitier pédiculé en marbre blanc, un tableau sculpté et peint représentant un épisode de la cène et une belle estampe coloriée de saint Louis. L'édifice semble avoir été fortifié, car l'on observe aux angles sud-ouest et nord-ouest les débris de deux tourelles en encorbellement.
— Il y a dans la commune le château de Trédieu (Treigneux) qui était un petit fief, et celui de Durette, dont la justice ressortait de Clermont (Chabrol).

Si nous traversons une grande plaine connue sous le nom significatif de *Chády* et où la charrue amène fréquemment au jour des débris de maçonnerie et des fragments de poterie, nous montons à Flat, commune d'environ 480 habitants.

Villa de Haiaco ou *Flaiaco* (Xᵉ si.), Flat possédait un château dont il reste des vestiges de l'enceinte et deux tours dont l'une a été transformée en boulangerie. La cure et le prieuré étaient à la nomination de l'abbé de Manglieu. Chapelle du vieux manoir, la jolie petite église paroissiale date du XIVᵉ siècle. D'élégants piliers octogones d'une grande légèreté séparent les trois nefs. Le chœur est carré; des sculptures ornent les clefs de voûte.

Au-dessus de Flat, sur une esplanade élevée, on remarque les ruines pittoresques du château de la *Suchère (Souchière)* avec les débris croulants de cinq tours; il reste encore un tronçon du donjon circulaire.

Construit vers 1637 ce château considérable était encore intact en 1829; mais il fut alors démoli en moins de cinq années.

Dans l'armorial de G. Revel (1450), il est question

Flat en 1887

d'un Bertrand de la Souchère. Le fief passe successivement dans les familles d'Auteyrac, de Beaune, de Beauverger de Montgon, de Montmorin. Le marquis de Thann, protestant, fut atteint par la révocation de l'édit de Nantes. Le château passe en dernier à le Normand de Flageac, receveur d'Auvergne.

Nous descendons de la Suchère en passant par les Moinets et Maupas pour arriver à Aulhat (Oillat), commune d'environ 380 habitants.

Il y avait à Aulhat un prieuré qui était, ainsi que la cure, à la nomination de l'abbé d'Yssoire. Sa petite église est de la transition avec une nef étroite, deux transepts et deux chapelles à la suite. Le chœur est à pans coupés avec colonnettes engagées dans les angles. L'ancienne grille des fonts baptismaux est très jolie.

A l'époque des guerres de religion et de la ligue, dans le but de s'opposer aux entreprises des gens d'Yssoire, le comte de Montmorin-Saint-Herem prend Aulhat pour quartier général (1562) et y réunit 600 hommes de pied et 100 cavaliers. Le commandement de cette troupe fut donné au grand prieur d'Auvergne, Jean Moltier de Hautefeuille (de la maison de Lastic), second fils du seigneur de Pontgibaud.

Après avoir appartenu à la famille du nom, puis à celle de Fontanet, la terre d'Aulhat entre dans la maison de Besse en 1618. Cette dernière y commença sous le règne de Louis XV une magnifique construction qui ne fut jamais terminée et qui a été morcelée depuis : divisée entre plusieurs propriétaires, la belle salle de réception et de gala sert de grange aujourd'hui.

Avec *Trégnieux* et *Peuchaud*, Aulhat composait autrefois la paroisse de Saint-Privat dont l'église, entièrement

La Suchère (Aulhat) en 1887

détruite se trouvait sur la rive gauche de l'Ailloux : l'emplacement de l'édifice est à peine reconnaissable.

En remontant le cours de la rivière, nous apercevons devant nous, sur une lande un peu triste, le vieux castel de Péchaux (Peuchaud) qui s'appelait autrefois Puychalin : il y eût une maison de ce nom. — Le mot *chal, chalin*, dérive du celtique *caill* qui est synonyme de sylva.

Péchaux est une construction féodale assez bien conservée d'un aspect sombre et caractéristique. Il a la forme d'un vaste rectangle avec cour intérieure et flanqué de tours aux quatre angles.

Aubert de Puychalin reçut de Jean de la Tour la justice du lieu avec Saint-Privat et Treigneux (Tridieu). En 1631, la terre appartient à Gilbert de Beaufort-Montboissier, baron d'Auterive. Elle passe ensuite dans la maison de Montagut de Beaune, puis dans celle de Montagnac (1786). La famille de Lastic possède aujourd'hui le château et ses dépendances.

Après avoir traversé l'Ailloux, nous continuons notre route. Laissant Javode à gauche, nous passons entre Montbenoît et le Seix pour gagner Sauxillanges. — Le mot *saulcy* vient de salix, saule, qui dérive, dit-on, du sanscrit *sâla*, arbre des eaux.

La commune de Sauxillanges compte environ 1950 habitants ; elle est chef-lieu de canton. Elle est arrosée par l'Eaumère qui porte en amont le nom de *Liastro*.

Vers l'an de grâce 912, Guillaume-le-Pieux, comte d'Auvergne, y fonde un monastère qui eût d'abord le titre d'abbaye, et ensuite celui de prieuré. La fondation est confirmée en 928 ou 929 par Acfred II qui stipule qu'il y aura 12 religieux. D'après Mabillon, l'église fut sacrée le 3 décembre 1095 par le pape Urbain II qui

PEUCHAUD EN 1887

venait de présider le concile de Clermont où fut prêchée la première croisade. Agrégé à l'abbaye de Cluny, il était un des quatre principaux prieurés conventuels de cet ordre. Le prieur était seigneur de Sauxillanges, de Saint-Quentin, de *Glise-neuve*, etc, ainsi que de la petite ville de *Charniac* et du lieu de *Giniac* fondés en même temps. La cure était un des quinze archiprêtrés du diocèse de Clermont-Ferrand.

Le cartulaire de Sauxillanges (du Xe à la fin du XIIe siècle) indique l'existence d'une sorte de collège. D'après Doniol, Pierre-le-Vénérable pourrait avoir été un des pensionnaires de l'école.

Fortifiée au XVIe siècle, la cité se trouve au nombre des six qui furent agrégées aux treize anciennes bonnes villes de la basse Auvergne.

En 1592, le marquis d'Allègre, gouverneur d'Yssoire pour le roi, cherche à s'emparer de Sauxillanges et à gagner pour cela le lieutenant Florac; mais ce dernier avise le capitaine Croïsse qui tient la ville pour la Ligue. Prévenu, le marquis de Canillac s'embusque dans un bois, aux abords du pays, avec les capitaines Chateauneuf et Montferrand. D'Allègre, qui arrive sans défiance, est lui-même surpris, perd quatre-vingts hommes tués et se sauve à toute bride dans le fortin de Vinzelles.

Fondé vers 1690 par Charles Andraud et son épouse, Marie-Suzanne de Varenne, l'hôpital fut reconnu par lettres patentes de 1629.

Dans les parages que nous venons de visiter, nous avons recueilli vingt-trois haches néolithiques qui proviennent des lieux ci-après : les Escures, los clos de Raby, Girard, Chardy (Flat) ; les Echarpis, la Redonde, Genilier,

Tredieu (Brenat) ; la Tronchère, la Suchère, Péchaud (Aulhat); Lacot, Champ-de-Mouche (Sauxillanges).

Chapitre IX.

Coup d'œil sur les environs de Sauxillanges. — Usson et la reine Marguerite de Valois. — Le cours inférieur de l'Eaumère : Saint-Remy-de-chargnat ; Varennes et le temple de Bassa-gallia ; Parentignat.

n vif intérêt nous pousserait à explorer à fond les environs de Sauxillanges ; mais cela nous entraînerait trop loin : un seul mot au courant de la plume.

A Saint-Quentin, petite commune d'environ 400 habitants, on voit l'ancien château. Son église est une vieille chapelle qui dépendait du prieuré de Sauxillanges.

Des souvenirs personnels nous invitent à aller à Sugères, dont l'église possède une belle cuve baptismale et deux croix processionnelles des XVIᵉ et XVIIᵉ siècles. Formée d'un grand nombre d'écarts, cette importante commune compte plus de 1360 habitants.

Eglise-neuve-des-Liards a son église entièrement construite en granite. L'édifice est roman. Demi-circulaire à l'intérieur, l'abside est à pans coupés au dehors avec colonnettes sur les angles. Le chœur et le transept supportent un très joli clocher du XVe siècle qui s'élance hardiment avec sa flèche à une hauteur de 20 mètres. Le prieuré relevait de Sauxillanges. Il y eût une colonie romaine et l'on trouve par là des objets antiques. La population de la commune s'élève à plus de 520 habitants.

Chaméane (environ 500 âmes) possédait un castel dont les fossés sont conservés. L'église dépendait du monastère de Sauxillanges, et la cure était à la nomination de la Chaise-Dieu.

La commune de Saint-Etienne-sur-Usson compte près de 1100 habitants. Le vieux bourg est à Genestine au sud-est du puy basaltique de la Garde qui s'élève à 830 mètres d'altitude. Il en est question dans le cartulaire de Sauxillanges (Xe siècle). Le mot la *Garde* dérive de *Garda* ou *Warda* tudesque *warta*, lequel indique un lieu fortifié, une tour d'observation. Au pied du pic, en compagnie de notre ami Augier fabricant de chaux à Orsonnette, nous avons trouvé de magnifiques cristaux de quartz-améthyste. On rencontre aussi par là quelques nodules de phosphate de chaux. En passant, nous serrons la main de nos amis M. Chassaing, maire et architecte, et M. l'abbé Montéléon qui vient de restaurer son église.

A Chabanolles, Chabreyras, Berme-bas, nous avons recueilli sept haches en fibrolite et éclogite. Nous en devons plusieurs à l'obligeance de M. Magnols, instituteur.

Au Xe siècle, Saint-Jean-en-Val s'appelait *Mermech*. Sa population dépasse 610 habitants. Remaniée au XIVe siècle, sa petite église romane possède un tableau et deux chandeliers d'une certaine valeur, ainsi que deux antiques bassins d'offrandes.

Devant nous voici le célèbre et grand puy d'Usson qui

se détache sur le ciel dans un superbe isolement et dont le piton se dresse à 630 mètres d'altitude.

Pour y grimper, nous passons à Boisrigaud, castel qui fût bâti vers la fin du XVe siècle par Rigaud d'Aurelles.

Nous arrivons au sommet du puy sur lequel on jouit d'une vue splendide. Nous sommes au centre d'une vaste ellipse de montagnes, au-dessus d'un ravissant bassin de verdure qu'arrose l'Allier aux gracieux méandres. Là-bas, c'est Yssoire, la vieille cité arverne avec sa superbe église romane; tout autour, un cortège de larges plateaux et les sombres silhouettes de ruines féodales accroupies sur la cîme des pics : Nonette, Montcelet, Vaudable, Ybois, Buron.

Husson, Uxom, Usson signifie la demeure de Hugues ; il est appelé dans les anciens titres *Uteo, Ucio, Uceo*. Sa position admirable, sa forme régulière, son élévation relative avaient dû, dès la plus haute antiquité, le désigner aux habitants de l'Arvernie comme l'emplacement d'un autel de la religion primitive et d'un durum celtique.

D'après Fauchet, il y aurait eu un temple dédié à Vasso-Galate. Ce temple aurait été détruit vers le milieu du IIIe siècle par Crosc, roi des allemands. Le texte de Grégoire de Tours qui sert de base à cette opinion ne semble pas pouvoir s'appliquer bien rigoureusement à Usson. Cependant l'historien de la fin du VIe siècle désigne Usson sous le nom de *castrum Utiense* et Frédégaire sous celui de *Uxodunum* (VIIe siècle). — Castrum Utiense aurait été pris en 532 par le roi d'Ostrasie, Thierry, qui envahit l'Auvergne pour la mettre a feu et à sang et la couvrir de ruines fumantes.

Au Xe siècle, Usson est un *burg* de quatre maisons, qui dépend de la Comté de Brioude avec le titre de viguerie, pour devenir prévôté au XIIIe siècle : cette prévôté, après la mort de Jean duc de Berry, fut réunie à celle de Nonette,

Les comtes d'Auvergne y construisent une forteresse plus importante, signalée dans un acte de 1104. Après avoir dépouillé son neveu parti en croisade et pour se faire pardonner son usurpation, Guillaume-le-Vieux donne ce château *par dévotion* au pape Alexandre III et le reprend en fief (1165). Afin de se ménager le Saint-Siège dans sa querelle avec l'évêque de Clermont, Guy II confirme plus tard cette donation (1198).

En 1632, Armand VI, vicomte de Polignac, enlève le château dont la garde est confiée à Arnaud de la Roue ; mais il se décide à le restituer sur l'injonction de Jean duc de Berry et d'Auvergne. Quelque temps après, les anglais s'en emparent à leur tour par surprise, et le connétable Duguesclin ne réussit à reprendre la place que par composition (Froissard).

Le 13 octobre 1637, Jean II *le mauvais mesnagier* cède la seigneurie au duc de Berry moyennant un prix qui semble exhorbitant et donne la plus haute idée de l'importance capitale d'Usson. Le duc alloue en échange la ville de Lunel ayant titre de baronnie, le château de Gaillardon dans la sénéchaussée de Beaucaire et cinquante mille francs en argent.

Maître d'Usson, le duc Jean y construit une nouvelle forteresse rangée parmi les plus célèbres et les plus redoutables de la France féodale. Scaliger, chroniqueur du XVIe siècle, écrit en parlant d'elle : « *C'est un roc autour duquel sont trois villes l'une sur l'autre en forme de bonnet de pape, et au haut il y a le château et une petite villette alentour* ». Il y avait en effet trois enceintes fortifiées de tours et d'ouvrages avec cinq portes sur l'une desquelles on pouvait lire : « *Garde le traître et la dent !* »

Dressant dans les airs sa masse énorme, monstre de pierre hérissé de constructions sinistres, tel que l'ont reproduit les gravures du temps (G. Revel 1450), Usson présentait un aspect formidable. C'est lui le symbole visible de la féodalité fait roc. C'est bien lui avec ses barbacanes avancées, ses vingt tours crénelées, ses ouvertures en trèfle, ses portes en ogive resserrées entre des bastions, ses échauguettes, ses meurtrières allongées comme des serpents, son encorbellement de moucharabys, ses parapets assis sur des corbeaux, sa ceinture de machicoulis. Les geôles sont installées au bas des glacis, et des passages souterrains mettent en communication les diverses enceintes. Les plate-formes projettent leurs gargouilles menaçantes. Les toits aigus comme des lames de cimeterre laissent grincer leurs girouettes, tandis que les bannières armoiriées flottent au gré des vents.

Le beffroi domine ici, et la grosse cloche, *ban cloque*, attend le moment de sonner l'alarme. Par dessus tout cela, le gros donjon porte vers le ciel son front majestueux, et, sur sa terrasse vertigineuse, abritée dans la guette, la sentinelle est là qui surveille au loin la campagne et promène son regard rêveur sur un ensemble de fortifications et de fantaisies architecturales d'une complication fantastique.

Après la mort sans enfant du duc de Berry, Usson fait retour au roi Charles VI.

Louis XI restaure la forteresse dans le but d'en faire une prison d'Etat que Brantôme estime plus sure *cent fois* que celles de Loches, Vincennes, Lusignan. Brantôme la déclare d'ailleurs imprenable, si bien que le *bon et fin renard* avait balancé d'en faire son royal repaire. Le chroniqueur de Louis XI, Jehan de Troyes, nous apprend que ce prince en fait don (1466) au bâtard de Bourbon, Louis, comte de Roussillon, amiral de France, par contrat de mariage avec sa fille naturelle Jeanne : Jacques de Quincampoix, seigneur de Saint-Amand est nommé châtelain. La mort de Charles, fils de l'ancien amiral, fait de nouveau rentrer (1527) dans le domaine royal une place mise au nombre des plus fortes du royaume.

Pour compléter les 75,500 écus de rente du douaire de sa sœur, Charles IX donne à Marguerite de Valois (1572) en la mariant avec Henri de Navarre, plus tard Henri IV, une forteresse qui doit une partie de sa célébrité au long séjour de cette princesse dans ses murs.

Fille, épouse et sœur de rois, repoussée de la cour, séparée de son mari, détestée de son frère Henri III qui avait toutefois confirmé la donation d'Usson en 1582, Marguerite s'est réfugiée à Agen (1585). Sa légèreté et les extorsions de madame de Duras l'en font bannir. Elle se retire alors au château de Carlat qu'elle est bientôt forcée de quitter.

Partie de Carlat le 14 octobre 1586, Marguerite de Valois s'arrête à Murat, passe à Allanche, dîne au Luguet, se dirige sur Besse, arrive aux portes d'Yssoire sans y rentrer, s'égare dans les faubourgs de la ville et prend un guide pour la conduire au bac de Perthus où le sire de Châteauneuf doit l'attendre. Ce seigneur n'est pas au rendez-vous. Marguerite passe la rivière à gué sous Orbeil et grimpe à Ybois où le capitaine du lieu lève la herse pour l'introduire. Il n'y a ni vivres ni munitions dans le fort que le marquis de Canillac vient investir par mission spéciale du roi. Marguerite est obligée de se rendre

(21 octobre 1586). Le marquis l'enferme d'abord à Saint-Amand-Tallende, puis à Saint-Saturnin, chef de la baronnerie de la Cheyre ; sur l'ordre d'Henri III, il conduit (13 novembre) sa prisonnière à Usson où Marguerite va rester près de 19 ans.

Nous avons résumé cette rapide odyssée, en puisant surtout dans l'*Histoire de Marguerite de Valois* que M. le comte Léo de Saint-Poncy vient de publier (1887) et à laquelle nous devons des détails d'un vif intérêt. M. de Saint-Poncy doit être mis au nombre des panégyristes de la reine dont il s'est fait l'historien.

Le premier soin de Marguerite fut de rendre le séjour de sa prison aussi agréable que possible, puis elle songe bientôt à recouvrer son entière liberté. Habile et séduisante, elle circonvient la dame de son geôlier et tourne la tête de l'inflammable seigneur, féru d'amour pour de si doux yeux et subjugué à la seule vue de *l'ivoire d'un bras*. . . . « *Le marquis de Canillac*, dit d'Aubigné, *préférant à la foy qu'il devait à son maître un chétif plaisir, se laissa piper aux artifices de sa prisonnière, oubliant son devoir et quittant tout ce qu'il pouvait prétendre pour se rendre amoureux de cette amoureuse* ». A force de promesses illusoires, la reine éloigne Canillac, congédie ensuite la naïve marquise et se rend maîtresse de la place. Les deux mystifiés, couverts de ridicule, devinrent un objet de risée : Henri IV et toute la cour se firent des gorges chaudes d'une aussi plaisante aventure.

Avec Marguerite de Valois, Usson devint le centre d'une petite cour féodale, galante et lettrée. On y distingue François Maynard d'Aurillac, Jean Baudoin du Velay, Dupleix de Condom, un des secrétaires de la reine Vital Duvernin de Vic-le-Comte. La musique y est surtout cul-

tivée avec ferveur, et la chapelle l'objet de soins délicats.
— D'après le compte de 1586, les gages du personnel de la reine s'élèvent à 72,296 livres tournois 10 sols, chiffre énorme pour l'époque.

Les chroniqueurs et écrivains du temps ont commenté à l'envi les faits et gestes de Marguerite de Valois à Usson tous, sauf peut-être Mézeray et de Péréfix, dans des sens opposés et par trop exagérés. Les uns sont des panégyristes enthousiastes, tels que le P. minime Hilarion de Costes, Jean Darnalt, procureur du roi au présidial d'Agen, Scaliger, Brantôme, Pasquier Anne d'Urfé. Les autres, comme Bassompierre, Agrippa d'Aubigné dans le *divorce satyrique* dû peut-être à Palma-Cayet, Bayle, Davila, Busbec, l'Estoile se montrent des détracteurs à outrance, si bien que certains historiens modernes ont cru devoir prendre la défense de Marguerite et plaider sa cause devant l'histoire. Cette princesse n'a pas besoin de réhabilitation ; il suffit de se tenir également en garde contre les amis maladroits et contre des adversaires ridicules ou passionnés. Les seconds ont voulu la faire passer pour une ribaude ; cela dégoûte, et l'on serait parfois tenté d'y reconnaître le grossier dépit de quelque amoureux évincé : Marguerite avait bien trop d'esprit et le sang des Médicis en faisait une raffinée, mais non...... Les premiers la présentent comme une sainte : la flatterie est mesquine. Cette princesse, remarquable à plus d'un titre, a été une vraie femme. De la femme (Eva), elle eût les qualités délicates et le charme exquis ; elle en eût aussi les faiblesses adorables, mais cela ne saurait nous déplaire.

Malgré un revenu considérable de cent mille écus par an, Marguerite, par sa générosité royale souvent inconsidérée, se trouva parfois dans une gêne voisine de la détresse. Dès le 27 décembre 1590, elle avait consenti, moyennant la somme de 1,800 livres, une vente des terres de Buscéol et de Crains.

Une fois maîtresse à Usson, elle avait favorisé de tout son pouvoir le parti de la ligue en Auvergne. « Mais, dit le P. Hilarion de Costes, du haut de ce château-là, elle vit ses amis taillés en pièces, et le comte de *Randan*, leur chef, seigneur de la maison de la *Rochefaucault*, tué au mesme jour que le roi son mari triompha de ses ennemis à Ivry ; et bien que cette place ne craigne que le ciel, que rien que le soleil n'y puisse entrer par force et que sa triple enceinte méprise les efforts des assaillants comme un roc élevé les flots et les vagues, la nécessité toutefois y entra, et l'obligea, pour en éviter les outrages, d'engager ses pierreries à Venise, fondre sa vaissselle d'argent, et n'avoir rien de libre que l'air, espérant peu, craignant tout ; car tout était en désordre autour d'elle. »

Quand Henri IV fut affermi sur le trône, Marguerite songea à rentrer en grâce. Elle refusa néanmoins (1598) de consentir à la dissolution de son mariage, tant que vécut Gabrielle d'Estrées : elle redoutait de voir cette maîtresse royale prendre sa place sur le trône de France. La favorite une fois morte, elle fut la première à demander au pape la rupture de son mariage qui fut déclaré nul en décembre 1599. Henri IV lui sut gré de cette complaisance, paya ses dettes et augmenta ses revenus.

Marguerite forme dès lors le dessein de rentrer en possession effective de la comté. Elle déteste le bâtard de Valois, qualifié de comte d'Auvergne et de Grand Prieur de France, et en faveur duquel Catherine de Medicis a disposé de la comté par testament. Ce prince s'est déjà fortement compromis dans l'intrigue du Cabin, dont le but était de forcer le roi à renvoyer Marie de Médicis pour épouser une nouvelle favorite, la marquise de Verneuil. Le complot découvert avait conduit le duc de Biron sur l'échafaud. Le comte d'Auvergne n'avait été pardonné que par l'aveu qu'il en fit au roi. Le bâtard reprend néanmoins ses trames en 1604; mais Marguerite le surveille.

La marquise de Verneuil, sœur utérine du bâtard, a été obligée de s'éloigner de la cour. Elle s'est retirée en Espagne. Charles de Valois profite du séjour de sa sœur chez cette puissance ennemie et forme une conspiration contre Henri IV. Marguerite avertit le roi à qui ces nouvelles intrigues causent beaucoup d'inquétude.

En reconnaissance des services de Marguerite de Valois, Henri IV lui permet de revenir à Paris. Cette princesse s'y rend vers la fin du mois d'août 1605 et vient loger à l'hôtel de l'archevêque de Sens. Elle intente alors au bâtard de Valois un procès en restitution de la Comté.

Fille et héritière de Catherine de Médicis, Marguerite prétend que sa mère n'a pu disposer de ses biens parce que son contrat de mariage (1533) contient une substitution, même en faveur des filles, au cas d'extinction de la descendance mâle. Le Parlement en juge ainsi sur les conclusions de l'avocat général Servin et rend deux arrêts favorables, les 30 mai et 17 juin 1606. Henri IV confirme cette décision (29 mars 1607), et Marguerite prend possession de la Comté. En reconnaissance, elle les donne au dauphin de France en s'en réservant la jouissance.

Par contrat du 7 mai 1605, Marguerite avait déjà donné à l'aumônerie d'Usson et de Saint-Babel les cens, rentes, dîmes et autres revenus et devoirs seigneuriaux des châtellenies d'Ybois et Saint-Babel. La justice et la seigneurie de ces terres ne furent pas comprises dans cette fondation connue sous le nom de *Donnerie d'Usson*.

Malheureusement pour la ville, les consuls et les administrateurs de l'aumônerie abandonnent plus tard aux Minimes d'Usson, par acte du 27 mai 1663, les cens d'Ybois et de Saint-Babel dûs à la charité inépuisable d'une reine qui avait mérité le surnom de *mère des pauvres* (Pontchartrin).

Par ordonnance de Louis XIII, rendue le 8 novembre 1633, les *quatre clefs de l'Auvergne*,. Usson-le-Fort, Nonette-le-beau, Ybois-le-bien-situé, Vaudable-le-riche, furent démolies en 1634. Bien d'autres forteresses féodales furent comprises dans l'arrêt de condamnation. Chabrol raconte que Richelieu jugea l'opération assez importante pour se transporter en personne à Usson et assista aux premiers travaux de destruction. L'exécution en fut confiée à d'Argenson, intendant d'Auvergne, qui se fit représenter par le sire de Bournazel ; l'entreprise fut adjugée au prix de 27,000 livres à une société ayant à sa tête le commissaire d'artillerie Jacques Giou, aidé des frères Andrieux, bourgeois de Nonette, et d'une équipe de maçons. La besogne fut exécutée en conscience ; il ne resta pas pierre sur pierre de la formidable forteresse.

Sur les cinq portes de ville, celle du nord existe seule. On reconnaît encore l'emplacement des enceintes ; on voit le vieux palais de justice, la prison et les cachots, la place d'armes, une croix de Malte, le couvent des Minimes, le refuge de l'ermite Thelin, les ruines de plusieurs chapelles et édifices. Il faut surtout visiter le très-curieux musée de M. le vicomte Jean de Matharel, musée réuni dans une antique demeure qui a été restaurée selon le goût de l'époque. Tout y rappelle le souvenir de la reine Marguerite dont le ravissant portrait captive et fait rêver..

Usson compte aujourd'hui une population d'environ 550 habitants. Les quartiers ont conservé leurs anciens noms : les principaux sont ceux de *Bourgealat*, de *Chabeneau*, de *Côte-Baral,* de *l'Ermitage*, de la *Fontaine* où il y a la source de la reine, de la *Nugère* avec ses massifs de noyers, de la *Topaine* où est la place publique.

Située sous la butte au nord, l'église est mentionnée avec le prieuré dans une bulle de 988 qui la désigne comme étant à la nomination de l'abbé des Augustins de Saint-Ruf dans le diocèse de Valence. L'édifice actuel est des XIIe, XIVe et XVe siècles. Le plus intéressant morceau d'architecture est la chapelle construite en marbre et dans laquelle Marguerite de Valois assistait aux offices. L'église possède des émaux de la renaissance.

Le savant naturaliste Monnet assure qu'au sud-ouest du puy il existe des carbonates de cuivre (malachite et azurite), dont il aurait fait l'analyse. Nous avons vainement cherché le gisement de ces minerais. Dans le *champ des balles*, on trouve des nodules de pyrite de fer.

Un servant, qui relevait du commandeur de La Tourette de l'ordre de Saint-Jean-de-Jérusalem, résidait à Commandaire. L'Auvergne était une des principales *langues* de la *religion de Malte*. Le gouvernement de son Grand-Prieur embrassait le Velay, le Lyonnais, le Forez, le Bourbonnais, la Marche et autres provinces : il n'y avait que neuf grandes commanderies.

Descendons maintenant à Saint-Remy-de-Chargnat, importante commune d'environ 700 habitants.

L'ancienne paroisse était à Saint-Remy où est situé le

cimetière et dont la chapelle tombe en ruines. Chargnat est compris dans la fondation du prieuré de Sauxillanges en 928. On y a trouvé un tiers de sol d'or de l'époque mérovingienne : le champ de la pièce porte *AR* avec la légende *caranciaco* en exergue, sur le revers on lit *Lopus monetarius*.

Qualifiée ville en 1510 par le rédacteur de *La Coutume d'Auvergne*, cette localité (Charnhac) faisait partie de la seigneurie domaniale d'Usson. Alain de Termes, garde du sceau royal, y résidait en 1518, et, en 1560, Gilbert de Pons, seigneur de la Grange (Pradeaux), commandait le fort dont il reste des vestiges. Engagé à d'Ouradour d'Authezat, le fief passe au marquis de Pons. On assure que le bourg primitif etait situé de l'autre côté de la route départementale n° 3, au milieu de la Plaine. Les anciens se rappellent avoir vu une tour décrépite qui s'élevait, il y a une soixantaine d'années, sur l'emplacement désigné.

La nef de l'église de Chargnat a conservé au centre quatre piliers romans qui supportaient le vieux clocher. Le chœur et les deux transepts sont du XIVe siècle. La grande porte ouest présente six colonnes avec peintures de l'époque.

Nous quittons Chargnat pour suivre un petit sentier qui longe l'Eaumère. Jusqu'à son embouchure dans l'Allier, ce cours d'eau serpente doucement sous le couvert mystérieux et frais des grands arbres qui ombragent ses rives et forment une promenade délicieuse.

Nous passons à la Vernède, propriété qui appartient à M. de Mandet, avocat. Le mot vernède dérive de l'armoricain *Gwernek* qui signifie lieu planté d'aunes, M. de Mandet nous a donné un outil en dolérite (roche volcanique) trouvé sur la rive droite de l'Eaumère sous une couche d'alluvions de plus d'un mètre d'épaisseur. C'est un marteau percé d'un trou au centre avec la forme et les dimensions d'une masse de cantonnier.

Nous arrivons à Varennes, petite commune d'entour 230 habitants.

Varennes ou Garenne est une expression celtique. Les termes *waran* en germanique et *gwara* en kymrique veulent dire prendre garde, empêcher l'accès des palissades et eurent à l'origine la signification de défense.

Varennes doit remonter à la plus haute antiquité ; on serait en disposition de croire qu'il y eût même une grande cité lacustre. Des fouilles sérieuses exécutées dans ces parages conduiraient sans doute aux plus intéressantes découvertes. L'annaliste d'Yssoire rapporte que deux puissants rois arvernes bâtirent, aux frais de toutes les Gaules, un temple dédié à Mercure dans un lieu nommé Varennes, situé entre la roche d'Usson et la rivière d'Allier. C'était un monument splendide, construit en pierres de taille artistement ouvragées, avec d'immenses arceaux et une riche couverture. Formé de mosaïques, en granit, marbre, corail, le pavé figurait des animaux sympoliques. Ce temple, nommé Bassa-Gallia, aurait été détruit par les Goths ou mieux par les chrétiens.

Et tout semble confirmer cette page d'histoire.

D'après l'annaliste d'Yssoire, le lieutenant Vernet raconte qu'un cultivateur y aurait déterré une belle statuette en bronze représentant Mercure. D'autre part, la vaste plaine qui s'étend entre Varennes et le pied de la butte d'Usson (le Mazel, Côte-Rouge, les Granges, Saint-Germain-le-Petit), cette plaine est littéralement couverte de ruines et de débris que la charrue seule suffit à ramener à la lumière. La couche de terre qui les recouvre est parfois si mince que certains héritages en sont stérilisés et que l'herbe s'y dessèche par places. On y rencontre chaque jour des pans de mur, des voûtes, des pierres de taille.

Au Bouis, chez M. Ch. Allezard, ancien magistrat ; à Varennes, chez M. Sabatier, maire, on voit des colonnes d'arkose qui en ont été retirées. Leurs vieilles sculptures fort curieuses représentent des casques et des armes, des feuillages fantastiques d'acanthe, de lotus et autres avec des génies ailés, nus, armés d'une sorte d'arc ou de thyrse brisé, et paraissant se livrer à la chasse de lièvres en train de brouter. De notre côté, nous avons recueilli de nombreux fragments de beaux marbres blancs, gris-bleus, rosés, bien veinés, quelques-uns avec des moulures semblables à celles que l'on emploie pour les chambranles. Nous nous sommes aussi procuré une tête de louve caractéristique et pleine d'expression. Les yeux flamboyants, les oreilles droites mais renversées, le monstre en fureur ouvre une gueule effroyable armée de grosses dents que les lèvres contractées par un rictus hideux laissent à découvert. M. Boyer Paul du Mazel nous a d'ailleurs donné une belle hache en fibrolite trouvée par lui dans les démolitions d'un mur, et M. Sabatier une hache en éclogite

Varennes possède son cimetière et une chapelle mortuaire. La paroisse était autrefois à Saint-Germain-le-petit, aliàs sous-Usson, dont l'église a disparu : le prieuré de Sauxillanges nommait à la cure.

Notre promenade sur les bords fleuris de l'Eaumère nous conduit à Parentignat (460 habitants) en face d'une vaste construction du XVIIIᵉ siècle. La façade orientale de ce château, résidence de la vieille famille de Lastic, noblesse de chevalerie, cette façade ouvre sur une terrasse qui domine une agréable pelouse ornée de deux bassins et des prairies à perte de vue avec massifs d'arbres et grandes lignes de peupliers : la superbe perspective d'Usson termine le tableau. Les armes de la maison de Lastic sont de gueules, à la fasce d'argent.

Parentignat (Pornantiniacus) est non moins ancien que Varennes auquel il servait sans doute de débouché. Son nom doit lui venir de *port*, c. a. d. le point où une voie antique débouchait sur un *nant* ou grand courant d'eau, les deux mots accouplés et terminés par un suffixe ethnique du VIᵉ siècle. Chez les Celtes, l'expression *nant* est synonime de *vallis*, lieu où coule une rivière.

A. Tardieu prétend que le roi Lothaire aurait accordé un diplôme à Parentignat, lorsqu'il vint visiter l'Auvergne en compagnie de la reine Emma.

Le justice de l'endroit dépendait d'Usson. La cure et le prieuré étaient à la nomination de l'abbé d'Yssoire.

Propriété de la famille de Chamy, le fief appartient dès 1666 à la maison de Sommièvre. C'est à cette dernière que le comte de Lastic, lieutenant général des armées du roi, achète la terre vers le milieu du XVIIIᵉ siècle.

Quelque temps après l'assassinat d'Henri IV, vers 1621, les réformés d'Yssoire, n'ayant pu obtenir l'installation d'un ministre dans cette ville, furent déclarés libres d'exercer leur culte à Parentignat, terre du roi. Un prêche s'y établit aussitôt et subsista jusqu'à la révocation de l'édit de Nantes (1681). Le nom de temple est resté au local dans lequel se rassemblaient les religionnaires.

Construction romane du XIIᵉ siècle, l'ancienne chapelle

du château sert d'église paroissiale ; plusieurs petites chapelles lui ont été ajoutées au XIXe siècle. Dans celle du fond, au nord-est, on remarque un retable en bois historié et quatre colonnes composites : il y a une peinture à l'huile avec panneaux sculptés et armoiriés.

Situé un peu au-dessus du confluent de l'Allier et de l'Eaumère, entouré de prairies et de *mayères*, à cheval sur la route départementale numéro 3, Parentignat se trouve dans un site des plus agréables. Voici l'étape du touriste.

Nous faisons halte d'autant plus volontiers que nous venons frapper à la porte d'une maison hospitalière où nous sommes certains de recevoir l'accueil le plus gracieux. C'est la maison du propriétaire de la *Grande distillerie Arvernoise,* de notre contemporain, camarade de classe et vieil ami H. Boyer-Terrisse, aussi bon que vif et remuant. On dirait qu'il va tout avaler, et c'est pour cela qu'il trouve qu'on ne vient jamais assez souvent lui demander à dîner. Salut, mon vieil ami ! Nous causerons à table des bons jours d'autrefois, satisfaction suprême des voyageurs dont les cheveux blanchissent..... Eh ! c'est la vie ! les uns viennent ; les autres s'en vont. Vogue la galère !......

ÉGLISE DE MAILHAT (LAMONTGIE)

Portail de l'église de Mailhat (Lamontgie)

Chapitre X.

La vallée de Parcelle : le chateau de Lagrange-Fort ; St-Martin-des-Plains ; Bansat et sa croix processionnelle — Lamontgie : l'église de Mailhat — Nonette et Orsonnette — Le Breuil. — La rive gauche du cours inférieur de l'Allagnon ; Moriat, Charbonnier, Beaulieu.

ntre Parentignat et le petit écart de *Geviliac*, vieux *burg* accroché au-dessus d'une profonde ravine, les bords de l'Eaumère jusqu'au confluent de l'Allier sont délicieusement ombragés ; c'est un bocage ravissant que domine la tour de Boulade à moitié écroulée et fendue dans sa hauteur. Cette tour, qui a dû servir de moulin à vent, est assise sur un cône de basalte ancien dans lequel on trouve des cristaux de zéolithes, notamment de la scolésite en masses aciculaires ou capillaires, radiées et nacrées.

Par là, tout est frais et charmant. La route elle-même s'abrite gentiment sous le couvert de longues lignes de peupliers élancés qui la bordent. Entre elle et la rive droite de l'Allier s'étendent de vastes saulées et de verts pacages. Ah, comme il fait bon voguer ici, muser à l'aise, laisser son esprit voltiger sur les ailes du caprice et de la fantaisie. C'est bien pour lui, pour le flâneur qu'Ed. Schuré a traduit ce couplet populaire du Rhin.

> « *Libres sont les pensées,*
> « *Nul ne peut les saisir,*
> « *Quand par folles volées*
> « *Sous le vent du désir,*
> « *Dans notre âmes pressées,*
> « *Elles chantent en chœur.*
> « *Oh ! rêver, quel bonheur !*
> « *Libres sont les pensées.*

Et nous arrivons aux Pradeaux dont le nom dérive de pratum, pré. C'est une riche commune d'environ 600 âmes que baigne le ru de *Parcelle*. Avec sa petite chapelle du XIVe siècle, agrandie par de modernes réparations, cette localité n'offre en elle-même rien d'intéressant. Mais en face d'elle et à proximité, sur une éminence qui domine le cours de la rivière et forme un magnifique belvédère, on admire le superbe château de Lagrange-Fort, le plus beau et l'un des mieux situés de tous ceux que nous avons vus.

La Grange d'Ambillon (XVe si.) était destinée à recevoir les dîmes de Nonette. Gilbert de Pons en était seigneur au XVIe siècle: l'un de ses derniers descendants est mort évêque de Moulins en 1848. C'est à cette époque que M. de Matharel, Trésorier général du Puy-de-Dôme, achète la propriété, l'agrandit, la transforme et construit le château actuel qui a été commencé en 1856.

Avec ses bastions à meurtrières, ses fossés pleins d'eau, sa belle cour intérieure dans laquelle on pénètre en passant sur un pont-levis; avec ses tours, ses échauguettes, son fier donjon carré au-dessus duquel flotte le pennon de présence, le château de Lagrange-Fort présente un ensemble des plus pittoresque. Le site est d'ailleurs admirable. Du haut du belvédère, l'œil contemple le panorama du radieux et splendide bassin d'Yssoire avec sa ceinture de plateaux que l'Allier coupe comme une gracieuse écharpe d'argent bordée de vert.

Décoré par Anatole Dauvergne, l'intérieur du château renferme un vrai musée que le vicomte Jean de Matharel de Montgolfier laisse visiter avec une courtoisie parfaite. Armures de chevalier de pied en cap, bannières, panoplies, trophées, étendards, tableaux, meubles en vieux chêne sculpté dans le nombre desquels se trouve, orné de leurs armes, le siège d'honneur des Dauphins d'Auvergne, tapisseries de haute lice représentant des scènes relatives aux croisades, rien n'y manque. L'attention se fixe en particulier sur le lit à baldaquin dans lequel coucha François Ier, 16 juillet 1533, lors de son passage à Villeneuve-Lembron où le roi fut reçu par Rigaud d'Aureilles.

L'escalier d'honneur est réellement magistral. Une large frise étale les 70 écussons des grands-maîtres de l'ordre de Malte avec leurs noms, depuis celui de l'auvergnat Gérard Tune, fondateur, jusqu'à celui de Ferdinand de Hompesch.

La ferme de Lagrange est non moins remarquable dans son genre que le château. Nous la laissons pour aller à Béthel, ancien fief qui a passé aux maisons d'Ouradour et de Miremont, longer le Colombier et venir à Saint-Martin-des-Plains, petite commune d'environ 300 habitants. Justice démembrée de Nonette en faveur d'une famille du nom, elle avait un château, lourde construction flanquée de quatre tours : une partie des bâtiments *sert de maison d'école et de mairie, l'autre appartient à des particuliers.* Les ligueurs s'en emparèrent en 1590. La terre a appartenu successivement aux familles de Chaslus, de Bouillé, de Salers, de Séverac, puis à celle de Simiane une des premières de Provence. La petite cure, dont la chapelle existe encore, était à la nomination de l'abbaye de Manglieu.

Continuant de remonter le ruisseau, nous laissons à droite le château de la Prias qui appartient à la maison d'Arcy, et, passant à côté du colombier Crespat, nous traversons le hameau de Vinzelles où il y eût autrefois un fortin.

Nous arrivons à Bansat, commune dont la population s'élève à environ 500 âmes. Au Xe siècle, ce lieu portait le nom de *villa Badaone* : il est alors question d'un Hugues de Bansat. Le château avait une certaine importance ; il existe à peu près en son entier. Sa longue façade, coupée en deux par une tourelle en encorbellement, regarde le nord : elle est flanquée de deux grosses tours à meurtrières, et il y en a autres deux.

Par échange du 22 juillet 1661, le fief est détaché d'Usson en faveur d'A. de Ribeyre, seigneur de Fontenille et Opme, qui cède au roi la moitié de deux maisons destinées à la construction du Louvre. Il appartient plus tard à la famille de Cisternes de Vinzelles, puis à celle de Saulnier (1789) dont l'héritage passe aux de Crespat et aux de Bourmont : ces derniers ont tout vendu par parcelles.

L'église romane et fortifiée de Bansat date du XIe siècle. On voit les amorces de deux tourelles d'angle en encorbellement avec corbeaux. Les ouvertures sont conservées, et les moucharabys s'avancent au-dessus de la porte comme pour en défendre l'accès. Renfermés dans l'enceinte du château, dont l'entrée existe encore, l'église et son prieuré relevait de la Chaise-Dieu. Le cimetière actuel et les anciens logis des moines, transformés en caves et greniers, sont au sud de l'édifice.

L'église possède une belle croix gothique processionnelle, en argent ciselé, émaillé et plaqué sur du vieux chêne. Dans le principe elle mesurait 2^m38 : mais elle a été brisée à la naissance du crucifix et le travail de réparation n'a pas été fait dans le même style : elle n'en mérite pas moins de fixer l'attention des connaisseurs. Cette croix dont les bras ont 0^m50, est ornée aux quatre extrémités de médaillons représentant les évangélistes ; un cinquième, au point de croisement, représente le Christ sous la figure d'un agneau.

Dans la commune de Bansat, à Lalle et à Badarel, nous avons recueilli sept haches néolitiques en pyroxène, fibrolite, basalte et jadéite.

Nous traversons maintenant Feroussat pour gagner Lamontgie, importante commune d'environ 1,200 âmes, comprise dans le canton de Jumeaux. Son nom dérive du mot *monge* par lequel on désigne un solitaire, un anachorète. Le prieuré dépendait de l'abbaye de Menat. En 1595, Henri IV autorise les habitants à conserver les fortifications qu'ils avaient élevées pour se garantir contre les entreprises des gens de guerre. Il en reste des vestiges qui disparaissent chaque jour, et, dans le but d'agrandir la place destinée aux foires très importantes de la localité, on a démoli en 1886 une grosse tour qui faisait partie du fort.

L'ancienne paroisse était à Mailhat dont il faut aller visiter la curieuse église, en passant par le Terrail et Circoux.

LA CROIX DE BANSAT

D'après une bulle de 1096, Maxliac, Maislat ou Mailhat se trouve compris dans les dépendances des bénédictins de Sauxillanges auxquels il fut donné par les premiers seigneurs de Bansat.

Paroissiale jusqu'en 1789, l'église est un joli petit édifice roman de la fin du XIIe siècle, dans le style fleuri et classé parmi les monuments historiques. L'abside, à trois pans, est disposée de manière à former à l'intérieur trois absidioles. Un cordon d'archivolte soutenu par des corbeaux historiés règne tout autour. Le portail sud est très bien conservé avec ses pentures de l'époque ; il présente un vif intérêt. Le clocher ne manque pas de caractère. — Les deux vues que nous donnons sont la meilleure description que l'on puisse faire de cette église remarquable.

Poursuivant notre route, nous laissons à droite le château de Beaurecueil et le hameau d'Entraigues pour arriver à Nonette, importante commune d'environ 670 habitants. Le bourg est dominé par une butte, célèbre à plusieurs titres, qui s'élève à 758 mètres d'altitude et sur la cîme de laquelle on trouve les dernières ruines d'une redoutable forteresse féodale. Les eaux de l'Allier baignent la base de la montagne et l'enveloppent en partie, si bien qu'elle forme un véritable promontoire.

De même que le puy de Barneyre, celui de Nonette n'a que les deux étages inférieurs du terrain tertiaire. Le savant géologue Brongniart y découvrit en 1809 le *cerithium Lamarkii*.

La position superbe de Nonette a dû le faire choisir de bonne heure comme emplacement d'une station humaine. Au IXe siècle, il (Noneda, Nonède, la Nonnette) ouvre la nombreuse série des châteaux féodaux. Signalé pour la première fois dans une donation faite (883) à l'église de Brioude par le comte d'Auvergne Guérin, Nonette était alors le siège d'une *viguerie,* sorte de charge administrative et militaire que le roi des Visigoths, Théodoric, avait établie sur les provinces conquises. Les princes carlovingiens conservèrent ces institutions que devaient remplacer plur tard les prévôtés royales.

En 996, le château, qui appartenait à Amblard Comptour d'Apchon, fut confisqué par le roi.

Assiégé et pris en 1169 ou 1171 par Armand, vicomte de Polignac, il fut plus tard (1213) enlevé aux comtes d'Auvergne par Guy de Dampierre qui s'en empare au nom du roi Philippe-Auguste : la forteresse fut détruite.

Vers 1288, Philippe-le-Bel, par lettres patentes datées du Puy, accorde à la ville de Nonette des privilèges et coutumes confirmées ensuite par les ducs de Berry (1365 et 1497). Au mois de juillet 1358, le roi Jean donne Nonette à Thomas de la Marche, chevalier de la maison de Lusignan, en récompense de ses services ; mais il révoque bientôt ce don et Thomas passe aux anglais. En 1386, Jean, duc de Berry et d'Auvergne, fait reconstruire magnifiquement le château, tel que nous le voyons dans un dessin de l'époque.

La prévôté royale de Nonette, une des plus anciennes de la province, existait dès 1319. Le compte de Berthon Sannadre, receveur d'Auvergne en 1401, donne la division du bas pays d'Auvergne en 11 prévôtés et 634 paroisses ou collectes. Ce compte fut établi pour percevoir l'imposition d'un fouage de 16,000 écus octroyé au duc de Berry à raison de 12 écus par feu. Le prévôtage de Nonette embrasse alors 91 paroisses. — Après sa réunion avec celui d'Usson (mars 1781), il comprendra dans son ressort 125 villes, bourgs, seigneuries, territoires. — La recette perçue par Berthon Sannadre donne des détails très curieux et accuse les chiffres suivants pour les paroisses qui nous intéressent. Nous conservons l'orthographe de la pièce reproduite dans le *Spicilegium Brivatense* de M. A. Chassaing.

Saint-Gervazy, pour 2 feux 24 escus;
Nonnete, pout 3 feux, 36 escus;
Orcenède, pour 1 feu, 12 escus;
Malhac, pour 2 feux, 24 escus;
Banssat, pour 2 feux, 24 escus;
Saint-Martin-des-Plains, pour 1 feu et demi 18 escus;
Auzat-sur-Allier, pour 3 feux, 36 escus;
Charbonnier, pour 1 feu, 12 escus;
Brouc et Grezy, pour 5 feux, 60 escus;
Breulh, pour 1 feu, 12 escus;
Bellieu, pour 1 feu, 12 escus;
Vernet, pour 2 feux, 24 escus;
Saint-Estienne, pour demi-feu, 6 escus;
Chargnac *cum* les Pradaux, pour 3 feux, 36 escus;
Moriac près du Charbonnier, pour 1 feu, 12 escus;
Saint-Cirgue-soubz-Moncellez, pour demi-feu, 6 escus;
Periers, pour 2 feux, 24 escus;
Pardines, pour 1 feu, 12 escus;
Auzat, Chasluz et Gignac, pour 2 feux, 24 escus;
Chadaleuf, pour 1 feu 12 escus;
Saint-Yvoni *cum* Salvanhac, pour 3 feux 36 escus;
Sauxillanges, pour 7 feux 4xx4 escus;
Mainglieu, pour 4 feux et demi, 54 escus;
Saint-Herein, pour 3 feux, 36 escus;
Collanges, pour 1 feu et demi, 18 escus;

Bousde, pour 1 feu, 12 escus ;
Chassaignes, pour 2 feux, 24 escus ;
Auzat-sur-Voudable, pour 3 feux, 36 escus ;
Bergonne, pour 1 feu et demi, 18 escus ;
Ardes et Merqueur, pour 4 feux, 48 escus ;
Madriat, pour 1 feu, 12 escus ;
Aunhat, pour 1 feu, 12 escus ;
Leutoing, pour 1 feu 12 escus ;
Sain--Jehan-en-Val, pour demi-feu, 6 escus ;
Apchiat, pour 3 feux et demi 42 escus ;
Rezantières *cum* le Fromental, pour 2 feux, 24 escus ;
Saint-Germain-soubz-Usson, pour 1 feu, 12 escus ;
Usson, pour 4 feux, 48 escus ;
Dreulh *cum* la Roche de Marnhac, pour 3 feux, 36 escus ;
Yronde, pour 2 feux, 24 escus ;
Las, pour 3 feux, 36 escus ;
Saint-Privat, pour demi-feu, 6 escus ;
Chapelle-soubz-Marcousse, pour 1 feu et demi, 18 escus ;
Flayat (Flat), pour 3 feux et demi, 42 escus ;
Aulhat, pour 1 feu, 12 escus ;
Ville de Vic, pour 8 feux, 4xx16 escus ;
Celhedes (Sallèdes), pour 3 feux, 36 escus ;
Saint-Babel, pour 4 feux, 48 escus ;
Saint-Julien-de-Coupel, pour 10 feux, 120 escus ;
Saint-George-oultre-Allier, pour 2 feux, 24 escus ;
Pinolz, pour 1 feu et demi, 18 escus ;
Busséoulz *cum* Saint-André, pour 2 feux, 24 escus ;
Ourbeulh, pour 2 feux et demi, 30 escus ;
Chastelneuf *cum* Chalendrat, pour 3 feux et demi, 42 escus ;
Saint-Morice près de Vic, pour 3 feux, 36 escus ;
Parentinhat, pour demi-feu 6 escus ;

Brenat, pour 1 feu et demi, 18 escus.

Nonette est au nombre des six villes qui furent agrégées aux treize anciennes par arrêt du Conseil de 1588. La forteresse fut rasée par ordre de Richelieu (1634), L'adjudication des travaux fut donnée le 2 novembre 1633 par René le Voyer d'Argenson à Lionnet Meusnier, *maistre-masson*, qui s'engage à exécuter l'ouvrage, dans le délai de huit mois, moyennant la somme de *10,000 livres*.

A l'instigation et aux frais de Cristophe de Guillomanche, seigneur du Boscage, les dames de Fontrevault et de Sainte-Florine fondent (1658) une maison de leur ordre et y ouvrent une école de filles; mais elles se retirent peu après en novembre 1662.

Engagée vers 1725 au maréchal d'Allègre, la terre passe au marquis de Maillebois qui la cède ensuite au marquis de Pons.

Sous Nonette, sur la voie de Brioude et le puy, il y avait une léproserie nommée Saint-Barthélemy-du-Breuil. Elle dépendait du prieuré conventuel des chanoines augustins et de la léproserie de la Bajasse, fondés en 1161 par Odilon de Chambon.

En partie romaine, en partie du XVe siècle, l'église de Nonette était celle d'un prieuré de bénédictins de la Chaise-Dieu. La grande porte romane est fort belle; le porche sud est gothique. La tradition rapporte d'ailleurs que le clocher, qui a été démoli en 1793, était dans le genre de celui de Mailhat.

Les ruines du château des ducs de Berry sont insignifiantes. Le peu qu'il en reste permet toutefois de se rendre compte de la disposition de la forteresse, dont il est possible sur place de reconstituer le plan. Il n'y a pas

Le Saut de Canillac a Nonette

à prendre en considération une fable qui prétend qu'il existait un puits en commnnication avec l'Allier et un souterrain conduisant à Vaudable. La partie la plus escarpée du mamelon, celle qui regarde le sud-ouest, porte le nom de *Saut de Camillac*.

Après avoir à l'aspect du levant, jeté un coup d'œil sur la belle usine de MM. Augier et Coupat, fabricants de chaux, nous voyons la petite commune d'Orsonette (environ 300 âmes), ancienne justice démembrée de Nonette et engagée en 1704 au comte de Laroche-Lambert. Achetée en 1765 par le comte de Severac, la terre passe à son petit-fils, le comte de Simiane. La cure était à la nomination de la Chaise-Dieu.

Nous quittons la montagne de Nonette par le versant qui regarde à l'ouest la magnifique plaine de Saint-Germain-Lembron. Nous passons à côté du *Saut de Camillac* et descendons, à travers les vignes, jusques sur les bords de la rivière d'Allier que nous traversons au port de Saint-Barthélemy.

Nous sommes au Breuil (Breul), jolie commune très-bien située au confluent de la Couze et de l'Allier ; sa population s'élève au chiffre d'entour 600 âmes. Son nom lui vient de *brolium* ou *brogilum* qui, sous les Franks carolingiens, signifiait parc fermé et planté dépendant de l'habitation : on désignait également de cette façon l'enclos destiné à renfermer les bêtes sauvages. La coutume du moyen-âge dit que les cerfs, sangliers, izards, lièvres et autres animaux sauvages appartiennent à tout le monde, à moins que le propriétaire sur le fonds duquel ils se trouvent ne fasse des clôtures ou autres ouvrages destinés à les empêcher de sortir, auquel cas ils prennent le caractère de propriété privée : c'est le *brolium*, le *breuil*.

Au commencement du XIIIe siècle, Robert de Courcel, seigneur du lieu, y fonde un prieuré dit du *pont du Breuil*. Son fils Amaury était en 1239 bailli d'Auvergne, c'est-à-dire revêtu d'une des plus hautes fonctions de l'époque. Le bailli ou connétable était alors non seulement administrateur général du pays, mais encore chargé de conduire au combat les nobles et vavasseurs. La terre passe successivement dans les maisons de Murols, de Montmorin, de Dienne, de Lastic du Fournol. Un peu enterré par suite de l'exhaussement du sol, son église romane, du XIe siècle, mérite de fixer l'attention. Le portail est fort beau. L'intérieur de l'édifice porte les traces de curieuses peintures murales dans lesquelles on distingue les armes des de Lastic. L'abside est remarquable, et les croisées ouvertes dans le mur droit présentent une disposition très bien étudiée et très rare en Auvergne (A. Mallay). A l'époque des guerres religieuses (1576), le capitaine Merle fit fondre le gros bourdon avec d'autres cloches, amenées exprès au Breuil, pour en couler des couleuvrines. — La sépulture du comte Duroc de Brion est dans une chapelle à côté de l'église.

Le voisinage de Saint-Germain-Lembron ne nous permet pas de résister au plaisir d'aller dans cette ville serrer la main de nos amis les docteurs Rouveix-Lhéritier et G.-J. Tournadre, Victor Groisne, receveur de l'enregistrement, A. Mosnier et Méridias, percepteurs, sans parler des autres. Nous avons déjà visité la localité ; c'est pourquoi nous nous contentons aujourd'hui de la traverser pour prendre la route nationale n° 9, de Paris à Perpignan et en Espagne, et aller jusqu'à Moriat ou Mauriat, petite commune d'environ 620 habitants. La nef de sa petite église romane est du XIe siècle, l'abside du XIIe.

De Moriat, nous descendons à Charbonnier, commune de 470 habitants située sur la rive gauche de l'Allagnon. L'ordre de Malte y avait un petit château commandé par un chevalier-servant. La cure était à la nomination du Grand Prieur d'Auvergne. L'église est un petit édifice roman à une seule nef; dans le tympan de la porte sud, on lit une inscription du XIIIe siècle dont Bouillet, dans la *Statistique monumentale du Puy-de-Dôme (1846)*, donne la traduction suivante :

« En l'an du Seigneur 1286, aux Ides de Janvier, mourut le seigneur Beraud Hongres, autrefois militaire de Rœcole. Il est enterré là. Que son âme repose en paix par la miséricorde de Dieu. Ainsi-soit-il ! »

Dans le voisinage, il existe un très-beau tumulus qui a été fouillé sans précautions, et par suite sans résultat. Il y a aussi une voie ferrée et une borne miliaire. On trouve par là des vestiges nombreux et des objets de l'époque gallo-romaine.

Continuant de suivre le cours de l'Allagnon, nous arrivons à Beaulieu, commune de 700 âmes. Le fief, qui relevait du Dauphiné d'Auvergne, appartenait en 1277 à A. de Saint-Clerc qui le cède à R. de Courcelles. La terre passe successivement aux maisons du Breuil, de Dumesnil-Simon, de Courtenay. Anne de Courtenay épouse en 1583 Maximilien de Béthune, duc de Sully, pair et maréchal de France. La terre passe ensuite dans la famille de Montignard de Mont-Louis. Ancienne chapelle du château, remaniée à diverses époques, l'église porte le cachet du XIVe siècle. Elle dépendait du prieuré de Sauxillanges qui nommait à la cure.

Nous arrivons maintenant au confluent de l'Allagnon et de l'Allier. Nous sommes au *Saut-du-Loup*, barrage naturel à travers lequel les eaux se sont péniblement frayé un passage, gorge étroite et bien qualifiée qui sépare la Limagne d'Yssoire du petit bassin d'Auzat, Jumeaux et Brassac. C'est ici le terme de notre troisième grande étape. — Demain, nous nous embarquerons sur la rivière aux bords fleuris pour glisser doucement vers Yssoire.

FIN DE LA TROISIÈME PARTIE.

QUATRIÈME PARTIE

De l'embouchure de l'Allagnon au gour de Blot.

Yssoire.

Chapitre I.

—

En nacelle ! Les rives de l'Allier et la Limagne d'Yssoire. — Yssoire dans les temps primitifs. — Saint Austremoine

Vers les rives de France,
Voguons doucement,
Voguons en chantant,
Pour nous
Les vents sont si doux.
Pays, notre espérance............

llons, joyeuse nacelle, file, file aux accents harmonieux de notre barcarolle populaire !

L'aube a glissé sous la branche endormie. L'alouette matinale s'élève dans le ciel et va souhaiter la bienvenue à l'aurore qui rougit. Un souffle léger ride à peine le miroir de l'onde. Déployée comme l'aile du cygne, la blanche voile s'enfle avec mollesse sous les tièdes baisers de la brise. Comme tout est calme, comme tout est recueilli dans les airs et sur les eaux......

Ecoutez ! sur la rive éloignée, une voix mélodieuse, pleine d'un charme inexprimable, soupire et semble mourir : c'est une tendre prière, une plainte suave, hymne d'amour.

> *La biondina in gondoleta*
> *L'altra sera mi ô mena........*

Batelier, prends garde !..... C'est elle ! C'est l'ondine, la charmeuse qui fascine ! Elle attire irrésistiblement dans le courant furieux qui secoue avec rage le noir rocher surplombant contre lequel la gondole va venir se briser. Son chant est mortel. Malheur à qui l'écoute ! Saisi d'un sauvage désir, emporté par le vertige, le crédule passager regarde la sirène et ne voit plus le gouffre dévorant....

Voici de quelle façon l'antiquité a voulu symboliser la séduction, telle aussi dans la ballade de *Lorelei*.... Mais nos cœurs sont déjà pris, — chaîne dorée, délicieuse torture, amère et douce, — la trop charmante magicienne est sans pouvoir sur nous. Hélas !.. La main du batelier ne tremble pas, d'ailleurs, et saura vaincre l'attraction triomphante du tourbillon meurtrier. Pradon, tiens la rame et gouverne à l'arrière !.....

Gais compagnons du tour d'Auvergne, nous descendons l'Allier sur notre nacelle parée de feuillage, en compagnie de nos jeunes amis Anglaret, François (de Sauvagnat), notaire en herbe, — Laroche, Désiré, percepteur surnuméraire, — Mouillard, Henri, un de nos cousins qui habite Neschers. Il faut glisser doux et tremper les doigts dans l'onde argentine. Le murmure des eaux fait oublier et rêver. La cîme des arbres frissonne sous les caresses des zéphirs; les petits oiseaux invisibles gazouillent en sourdine. Comme il fait bon, par là !

Multipliant ses gracieux méandres, la rivière semble

vouloir se délasser, elle aussi, au milieu des enchantements de la radieuse Limagne d'Yssoire. Qu'il est splendide le panorama qui se déroule à nos yeux ravis ! C'est le *Pays !*

Des rochers pittoresques encaissent d'abord le cours d'eau. Puis un bassin magnifique se déploie largement et semble faire reculer l'espace. De rares grèves font encore mieux ressortir la fraîcheur des vertes prairies, et de leurs grands massifs de saules coupés par de longues lignes de peupliers, Les aunes reluisants baignent avec délices leurs pieds et se penchent pour se mirer dans le cristal humide. Nous admirons plus loin la gracieuse opulence de la plaine, au milieu de laquelle expirent sans écho les mélodies des gentilles pastourelles. Semblables à une immense ceinture d'émeraude, on voit tout autour se développer de hauts plateaux dont les falaises sourcilleuses s'écroulent sur les pentes adoucies. Des châteaux, des maisons de campagne, de coquets villages avec leurs clochers sveltes apparaissent dans les bocages, sur le flanc des coteaux, au sommet des monticules verdoyants : çà et là, des ruines désolées couronnent le faîte des puys qui se perdent dans la nue. Les collines sont couvertes de riches vignobles dont les guirlandes de pampre roulent jusqu'au bas de la plaine. Couronnées de houblon sauvage, barbouillées de raisin, les jeunes filles poussent des cris d'oiseaux surpris, et la brise emporte leurs joyeuses risées.

O nature, s'écrie Frauenlob (Louange des dames), ô nature, réponds-moi ! Qui te rend si charmante à voir que les vieillards pleurent en fermant les yeux ?..........
Guitares, pourquoi le soir, à la clarté des étoiles, répandez-vous de si brillants accords, si vibrants que le jeune page

rougit en tendant l'oreille ?.......... Chevaliers, où donc prenez-vous la force de lancer un cheval écumant au milieu des piques, de sourire quand l'acier se brise ? — Ecoutez, regardez, pensez, chevaliers, c'est l'amour qui vous enhardit ; c'est lui, le suzerain de la vie !

Ah, quelle magie ! de charmantes petites fées, brunes, blondes, aux yeux noirs ou bleus, à la joue tendrement nuancée de lis et de rose, règnent sur ce royaume merveilleux. Adorables et douces suzeraines, c'est vous qui disposez des forces et des richesses de la terre ; les arbres et les fleurs vous obéissent ; les oiseaux vous chantent ; les astres gravitent plus ou moins vite, selon les battements de votre cœur. Vous êtes le centre de l'univers, et l'univers vous a parées de toutes les grâces..... O chimère ravissante ! C'est lui qui commande et qui gouverne : Lui, l'Amour ! Dieu !..........

Pour célébrer tant de charmes et de magnificence il faudrait la lyre de Goëthe adolescent :

« *La nature ravissante*
« *Resplendit tout en pleurs.*
« *O lumière éclatante*
« *O sourire des fleurs!*..........

Mais le soir est arrivé insensiblement ; c'est le soir d'un beau jour. Le soleil a disparu ; la lumière décline. Les cieux commencent à se peupler de leurs clartés vivantes et immortelles ; limpide et argentée, la lune au zénith regarde autour d'elle. Il est temps, Hâtons-nous !....... Là-bas, dans le cadre enchanteur, voyez cette jolie ville nonchalamment étendue à l'ombre des grands arbres. C'est *Elle*......... Entendez !......... Les couples enlacés, parés de jeunesse et de beauté, passent attendris en fredonnant comme un vieux Noël.

> *Puë mœ aure ni puë cœure*
> *Ne tzaut pas sourty d'Essoeyre,*
> *Ni pas de beun vi bieurre*
> *Et de dzenta filla veyre.*

Nous sommes à Yssoire.

Selon toute vraisemblance, Yssoire est bâti sur l'emplacement d'une ancienne cité lacustre ou *palafitte*. Sa situation, au point de concours des axes de l'Eaumère, de l'Allier et de la Couze-Pavin, sur les rives de celle-ci et juste en face de la trouée de St-Yvoine, cette situation avantageuse est vraiment des plus remarquables. Le développement des villes est proportionnel à l'étendue et aux ressources des bassins dans lesquels elles se sont fixées ; leur avenir actuel dépend surtout de leurs débouchés.

Quoiqu'il en soit, le mot Yssoire, autrefois *Vicus Yciodorensis* (Grégoire de Tours et les vieilles chartes), *Yssere*, *Yciodurum*, est formé de deux mots celtiques qui signifient *ville sur les eaux*. Le suffixe ethnique *erre*, de source celtique, correspond à la désinence latine *durum* ou *dorum*. *Dur*, qui se rapporte au gaélique *dwr*, signifie eau, rivière ; son origine est très probablement sanscrite (H. Cocheris).

A l'époque gauloise, Yssoire fut un centre des plus importants. Les *Saronides* — les Druides adonnés à l'instruction portaient ce nom — passent pour y avoir eu un séminaire.

Après la conquête de la Gaule par César et ses successeurs (V. Histoire de la Comté d'Auvergne), les Romains établirent à Yssoire un castellum et une colonie. Cela ne fait pas de doute, et Dulaure rapporte qu'en 1780 on découvrit au faubourg du Pont des urnes antiques avec caractères romains.

Vers le milieu du IIIe siècle — c'est l'opinion la plus judicieuse et jusqu'alors admise la première — saint Austremoine arrive en Auvergne, escorté d'une phalange d'apôtres destinés à guérir les plaies de l'âme et celles du corps. Uu *malin esprit* se tenait, dit-on, sur les rives de l'Allier sous Saint-Yvoine et y noyait les passants (vieille chronique). L'envoyé de l'Evêque de Rome le chasse et témoigne ainsi de sa mission providentielle.

De nos jours, des écrivains religieux, emportés par leur zèle et les meilleures intentions, s'efforcent, en torturant doctement les textes sans profit pour la vérité, de faire remonter au Ier siècle de notre ère la venue de l'apôtre en Auvergne, et cela au risque de donner naissance à des doutes sur le saint lui-même. Nous sommes disposés à admettre tout ce que l'on voudra, car les opinions mêmes les plus vraisemblables peuvent ne pas être vraies. Nous observerons toutefois que plus on s'enfonce dans la nuit des temps, et plus les ténèbres historiques s'épaississent. Simples profanes, absolument désintéressés, nous ne voyons pas quel avantage peut trouver la religion à vieillir d'un siècle ou deux l'arrivée de l'apôtre dans notre pays ; nous n'apprécions pas davantage le bénéfice d'une controverse sur une date qui ne se précisera jamais.

Fatigué de ses longues courses apostoliques, décidé à rentrer dans la solitude pour s'y livrer à la contemplation religieuse, saint Austremoine se fait bâtir une cellule à Yssoire.

Les traditions religieuses veulent qu'il ait été tué, proche de cette localité, au lieu dit de *Tormeil* où il exista une église (ms. d'Ys.), et cela par des Juifs de Perrier outrés de son prosélytisme victorieux. Cette légende posthume nous rend circonspect. Que saint Austremoine ait été tué, nous n'y voyons rien à contredire, et pour cause ; mais par des Juifs !..... Il nous semble que le mot Juifs a dû être employé ici dans le sens de mécréants, bandits, avec une intention outrageante à l'adresse des meurtriers qui d'ailleurs auraient été punis. Tout ce que l'on s'évertue de prouver à cet égard nous paraît inspiré par un antésémitisme aveugle et fanatique, ne réussit qu'à embrouiller le pénible écheveau, à obscurcir les traditions déjà bien vagues et à les faire ranger dans la catégorie des fables inventées à plaisir dans l'ombre des cloîtres du moyen-âge. — Au surplus, tout cela nous laisse indifférent ; car la religion n'y peut rien gagner, non plus que l'histoire qui n'éclaircira jamais ces points.

Quelque temps après son martyr, saint Austremoine fut enseveli à Yssoire dans un oratoire dit de *St-Pierre*, où sa dépouille devait rester ignorée jusqu'au VIe siècle. Un temple chrétien, qui n'est autre peut-être que l'oratoire en question, aurait toutefois été fondé en son honneur vers 310, sous le règne de Constantin-le-Grand. il y aurait eu des prêtres d'abord, puis des moines bénédictins vers 560. On assure que l'évêque de Clermônt, Avit II, fit transporter au VIIe siècle, d'Yssoire à Volvic, les restes de saint Austremoine. Et cependant, d'après l'*Auvergne chrétienne* par un anonyme, l'église d'Yssoire aurait possédé en 1789 le chef de saint Austremoine que les *sans-culottes* auraient brûlé (1793).

Chapitre II.

Yssoire après la conquête romaine, sous les Francs et pendant le moyen-age. — Fondations diverses. — Visites royales. — Maison romane de la rue de l'Espaillat.

l règne une grande obscurité sur l'histoire des premiers siècles de notre ère. Cela se comprend. Sans parler des lacunes et de la confusion dans la chaîne des événements, les dates ne sont rien moins que précises; il faut s'en tenir le plus souvent à des probabilités et à des vraisemblances.

Les destinées d'Yssoire à cette époque ont suivi celles de l'Auvergne en général.

Après avoir subi les ravages de Crocus et de ses bandes, après avoir été ruiné par les concussions des administrateurs romains, l'oppidum d'Yssoire aurait été détruit au Ve siècle par les Vandales, ainsi que l'église primitive et le cloître de saint Austremoine.

Tous les fléaux semblent alors déchaînés sur notre malheureux pays. Désolé successivement par les Germains-Suèves, les Vandales, les Alains, les Burgondes qui, de toutes parts, font irruption sur lui, il est encore saccagé par les Huns (439-451). L'empire romain s'écroule. Les barbares se ruent à la curée pour s'en arracher les lambeaux, et l'Auvergne se trouve comprise dans la part de butin que s'adjugent les Visigoths dont la domination dure 33 ans. Euric, chef des Visigoths, meurt en 484. Son fils Alaric II est vaincu et tué par Clovis à la bataille de Vouglé (507), et les Francks mérovingiens ravagent d'une manière affreuse la région conquise. Thierry, roi d'Ostrasie, emporte l'Auvergne dans son lot et y promène le fer et la flamme.

A l'époque mérovingienne, il y eût à Yssoire un atelier monétaire, car on y a trouvé une pièce portant sur une face « *Hiccioderovi* » et sur l'autre « *fabricant Sundebos* ».

Clotaire Ier s'empare à son tour de l'Ostrasie et envoie en Auvergne (555) son fils Chramme que des débordements inouis conduisent à une fin tragique.

Les Saxons, auxiliaires des Lombards, traversent la contrée et achèvent sa ruine. Sous Childebert III, le patrice Montmole d'Avignon arrive lui aussi fouiller les débris eux-même, afin d'en arracher les épaves qui peuvent avoir échappé à l'avidité des vautours insatiables (576).

Le VIIe siècle n'est pas moins néfaste, et cependant le monastère d'Yssoire trouve le moyen de se distinguer par son enseignement de dialectique et de théologie (E. Jaloustre). Saint Genès y aurait été élevé, ainsi que saint Prœjet ou Priest. La barbarie reculait devant le prestige moral — Saint-Priest, devenu évêque de Clermont, aurait fait bâtir (660 ?) l'église de Paixe et y aurait fondé un prieuré (ms. d'Ys.) ; tandis que, sur les ruines d'un ancien temple, l'église de Saint-Avit aurait été édifiée vers 699.

Le VIIIe siècle est tout aussi désastreux pour l'Auvergne qui ne rentre définitivement sous l'autorité des Francks qu'avec Pépin-le-Bref, après l'assassinat de l'indomptable duc Waïfre. Les pays d'Outre-Loire, c'ets-à-dire les terres conquises, avaient donc été horriblement exploités par les vainqueurs, lorsque ceux-ci songèrent enfin à organiser leurs nouvelles possessions, à asseoir leur empire sur des bases plus solides que les ruines et le sang. La position d'Yssoire est des plus importantes : un château frank succède au castellum romain.

Allant guerroyer en Espagne contre Belugant et les Sarrasins, Charlemagne aurait traversé la cité et fait construire l'ancien pont de pierre qui existait en face de la porte, route de Parentignat, lequel a été démoli il y a tout au plus sept ou huit ans.

Suivant un manuscrit cité par Baluze, d'après l'auteur de la vie des poëtes provençaux qui écrivait au XIIIe siècle, Philippe-Auguste (1199-1213 ?) aurait enlevé Yssoire aux dauphins d'Auvergne. Cependant il ne parait pas que la ville d'Yssoire ait jamais fait partie du patrimoine de ces princes, qui pouvaient néanmoins y avoir sans doute des biens considérables.

Au retour de la guerre contre les Albigeois, Louis VIII a dû passer à Yssoire en 1226.

En 1252, le comte Alphonse de Poitiers octroie de grands privilèges à un établissement scolaire qui existait déjà (E, Jaloustre).

Le 10 août 1254, Louis IX revenant de Palestine passe à Yssoire et loge dans l'abbaye Saint-Austremoine qui devait droit de gîte au roi de France, lequel fit alors une

MAISON ROMANE RUE DE L'ESPAILLAT
A YSSOIRE.

dépense évaluée à 120 livres. Il est à cette époque question du moulin de la rue de l'*Espaillat* dans laquelle on voit encore le bâtiment de l'époque. C'est une construction romane, assez simple d'aspect, qui occupe les n°s 14 et 16. Il existe deux grandes portes, une plus petite, avec une fenêtre jumelle à plein cintre et un passage couvert : le ruisseau coule derrière faisant toujours marcher le moulin et servant au lavage des abattoirs de bouchers qui sont installés au rez-de-chaussée. Notre ami Tixier-Hermer figure dans le dessin que nous en donnons. Les distributions intérieures ont été si bien transformées aux XVe et XVIe siècles que l'on ne peut faire à leur égard aucune conjecture sérieuse. Les étages n'étaient pas voûtés, mais simplement séparés par des planches reposant sur des consoles en pierre.

Au mois de juillet 1270, le comte Alphonse accorde à la ville d'Yssoire une charte de commune. Cette charte fut successivement confirmée par Philippe-le-Hardi (15 août 1281), Philippe-le-Bel (Mars 1290), Charles V (8 juillet 1374), Charles VI (mars 1384), et finalement ratifiée par l'abbé d'Yssoire en 1535.

Le 4 novembre 1285, Philippe-le-Bel visite la cité.

En juin 1349, Philippe V passe à Yssoire.

Dans le compte de Berthon Sannadre (décembre 1402), receveur d'Auvergne, au sujet d'une aide imposée sur les treize bonnes villes, on voit que les bourgeois et les habitants d'Yssoire (n° 9) sont imposés à *III^{c}LX escus* (Sp. Br. p. 485).

Au mois de juillet 1338, les trois états de la basse Auvergne s'assemblent à Yssoire pour accorder au roi une aide de 24,000 livres tournois. En mars 1465, Bertrand VII de la Tour y organise la défense de la cause royale, menacée par la ligue si mal nommée du *bien public*. Le 5 mai suivant, Louis XI visite la ville et plus tard lui accorde trois foires (janvier 1472).

A la fin du XVe siècle, Austremoine Bohier, seigneur de Saint-Cirgues, fait bâtir l'hôtel-de-ville, le beffroi orné d'une horloge et les deux grosses tours du Ponteil.

Né à Yssoire, Thomas Duprat, élu évêque le 25 mars 1517, fonde dans sa ville natale une université dont les classes sont inaugurées en 1518. La bulle d'érection du pape Léon X fut confirmée par lettres patentes du roi ; mais l'université de Paris et le duc de Bouillon, celui-ci en raison de ses droits de justice, firent fermer les cours trois ans après (1521).

Le 16 juillet, François Ier dîne à Yssoire et va coucher au château de Villeneuve-Lembron.

Chapitre III.

Yssoire pendant les guerres de religion et de la ligue (1540-1600).

ssoire donne en Auvergne le signal du schisme, au XVIe siècle. A. Imberdis l'appelle non sans raison le vieux théâtre de nos dissensions religieuses.

Un Jacobin arrive d'Allemagne (1540) et demande la *passade* (aumône aux voyageurs). Les consuls Charles Bonnel et Jean Vial l'accueillent en ami. Il leur parle de Luther et de sa doctrine, les persuade par son éloquence et se fait retenir par eux pour prêcher le carême. Un cordelier est attendu de Clermont, on le contremande ; mais Annet Duprat et Guillaume Florat lui écrivent de venir en hâte. La scission est complète.

Une lutte acharnée s'engage dès lors entre les deux moines compétiteurs pour l'occupation de la chaire. Le cordelier triomphe par la force, mais la réforme n'en fait pas moins de rapides progrès, grâce surtout au prosélytisme de Bonnel et de Vial.

Plusieurs années se passent ainsi. Le bailly de Montferrand est finalement envoyé à Yssoire pour informer contre les religionnaires. Jean Brugière, du village de Fernoël, receveur des cens, est arrêté sur ses ordres et devient la victime du fanatisme religieux. Condamné à être brûlé vif, il fut exécuté par la main du bourreau Ponchet sur la grande place d'Yssoire, un samedi jour de marché (3 mars 1547) : il mourut avec un courage héroïque. Brugière est le premier martyr de la liberté de conscience en Auvergne. Jean Berme et le Perrolier furent aussi brûlés vers le même temps.

Loin de ralentir les progrès du protestantisme, ces exécutions barbares ne firent que les accélérer, selon l'ordinaire. Le Jacobin fait des prosélytes jusques dans le monastère de saint Austremoine ; il gagne à la réforme 5 ou 6 religieux parmi lesquels le cellerier Jacques Bonnel et Raymond Chabriez, chantre. Guillaume Duprat, évêque de Clermont, se voit fermer la porte au nez.

Quelque temps après (1549), le vol de la *custode* d'argent qui renferme des hosties consacrées soulève une grande émotion. Arrêté chez l'aubergiste Martel, le larron Jean de Fredeville est pendu avec son complice, un jeune garçon d'Auzance.

Le bureau de la recette générale des Finances de la basse Auvergne se trouve fixé à Yssoire depuis 1543. Grâce à l'influence de Thomas Bohier, seigneur de Saint-Cirgues, un édit du mois de février 1551 le transfère à Riom. C'est une époque de décadence pour la ville d'Yssoire, dont la misère s'accroît surtout pendant le grand hiver de 1559.

L'année 1560 voit un redoublement d'activité de la part des religionnaires dont les prêches se multiplient.

Le ministre protestant, Annet Désoches, est pendu. Rien n'y fait. Les persécutions augmentent le nombre des dissidents. L'ancien cellerier du monastère, Le Court, a jeté le froc aux orties, s'est marié et remplace Desoches, en attendant la venue d'un autre prédicant, Guy de Moranges. Tous les moines de l'abbaye se sont convertis à la foi nouvelle, entr'autres Michel Bayard, protonétaire du Saint-Siège. Les protestants relèvent la tête à leur tour, et appellent le marquis Christophe de Chavagnac qui prend le gouvernement de la ville d'Yssoire (1562).

Les catholiques toutefois ne restent pas inactifs et cherchent à réparer leur échec. Gaspard de Montmorin, seigneur de Saint-Herem, assemble des troupes à Aulhat et les met sous la conduite de Jean Mottier, seigneur de Hautefeuille, de la maison de Lastic, qui reprend Yssoire sans coup férir. Chavagnac surpris se retire en hâte. — Au mois d'avril 1564, une peste affreuse enlève plus de 2,400 victimes.

Un instant assoupie, la guerre ne tarde pas à se rallumer. Les religionnaires veulent reconquérir Yssoire, *boulevart de la foi nouvelle* (A. Imberdis). Gabriel, seigneur de Vassel près Billom, en forme le projet; mais Saint-Herem le bloque dans son château; l'oblige à se rendre par la famine et lui fait trancher la tête (1373).

Les protestants d'Auvergne appellent a la rescousse le capitaine Merle, fils d'un cardeur d'Uzès. Merle accourt. A la tête de 140 hommes, il s'empare d'Yssoire par surprise le 15 octobre 1575, en escaladant les murs du côté du moulin d'Augier, près le Pont-Charras (ms. d'Ys.). La ville est livrée au pillage.

La paix se signe en 1576 et le roi de Navarre oblige le

capitaine Merle à remettre sa conquête entre les mains du marquis de Chavagnac.

En vertu de l'article 59 de la transaction de Poitiers, Yssoire est une des places de sûreté données en gage aux huguenots ; mais la cour attache une extrême importance à la reprise de cette citadelle de la réforme, et Saint-Hérem provoque l'investissement de la malheureuse ville.

Par une violation inique des traités, contre toute justice et toute humanité, l'avant-garde de l'armée royale paraît devant les murs d'Yssoire le 20 mai 1577. Dix-sept mille hommes investissent la ville. Les troupes sont commandées par le frère du roi, l'odieux duc d'Alençon, plus tard duc d'Anjou et roi lui-même sous le nom d'Henri III.

Yssoire résiste énergiquement ; il lutte avec désespoir et pendant vingt deux jours contre des forces écrasantes. La défense est dirigée par le marquis de Chavagnac (de Blesle), un des plus braves capitaines huguenots. Le 9 juin, le duc de Guise tente un coup de main ; il est repoussé et perd l'élite de sa brillante noblesse : au nombre des morts se trouve le comte de Montmorin-Saint-Herem.

Malgré l'héroïsme de Chavagnac, blessé sur les remparts par un éclat de bois, la force triomphe. Les Yssoiriens parlementent pour se rendre, et, pendant les pourparlers, la ville est enlevée par une de ces lâches trahisons si communes alors, (l'Estoile dans son journal). De Thou dit que les Yssoiriens se rendirent à la discrétion de *Monsieur*. Quoiqu'il en soit les soudards royalistes se ruèrent comme des sauvages sur leur victime frappée par derrière. Ce fut une effroyable et sanglante orgie, dans laquelle toutes les abominations, tous les crimes furent commis par une soldatesque déchaînée, ivre de sang et de vin. Un immense incendie de la ville entière vint combler la mesure et, de ses grandes lueurs livides, éclairer cette scène d'horreurs sans nom. Pendant 56 heures, l'humanité fut jetée aux gémonies (ms. d'Yss. — A. Imberdis).

Le féroce et hideux duc d'Anjou resta sans pitié. La froide atrocité du chef catholique lui a mérité le surnom vengeur de *Fléau de Dieu*, et l'histoire l'a flagellé par ces deux vers :

« *De* Monsieur, *la miséricorde*
« *C'est le feu, le sang, la corde.*

Dans son livre imprimé à cette époque, Villebois donne les détails les plus navrants sur ce lamentable épisode de nos guerres maudites.

Chavagnac blessé échappe par miracle. Le ministre Dupré, de Laborie, sont pendus avec bien d'autres.

Au milieu des cadavres mutilés ou souillés, à demi-carbonisés, sur les ruines fumantes de la ville démolie *par ordre* (Villebois), le satanique vainqueur, barbouillé de sang et noir de charbon, fait dresser un poteau avec cette épitaphe

ICY FUST YSSOIRE

On ne pourra jamais tirer le voile sur les barbaries inouïes commandées par un *Lâche*, bigot et dépravé.

Ruinée de fond en comble, Yssoire perd tous ses privilèges, jusqu'à son Election, sorte de tribunal qui y avait été établi en 1517 et qui fut transféré à Ardes le 10 septembre 1577. — Les Jacquemarts (le dieu Sylvain, le dieu Faune et le Temps) que l'on voit dans la cathédrale de Clermont-Ferrand proviennent du pillage d'Yssoire.

L'édit de pacification de 1578 va permettre à l'infortunée ville de réparer un désastre immérité, mais ce ne sera pas sans les plus grandes difficultés. Les malheureux Yssoiriens adressent d'abord en vain une première requête au roi. Une députation est envoyée à Paris. Tout le monde repousse les suppliants avec dureté (ms. d'Ys. — A. Imberdis). Les consuls Blauf et Charrier vont reprendre la route de leur pays, lorsqu'ils ont le bonheur de rencontrer le procureur général *de la Guesle* (de Vic-le-Comte), magistrat humain et tolérant, une des illustrations du Parlement de Paris. Il leur demande quelle affaire ils ont en cour, et, d'après l'exposé des députés et leurs plaintes contre les maîtres des requêtes qui refusent de soumettre leur supplique au conseil d'Etat, sacrifiant ainsi leur devoir à la crainte servile de déplaire, *la Guesle* répond avec douceur : « Baillez-la moi, « Messieurs, et je la rapporterai et je vous secourai de « toute ma puissance et celle de mes amis. » La plus complète réussite couronne les efforts du digne procureur-général. La requête est accueillie avec tout son contenu. La ville d'Yssoire put reprendre « *le bureau et recette parti-*
« *culière des tailles, l'élection, les consulat, foires, marchés,*
« *rang et place en l'assemblée des 13 bonnes villes d'Auvergne;*
« *permission de rétablir leurs murailles et d'imposer sur eux et*
« *tous austres étrangers, qui avaient des biens dans la justice*
« *d'Yssoire, la somme de 10,000 livres pour la construction*
« *d'icelles, en outre exemption de taille pour 5 ans et termes*
« *pour payer leur dette de 3 ans.* »

Il n'est que juste de signaler surtout l'activité et le patriotisme déployés par le consul Antoine Guérin pour relever la ville de ses ruines. Moyennant le prix fait de 18,000 livres, il donne à reconstruire les murs de la nouvelle enceinte dont la première pierre fut posée par son fils Paul le 1er avril 1578. Une rue d'Yssoire porte-t-elle le nom de ce grand citoyen ?

L'annaliste d'Yssoire nous apprend d'ailleurs qu'en l'an de grâce 1583, par ordre du pape Grégoire XIII, eût lieu la réformation des éphémérides. Par une soustraction de dix jours le 11 septembre fut porté au 21. La conjonction des planètes, qui se rencontre tous les 800 ans, avait eu lieu le 17 février.

Cependant Yssoire commence à recouvrer son ancien état ; mais toutes ses épreuves ne sont pas terminées.

Les catholiques du royaume ont formé une vaste conjuration contre Henri III sans enfant, dans le but d'écarter du trône Henri de Béarn et de lui substituer la grande famille de Lorraine ; mais Guise-*le-balafré* n'osera pas poser la couronne de France sur son front assez large pour la porter. C'est la Ligue.

En Auvergne, Jean-Louis de la Rochefoucault, comte de Randan, entre dans ce parti. A la fleur de l'âge, gouverneur de la province pour le roi qu'il trahit, il s'attache l'élite de la noblesse auvergnate et l'entraîne dans la conspiration : Jean de Lastic, seigneur de Sieujac, se fait ligueur.

Le capitaine Merle est allé mourir dans son château de Salavas (1584). Le comte de Randan s'empare d'Yssoire par ruse en mai 1585 ; mais il s'aliène par là la majeure partie de la population, si bien que les habitants l'en chassent le 15 juin suivant et recouvrent leur liberté. Les ligueurs et les royalistes sont en présence.

L'évêque de Clermont, François de Larochefoucault, et

son frère, le comte de Randan, ont convoqué à Billom, 20 avril 1589, les députés de la province dévoués à la ligue ; mais le parti triomphe à Yssoire qu'Etienne et Jean Aulteroche livrent le 3 juillet au marquis d'Allègre venu de Meilhaud. Dix jours après, Randan reprend la ville qu'il traite avec humanité et dont il laisse le commandement au comte de Chaslus.

Henri III est assassiné le 1er août par Jacques Clément. La cause d'Henri IV semble fort compromise ; mais le vaillant *Béarnais* représente la France et accourt montrer son panache blanc au plus fort du danger.

Le 11 février 1290, les royalistes reprennent Yssoire ; mais ne peuvent emporter la citadelle qu'ils se contentent de bloquer. Randan vient à la rescousse du capitaine La Barrière qui se trouve enfermé dans le fort, et lui-même investit la ville avec 4,000 hommes et 600 chevaux. Tout se prépare pour une grande lutte.

La ville de Clermont, qui est royaliste, se hâte de faire marcher des troupes pour dégager Yssoire. La petite armée arrive à Coudes aux sons lugubres du tocsin sonné par les villages d'alentour, en part le 14 mars 1590, prend à droite le chemin de Sauvagnat, passe sous le puy Neyran, franchit le ravin de Boissac et veut gagner la montagne de Cros-Rolland afin de descendre dans la plaine d'Ardé (*Dardail*) ; mais les ligueurs, ayant à leur tête le comte de Randan, sont là qui barrent le passage. La bataille s'engage. Les ligueurs sont vaincus ; leur chef, le comte de Randan, tombe sur le champ de mort. Le manuscrit d'Yssoire dit que Randan fut achevé par le Sr de Lamothe-Arnault qui avait à se plaindre de lui. Dans son *Histoire des guerres religieuses en Auvergne,*

A. Imberdis prétend au contraire que Lamothe se conduisit généreusement à l'égard du vaincu, grièvement blessé de deux balles dans la cuisse droite, et qu'il le fit transporter à Yssoire où Randan expira une heure après.

La victoire de Cros-Rolland fut remportée le même jour qu'Henri IV gagnait la bataille d'Ivry. La ligue était frappée à mort.

L'armée victorieuse des royalistes se porte rapidement sur Yssoire, enlève les faubourgs et cerne la citadelle dont la garnison se retire bagues sauves.

Le gouvernement de la ville est donné au marquis Yves d'Allègre qui ne tarde pas à se rendre impopulaire, grâce à l'influence que les Aulteroche exercent sur lui. Le supplice du consul Espagnon, qui est pendu sans jugement et malgré son innocence, couvre le gouverneur d'un opprobre ineffaçable : cet abominable forfait inspire l'horreur (1592). Les exactions du marquis et de sa maîtresse, Françoise Babou de la Bonrdaisière d'Estrées, finissent par soulever contre lui les habitants excités en dessous par les Aulteroche et Lyron qui jouent double jeu. Le 8 juin 1592, la populace ameutée envahit les appartements du gouverneur. D'Allègre est tué par le nommé Blézin ; un boucher, le grand Bessant, égorge la marquise d'Estrées : les cadavres sont jetés par la fenêtre. Les intrigues de Lyron et des Aulteroche ont amené cette catastrophe ; mais ils ne s'entendent déjà plus entr'eux, et sont tués à leur tour par ordre du seigneur de la Chaux, nouveau gouverneur d'Yssoire.

Quelque temps après, en octobre 1595, le bâtard de Valois, comte d'Auvergne, qui conspire contre Henri IV, réussit à s'emparer par surprise d'Yssoire qu'il ne peut garder. Le marquis de Canillac reprend la ville et, par ordre du roi, M. de la Bastide fait raser la citadelle.

Chapitre IV.

Yssoire aux XVIIe et XVIIIe siècles

ne des treize bonnes villes, la huitième de la basse Auvergne ayant le droit d'assister aux Etats, selon le procès-verbal de la coutume, Yssoire avait une importante capitale comme nous venons de le voir par ce qui précède.

Dès le XIIIe siècle, elle s'était enveloppée d'une enceinte de murailles flanquée de tours dont l'une s'appelait *Jente môle*, et, sous Louis XI, Austremoine Bohier avait renforcé son ensemble de fortifications en faisant construire les deux grosses tours du Ponteil. Des portes crénelées, couvertes par de solides ouvrages, entr'autres celles de Barbigeau, du Ponteil, du Pont, la Porte neuve, facilitaient les communications extérieures et entretenaient l'activité commerciale.

Ruiné de fond en comble par le duc d'Anjou, Yssoire s'était assez promptement relevé. Grâce à l'énergie d'Antoine Guérin, la ville avait pu étaler à neuf sur les murs de sa nouvelle enceinte les doubles armoiries dont elle s'enorgueillit (voir la gravure). Celles qui sont enregistrées à l'armoirial de France (1698) donnent : *d'argent au sautoir de gueules semé de fleurs de lys d'or*; les secondes, auxquelles elle a donné la préférence, sont : *d'azur à Pairle (Y) d'or, couronnée de même*. Une des plus mystérieuses de notre alphabet, la lettre Y, upsilon des grecs, représenterait pour certains philosophes l'image de la vie.

L'édit de Nantes, sage et réparateur, achève en 1602 la pacification du royaume. Une certaine fermentation se produit toutefois à Yssoire l'année suivante au sujet d'un prêche que l'on voulait organiser en faveur des protestants sans cesse provoqués par les catholiques. Afin de rétablir la bonne harmonie, il fallut autoriser les religionnaires à établir leur prêche à Parentignat, terre du roi.

Outre une communauté considérable de prêtres-filleuls, il y avait les paroisses Saint-Paul et Saint-Avit. Simple chapelle de dévotion à l'origine, Saint-Paul était devenu paroissiale vers 1340. L'église et le prieuré de Paixe se trouvaient installés sur la route de St-Germain-Lembron. Bâtie sur le grand chemin de Clermont, la chapelle de Saint-Georges était située à la bifurcation de la nouvelle route nationale n° 9, là où le 8 décembre 1858 on a érigé en commémoration une croix sculptée en pierre de Volvic.

L'abbaye bénédictine, avec sa superbe église romane, est alors en pleine prospérité. La justice du lieu appartient à son abbé.

Transporté par Louis IX (1254) dans l'ancienne rue des pâtissiers, aujourd'hui rue Gambetta, l'hôpital est de nouveau transféré hors de la ville.

Le 25 juin 1609, le prieur François de Belestat élève, dans le faubourg du pont, un couvent pour les capucins établis à Yssoire depuis près de deux ans. En faveur de cette œuvre, Jean de la Guesle, seigneur de la Chaux-Montgros donne 3,600 livres. — Une communauté, celle des bénédictines, est fondée le 29 Juin 1629.

Le 2 septembre 1629, le cardinal Richelieu passe à Yssoire où il est harangué par le juge de la ville Pierre Duprat, seigneur de Saint-Agnes. A cette occasion, Louis XIII rétablit la juridiction dite Election, sorte de tribunal institué en 1517 et transféré à Ardes depuis 1577. — La juridiction consulaire avait été organisée en 1567.

Une peste affreuse désole la ville et les campagnes en 1631.

Une confrérie de pénitents blancs est instituée vers 1650 et une congrégation de religieuses de Notre-Dame se fonde en 1678.

En 1700, l'Abbé délaisse à la couronne la justice d'Yssoire, sous réserve de la seigneurie domaniale. Louis XIV y crée une prévôté royale qui embrasse 135 paroisses dont six villes : Saint-Germain-Lembron, Ambert, Arlanc, Sauxillanges, Saint-Germain-Lherm et enfin Nonette. La prévôté de cette dernière fut fondue dans la nouvelle créée à Yssoire, où elle subsista jusqu'en 1790.

En 1753, Yssoire compte 730 feux, c'est-à-dire environ 3,600 habitants. Avant 1789, il y avait une brigade de maréchaussée avec un exempt, une subdélégation de l'intendance et un des onze entrepôts de tabac de la basse Auvergne.

Chapitre V.

L'ANCIENNE ABBAYE D'YSSOIRE. — L'ÉGLISE PAROISSIALE DE SAINT AUSTREMOINE.

près s'être déchargé du fardeau de l'apostolat sur saint Urbique, saint Austremoine se retire dans un lieu nommé *Iciodore* où il fonde un monastère « .... *ad méridionam plagam perveniens..... monasterium construxit in loco qui vocatur Iciodorus,.. ubi non modicam monastorum turbam constituens* » acta S Stremonii cit. Labbe.

Après sa mort, saint Austremoine est enterré dans une crypte indépendante de l'église actuelle qui lui est bien postérieure.

Le monastère reste dans un état florissant jusqu'à l'invasion des Goths et des Franks et plus tard celle des Sarrazins qui couvrent l'Auvergne de ruines (D. Branche).

Au Xe siècle, chassés par les Normands, des moines bénédictins de l'abbaye de Charroux (Poitou) se réfugient dans la forteresse de Pierre Ancize (St-Yvoine).

— L'un d'eux, Gisselbert, vient à Yssoire relever les ruines du monastère de saint Austremoine et bâtir une église qui fut consacrée vers 938 par Bernard, évêque d'Auvergne. Le monastère devait le droit de gîte au roi, et nous avons vu que Louis IX en usa à son retour de terre sainte en 1254.

Charles de Bourbon, archevêque de Lyon, administrateur de l'abbaye, fixe à vingt le nombre des religieux, 28 août 1462, et consacre à leur entretien le tiers des revenus du monastère. Cette réduction est confirmée en décembre 1469 par une bulle du pape Paul II.

Il est inutile de rappeler ici une anecdote absurde relatée par le *continuateur de Monstrelet* au sujet d'un fait qui se serait passé dans l'abbaye vers 1478. Ce ridicule racontar a été reproduit par l'auteur de la *mer des histoires*, par *Robert Gaguin*, la *chronique scandaleuse de Louis XI*, *George Chastelain*, *Jean Molinet*. Il faut en rire avec Dulaure et passer outre.

La propriété du monastère et la puissance abbatiale ne font que croître jusqu'au concordat entre François Ier et Léon X. A partir de ce moment, la dignité d'Abbé fut conférée à des favoris du roi qui ne s'occupèrent plus que de leurs propres intérêts. (M. l'abbé Murol, vicaire, auquel nous devons plusieurs renseignements).

Les seigneurs de Pertus, Beaulieu, la Ronzière devaient foi et hommage à l'abbaye qui était d'ailleurs fortifiée, comme cela se voit dans une vue cavalière que donne le *monasticon gallicanum* de la fin du XVIIe siècle.

L'abbé Antoine Boyer rebâtit le cloître à neuf, lui fait de riches dons entr'autres celui du buste de saint Austremoine en argent doré et garni de pierres précieuses (ms. d'Yss).

Au XVIe siècle, le schisme pénètre dans l'abbaye et plusieurs religieux embrassent la réforme luthérienne, ainsi que nous l'avons vu précédemment.

En 1575, le capitaine Merle pille le monastère, profane l'église, renverse les autels, mutile les tombeaux et brûle les archives. Quelques moines sont massacrés ; les survivants sont si maltraités qu'ils en viennent à envier le sort de ceux qui ne sont plus.

Vers 1665, l'abbé Martial Chanut introduit la réforme de la congrégation de Saint-Maur, fait reconstruire le palais, répare le dortoir et donne trois beaux reliquaires. L'église d'Yssoire possède encore un de ces reliquaires, belle châsse en bois doré, style Louis XIV (1679), qui renferme des reliques de saint Benoît.

D'après le registre de 1698, les armoiries de l'abbaye sont de *gueules à la fasce d'or chargée d'un S et d'un A d'azur et accompagnée en chef d'un cimeterre d'argent et en pointe de deux palmes d'or en sautoir*. Ces armoiries sont reproduites sur le buffet d'orgue de l'église d'Yssoire placée sous le vocable de saint Austremoine.

A partir de 1700, l'abbaye semble privée de chef et tombe en deshérence. Ce fut une une longue agonie jusqu'en 1789 où elle fut supprimée.

Les cures des anciennes églises paroissiales, aujourd'hui détruites, de Saint-Avit et Saint-Paul étaient à la nomination de l'abbé.

L'église Saint-Austremoine de l'antique abbaye est devenue l'unique paroisse de la ville d'Yssoire. Ce magnifique monument date du XIe siècle. Il appartient à l'école auvergnate pure qui doit être considérée, d'après Viollet-Leduc, comme la plus belle école romane.

Le porche absolument nu est antérieur. Il était destiné à faire partie d'une basilique plus étroite dont il reste des vestiges de fondations. L'élargissement ayant été fait d'un seul côté, — ce qui prouve que l'autre était déjà construit, — l'axe du porche ne coïncide pas avec celui de l'église. Daniel Ramée affirme avec raison que de grandes constructions ont été faites au XIIe siècle puisque l'on voit régner l'ogive dans les voûtes supérieures. Tout cela permet d'avancer que l'édifice ne fut point construit en une seule fois, d'une même venue, et que deux ou trois siècles furent employés à son achèvement.

Lorsqu'on a commencé les travaux de restauration il y a une quarantaine d'années, on découvrit, sous le pavé de la place à l'ouest, les fondements et les premières assises en pierre de taille d'un immense porche à cinq arcades dont le grand axe allait de l'est à l'ouest (A. Mallay). Deux tombeaux de pierre, dans la forme de ceux du XIIe siècle, se trouvaient de chaque côté de la porte principale : ils avaient été fouillés.

Du côté du midi, sous la rue qui a été ouverte aux dépens du collège, on a rencontré une crypte ou mieux une chapelle romane du Xe siècle. Le grand axe est orienté du sud au nord ; les voûtes et les piliers portent des traces de décoration polycrome ; les traits noirs qui séparaient les nuances, dessinaient les figures et les vêtements, sont encore visibles (A. Mallay).

L'église actuelle a une longueur de 66^{m}60 et une largeur de 16^{m}60. La grande nef présente une hauteur sous clef de 20 mètres, et la coupole s'élève à 23^{m}30.

De la porte intérieure du porche au transept, on compte sept travées, La grande nef est séparée des bas côtés par des piliers carrés à colonnes engagées.

Les sculptures des chapiteaux sont très variées. Elles représentent des coupes dans lesquelles viennent se désaltérer de mystérieux oiseaux, des centaures moitié hommes moitié monstres, des pommes de pin, des feuilles de myrthe, d'acanthe, d'olivier. Sur les chapiteaux de la chapelle Saint-Paul, on remarque l'antithèse de la chasteté et de l'impureté; sur ceux de la chapelle du S.-Cœur, l'antithèse du dévoûment au double point de vue du bien et du mal : le bon Pasteur et le démon. — Voir le petit opuscule *Eglise monumentale d'Yssoire* par le curé Daguillon auquel nous empruntons ces détails. — Les chapiteaux de l'extérieur de l'édifice sont beaucoup plus beaux de forme et d'exécution que ceux de l'intérieur dont quelques-uns, ceux des colonnes isolées du chœur, sont simplement en mastic.

Sur les bas côtés reposent les tryphoriums ou gynécées, galeries dont les cintres en arc-boutants servent de contreforts à la grande voûte de la nef principale. Ces galeries étaient réservées aux veuves et aux vierges. Les colonnettes des ouvertures du triphorium reçoivent d'ailleurs la retombée des arcs alternativement à trèfle et à plein cintre.

De part et d'autre, au nord et au sud, le transept présente une saillie de 5^m30.

Cinq marches conduisent au chœur, séparé des chapelles rayonnantes par le déambulatorium ou prolongement des nefs latérales.

Sur les huit colonnes du chœur, quatre ont des chapitaux à personnages tirés du nouveau testament, savoir: la cène ; Notre-Seigneur attaché à la colonne et portant sa croix ; le tombeau de Notre-Seigneur ; Jésus-Christ, Madeleine et les disciples d'Emmaüs.

Les quatre chapelles rayonnantes sud et nord sont demi-circulaires ; la cinquième, celle du milieu, dans le grand axe de l'église, est carrée, disposition remarquable qui confirme la date du XIe siècle.

Une crypte occupe le dessous du chœur et des chapelles rayonnantes. Dépourvues de socle, les colonnes du pourtour intérieur sont surmontées de simples tailloirs. Autour de la crypte se dressent des colonnes avec bases et chapiteaux. Ces colonnes correspondent à celles du chœur. Sur le tailloir de la seconde à droite, on remarque le curieux hiéroglyphe que nous avons figuré sur la gravure de l'église et qu'on peut traduire par STREMONIUS (apost.).

Les façades latérales extérieures sont assez semblables. Une corniche fouillée avec goût forme l'arceau de la porte nord, dans le cartouche duquel une sculpture représente Notre-Seigneur bénissant les pains et les poissons. Sur le transept de la même façade, on admire deux bas reliefs qui proviennent d'un sarcophage ou d'un autel antique. Ils sont bien plus vieux que l'église. L'attitude roide des personnages, la somptuosité et la forme de leurs vêtements indiquent des sculptures bysantines du Ve ou du VIe siècle. Les tableaux représentent l'un le sacrifice d'Abraham, l'autre la visite de trois anges à ce patriarche, Ch. XVIII et XXII de la Genèse.

Les cinq chapelles rayonnantes se dessinent à l'extérieur sur l'abside. Elles ont chacune trois fenêtres. Leur toiture est surmontée d'un fronton orné d'un antéfixe. Sur les faces sont finement sculptés les signes du zodiaque qui présentent un grand intérêt archéologique, tant par la composition des sujets que par la manière dont ils sont traités. Des mosaïques et de curieuses arabesques complètent cet ensemble magnifique qui ne demande qu'un clocher et une flèche dignes du monument.

Le clocher central repose en effet, écrit Viollet-Luduc, sur une coupole inscrite dans un carré et arrive brusquement au plan octogone à plusieurs étages couronnés par une pyramide à huit pans, (démolie aujourd'hui)......... Mais ce clocher (d'ailleurs récent) porte sur un soubassement qui appartient exclusivement à l'Auvergne et comprend la coupole et deux demi berceaux s'étayant dans le sens des transepts. Ce système qui consiste à planter un clocher à base octogone sur une énorme construction barlongue n'est pas heureux, car il n'y a pas de transition entre les soubassements appartenant à l'église et la tour. L'œil, ne devinant pas la coupole à l'extérieur, ne comprend pas comment une tour prismatique porte sur un paralélagramme. — C'est donc à refaire.

L'église est desservie par MM. les abbés Fougerouse, curé ; Chataing, Murol et Goyon, vicaires.

Une erreur historique consiste à donner à notre belle basilique d'Yssoire, d'ailleurs sous le vocable de saint Austremoine, le nom d'église Saint-Paul. Cette dernière, une des anciennes paroisses, se trouvait sur la place au nord-est de l'édifice actuel. Abandonnée en 1793, transformée en boucherie, elle est tombée de vétusté et ses derniers restes ont été démolis par précaution. — Au pied du mur extérieur, d'une chapelle qui a été rasée vers 1832, on voyait le tombeau en marbre d'un pèlerin avec inscription du XVe siècle.

L'église saint Avit, autre paroisse ancienne, a également disparu.

Chapitre VI.

Le collège d'Yssoire. — L'enseignement.

éparé de l'église Saint-Austremoine par une rue nouvellement percée, le collège d'Yssoire occupe la majeure partie de l'enclos et des bâtiments de l'ancienne abbaye des Bénédictins.

Acheté par la commune le 9 juin 1791, le local servit d'abord d'hôtel-de-ville. Yssoire le cède ensuite à l'Etat en échange des constructions occupées par le Tribunal civil; mais un décret du 3 avril 1811 le rétrocède à la ville, à la condition d'y installer un établissement universitaire. — Nous devons ces renseignements à M. P. Delbos, professeur de littérature, qui se propose de faire une monographie de l'institution.

Voici dans quelles circonstances fut fondé le collège actuel.

Le 27 fructidor an X, le premier adjoint Reymond publie devant une grande affluence de citoyens le sénatus-consulte qui proclame Bonaparte *premier Consul à vie*. La cérémonie terminée, un Yssoirien dont on n'a pas conservé le nom, s'écrie : « *Ce grand jour doit être marqué par un bienfait. Comme je ne connais rien au monde de plus utile que l'instruction, je demande qu'il soit ouvert à l'instant même une souscription pour l'établissement d'un collège.* »

La proposition est acceptée avec enthousiasme. La souscription est ouverte et son produit si fructueux que l'inauguration de la nouvelle école et l'installation des professeurs purent avoir lieu le 10 frimaire an XI. Par délibération du 21 frimaire suivant, le conseil municipal vote les ressources nécessaires à l'entretien et à la gestion de l'établissement. L'installation du premier proviseur s'est effectuée le 34 pluviose an XI.

A partir de ce moment, le collège entre dans une voie de prospérité croissante qui se soutient pendant une quinzaine d'années. Les études classiques s'y font au complet, depuis la huitième jusqu'à la rhétorique. Puis soudain, sans raisons apparentes ni connues, cette situation florissante va déclinant de plus en plus et finit par s'éteindre. Le 18 juin 1854, considérant qu'il ne reste que 36 élèves dans l'enseignement classique, dont 20 boursiers, qu'il n'y a plus d'étudiants en philosophie, rhétorique et troisième, le conseil municipal supprime les classes de troisième, seconde, rhétorique et philosophie. Des cours élémentaires sont ouverts, et le collège devient une simple école primaire.

Cet état s'est maintenu sans amélioration notable jusqu'en 1879. M. Brault, Principal, réorganise alors les cours en vue du baccalauréat-ès-sciences. Cette heureuse innovation ouvrait une nouvelle carrière de prospérité à l'établissement.

M. Guittard, successeur de M. Brault, a continué l'œuvre si bien commencée. Sous sa direction intelligente et dévouée, le collège s'est complètement transformé. L'enseignement spécial y est organisé à l'instar des lycées ; de nombreux succès aux examens du baccalauréat ès-sciences et du baccalauréat de l'enseignement spécial prouvent chaque année l'excellence des études. Les classes y sont organisées, d'autre part, jusqu'à la troisième inclusivement et tout fait espérer à bref délai un complet épanouissement.

Aujourd'hui, le collège d'Yssoire est dans une situation des plus prospères ; on y compte en moyenne de 100 à 110 pensionnaires, chiffre qui n'a jamais été atteint, même à l'époque où l'enseignement classique florissait dans son entier. Au point de vue matériel tout est à souhait. Les diverses municipalités, qui se sont succédées dans ces derniers temps, ont eu à cœur de doter la ville et l'arrondissement d'un établissement confortable, complété par de belles constructions neuves. Agrandi ou restauré, le collège d'Yssoire ne laisse plus rien à désirer sous tous les rapports.

Nous donnons ci-après le tableau du personnel enseignant pour l'année scolaire 1887-1888.

Principal : M. Guittard, Jean-Achille, officier d'Académie ;

Aumônier : M. l'abbé Murol, François-Marie-Gabriel ;

Surveillant général : M. Perraut, Charles.

I. — Enseignement classique

Professeur de mathématiques : M. Faure, Pierre-Auguste, licencié ;

— de physique et chimie : M. Clémensac, Antonin ;

Professeur de 3me et 4me : M. Perraut ;
— de 5me et 6me : M. Delbos, Pierre ;
— d'allemand : M. Garnier, Jean-Daniel ;
— d'histoire et géographie : M. Rouillac, Etienne.

II. — Enseignement spécial

Professeur de physique, chimie et histoire naturelle : M. Clémensac ;
— de mathémathiques : M. Faure ;
— de littérature et de philosophie : M. Delbos ;
— d'histoire et géographie : M. Rouillac ;
— de langue latine : M. Perraut ;
— de langue allemande : M. Garnier ;
— de langue anglaise : M. Faure ;
— de législation et comptabilité : M. Rouillac ;
— de grammaire et français : M. Faugère, Jean ;
— de calligraphie : M. Fayolle, Jean.

III. — Enseignement primaire et élémentaire

Professeur de 7me et 8me : M. Fayolle ;
— de 9me : M. Chabrier, Annet, officier d'Académie ;
— de 10me : M. Andrieux, Antoine-Martin.

IV. — Arts d'agrément

Dessin d'imitation : M. de Vergèses, Antoine ;
Dessin linéaire : M. Borne, Mathieu, architecte ;
Musique : M. Violot, Antony ;
Gymnastique, exercices militaires : M. Vincent, Albert.

V. — Etudes

Maîtres-répétiteurs : MM. Margot, Gaston ; Boyer, Auguste ; Badiou, Justin.

La ville d'Yssoire possède deux importantes écoles communales primaires de garçons et de filles.

L'école de garçons est située sur le boulevard de la halle, dans un des plus beaux quartiers. Placé dans les meilleures conditions hygiéniques, le vaste bâtiment qu'elle occupe présente une belle façade de cinquante mètres de long : il se compose d'un rez-de-chaussée et d'un premier étage. Au rez-de-chaussée se trouvent cinq salles de classe parfaitement installées et pouvant contenir 200 élèves ; les logements des maîtres sont au premier étage. Derrière le bâtiment, au midi, il existe une vaste cour bien ombragée dans laquelle les écoliers prennent leurs ébats pendant les heures de récréation.

Dirigée d'abord par des congréganistes, l'école a été laïcisée au mois de septembre 1882. Elle eût à peine cinquante enfants au début ; aujourd'hui elle en compte 170 environ.

L'enseignement comprend quatre cours : un cours préparatoire pour enfants de 5 à 7 ans ; — le cours élémentaire pour écoliers de 7 à 9 ans ; — le cours moyen pour écoliers de 9 à 11 ans ; — le cours supérieur pour élèves de 11 à 13 ans et au-dessus.

Les cours sont donnés par quatre maîtres :
M. Brunel, Louis, Directeur, officier d'Académie ;
M. Barthélemy, Jean-Baptiste, élève de l'Ecole normale ;
M. Ducher. Jean. — —
M. Chauvet, Antoine.

De 1884 à 1887, cette école habilement dirigée a fait recevoir, avec d'excellentes notes, 28 élèves au certificat d'études primaires.

L'école communale de filles est située rue de Fer, dans un quartier trop resserré. Le local laisse à désirer sous bien des rapports ; mais il est question de faire construire une maison en rapport avec les nécessités actuelles sur un emplacement plus convenable. La création de l'école remonte à 1872 ; depuis 1880, elle est pourvue d'un cours d'enseignement primaire supérieur et n'a cessé dès lors de prospérer : on y compte aujourd'hui de 200 à 210 élèves.

La division des classes y est la même qu'à l'école de garçons, les cours sont donnés par quatre maîtresses :

Mme Chauvet, Directrice, du cours d'enseignement primaire supérieur ;

Mlle Decouze Françoise, élève de l'école normale ;

Mlle Istre, Sidonie, — —

Mlle Watier, Eva.

De 1881 à 1887, 51 élèves ont mérité le brevet élémentaire ; 14 sont entrées à l'Ecole normale ; 22 ont obtenu des bourses d'enseignement primaire ou d'enseignement secondaire, 64 enfin ont reçu le certificat d'études primaires.

L'école libre des Frères des écoles chrétiennes est installée boulevard de la Manlière dans l'ancienne maison Girot de Langlade. L'enseignement y est donné à 200 élèves environ, répartis dans quatre classes.

Fondés par J.-B. de la Salle, reconnus d'utilité publique par décret de 1808, les FF. ont été appelés à Yssoire en 1843 par l'abbé Daguillon, ancien curé. Ils sont restés instituteurs communaux jusqu'au moment de la laïcisation des écoles de la ville (1882), et, dans cette condition, ils ont rendu d'incontestables services, marqués d'ailleurs par de nombreuses récompenses honorifiques.

Le souvenir du vénérable F. Hugon, directeur pendant 42 ans et mort en 1886, ne s'est pas effacé de la mémoire de ses anciens élèves. Un de ses collaborateurs dévoués, le F. Hilduard-Louis, lui a succédé dans la direction de l'école.

Les religieuses de Notre-Dame se sont établies à Yssoire en 1654, du vivant même de leur fondatrice, Jeanne de Lestonac. Leur ancien couvent, celui où elles travaillèrent à l'éducation des jeunes filles jusqu'en 1792, forme aujourd'hui la caserne de gendarmerie.

En 1829, une nouvelle colonie s'installe à Yssoire, sous la conduite de mère Bertrand la Bastide, dans la maison Sadourny, n° 17 de la rue du moulin Charrier. Les religieuses de N.-D. ouvrent un pensionnat déclaré d'utilité publique par décret de 1838. La prospérité rapide du couvent décide bientôt la construction de l'établissement actuel dont la première pierre fut posée le 24 août 1841. Poussés activement sous la surveillance de l'abbé Travers, les travaux marchèrent de telle sorte que le nouvel édifice put recevoir les élèves en novembre 1844 et fut achevé l'an d'après. Sur le rapport de l'inspecteur Dedet, la supérieure de Notre-Dame, en récompense des services rendus à l'enseignement, reçoit une médaille de bronze décernée par le Ministre de l'Instruction publique (1848).

Le pensionnat, qui compte environ 180 élèves dont 140 internes, est divisé en huit classes, dans lesquelles sont cultivées toutes les branches de l'enseignement depuis les premières notions de lecture jusqu'à la géométrie et la physique. Le travail manuel et les arts d'agrément y occupent une place convenable ; le dévoûment des maîtresses s'étend d'ailleurs à tout ce qui intéresse la formation de l'esprit et du cœur. — Madame Queyron est aujourd'hui supérieure de la communauté.

Pour agrandir le local et remplacer l'ancienne tribune où les élèves étaient trop à l'étroit, une jolie chapelle gothique, — M. l'abbé Bourgade, est aumônier, — a été construite sur les plans de M. Guimbal, architecte de la ville, et bénite en 1885 par Mgr Boyer, évêque de Clermont-Ferrand. La pose d'une grille et la plantation d'un joli jardin ont encore embelli, éclairé la cour d'entrée.

Fondée sous Louis XIV, les sœurs de Saint-Joseph, dites du Bon-Pasteur, dirigent l'Orphelinat qui a été reconnu d'utilité publique par décret du 21 mars 1867.

L'orphelinat de la Providence ne recueille que des jeunes filles au nombre de 45 à 50, vivant du produit de leur travail et de celui d'une loterie qui a lieu tous les deux ans. — A l'orphelinat est annexé un asile qui recueille cinquante fillettes ou petits garçons de 2 à 6 ans.

L'établissement des Filles de l'instruction du Saint-Enfant-Jésus (sœurs bleues) est installé dans la rue de l'horloge. Il a été reconnu d'utilité publique en 1843.

D'une manière générale, en ce qui concerne l'enseignement primaire, la circonscription d'Yssoire est placée sous la surveillance et la haute direction d'un inspecteur de mérite, M. Henri Sanvoisin, officier d'académie. Elle embrasse sept cantons : Yssoire, Ardes, Besse, Champeix, Saint-Germain-Lembron, Jumeaux, Sauxillanges; ceux de Tauves et Latour en ont été distraits à partir de 1881 pour être rattachés à Clermont-Ferrand.

Voici un aperçu rapide de la situation en 1886.

Les 112 communes que comporte la circonscription possèdent 204 écoles publiques, savoir: 78 écoles spéciales de garçons, 69 écoles spéciales de filles et 57 écoles mixtes, sur l'ensemble desquelles 197 sont laïques et 7 congréganistes. Le nombre des écoles libres est de 40, 8 pour les garçons, 30 pour les filles et 2 écoles mixtes,

Toutes ces écoles ont été fréquentées par 10,990 élèves ainsi répartis : pour les garçons, 4,454 dans les écoles publiques ou mixtes, 938 dans les écoles libres, — en tout 5,387; pour les filles, 3,995 dans les écoles publiques et 1,608 dans les écoles libres, — en tout 5,603.

Cent dix-sept bibliothèques scolaires peuvent mettre 10,633 volumes à la disposition des lecteurs. Seize mille sept cent cinquante-un prêts de livres ont eu lieu en 1886 et témoignent que le goût salutaire des lectures utiles se répand de plus en plus.

Chapitre VII.

Aperçu cavalier sur Yssoire au XIXᵉ siècle.

u'on se reporte par la pensée à cette époque où la France, presqu'entièrement recouverte par les mers, ne laissait émerger au-dessus des eaux que le Plateau central et la Bretagne. Paris, Bordeaux, Marseille, Nice, Dunkerque avaient alors pour hôtes les poissons et les monstres marins. Or, Yssoire existait déjà; sa fondation remonte si loin, si loin qu'elle se perd dans la nuit des temps. Le souvenir de ce lointain nébuleux s'est effacé pour jamais. Et pourtant, de cette période enveloppée de ténèbres éternelles, il nous est parvenu une sorte de témoignage dans la forme phallique du *Capio* (échaudé spécial à Yssoire). Chez les vieux Celtes, le *phallus* était l'emblème de la génération.

Les temps préhistoriques sont ainsi tombés dans l'abîme d'une longue suite de siècles, et nous avons vu, plus tard, quelle série de vicissitudes a dû subir l'antique cité avant d'en arriver à ce qu'elle est actuellement.

Chef-lieu d'un arrondissement qui embrasse 9 cantons ayant 116 communes avec une population d'entour 93,000 âmes réparties sur une superficie de 183,628 hectares, Yssoire compte lui-même un peu plus de 6,300 habitants. Cette importante sous-préfecture est administrée par M. Gautheron. M. Audibert, notaire, est conseiller général du canton (15 communes, 15000 habitants); M. Gauttier-Faugères, maire de la ville, en est le conseiller d'arrondissement.

Le roi Louis XV (1763) ayant renoncé en faveur de chaque ville à la nomination des administrateurs, — voir *Histoire de la Comté d'Auvergne*, — par suite de ce changement dans l'organisation municipale, N. Seguin, sieur du Passage, lieutenant général de la prévôté, est choisi comme *Maire élu* d'Yssoire : c'est le premier. François Guérin, lieutenant-général honoraire, lui succède en 1765.

La municipalité actuelle a pour édiles MM. Gauttier-Faugères, maire ; Vèze Antoine et Vaure Simon, adjoints ; — Bareire, secrétaire ; Raynard Léon, receveur. — Les conseillers sont : MM. Farghon, Prat, Plaut, Nicolas, Vèze, Albanel, Armand, Genelioux, Imbert, Faure, Terrasse, Fonlupt, Borne, de Vergèses, Genelioux, Bouclier, Genès, Malpy, Bayle, Bonhomme, N... — Ouverte tous les jours de 10 heures à midi, la caisse d'épargne a M. Sirondet pour chef-comptable. M. Bérard est brigadier du service des octrois de la ville.

Le tribunal civil de première instance est ainsi composé : MM. V. Fauchery, président ; Veysseyre, juge d'instruction ; Girard-Courtille, juge ; Oct. Passion, N.., juges suppléants ; Morizot, procureur de la République ; Combris, substitut ; Fournier, greffier ; Delmas, Fournier, commis-greffiers ; Fr. Veyrières, Denier, F. Roux, Bareire, Ondet, Bouchet, Laurent, avocats ; Faure, Ondet, Loussert, Alliotaux, Garenne, Cheminat, avoués; Petit, Vedrine, Fournier, Chabaud, Voûte, huissiers.

La justice de paix comprend MM. Jérôme Bareire, juge ; Charles et Berthonnet, suppléants; Pignol, greffier. — M. Mercadier est commissaire de police.

Yssoire possède une recette des Finances : MM. Ed. Renier, receveur particulier, chevalier de la légion d'honneur ; Bénard, fondé de pouvoirs ; H. Tézenas du Montcel, percepteur.

Le conservateur des hypothèques est M. Delboy; receveur de l'enregistrement, M. Mocudé; contrôleurs des contributions directes MM. Amadieu et Imbert; vérificateur des poids et mesures, M. Grangier.

Les notaires de la ville sont au nombre de trois : MM. Audibert, Pascal, Morand.

Le service des contributions indirectes a M. Dumontier pour receveur principal entreposeur, M. Mallein comme chef de poste.

Le service des postes et télégraphes est confié à M. Stéphany, receveur.

La santé publique est placée sous la haute protection de six docteurs en médecine : MM. Rivière, Couillard, Coupat, F. Veyrières, Sauvat, Delanef; trois pharmaciens : MM. Tournadre, Marmet, Talobre; deux sages-femmes : mesdames Crépin et Tary. Les vétérinaires sont MM. Renard et Roussel. Confiée aux soins vigilants des sœurs de Saint-Joseph dites du Bon-Pasteur, l'hospice a pour administrateurs : MM. le Maire, président, Farghon,

Vaure, Audibert, Clément chevalier de la Légion d'Honneur, Passion, — Les sœurs garde-malades de Notre-Dame du bon secours ont été reconnues d'utilité publique par décret de 1852,

Le service des Ponts et Chaussées a M. Foureau pour Conducteur.

Placé sous la direction de M. Faure, le service des chemins vicinaux comprend dix circonscriptions avec un égal nombre d'Agents-voyers : MM, Genebrier, Grosseuil, Coupat, Vieillard, Martin, Roussat, Dupieux, Moneyron, Boudieu.

Les deux brigades de gendarmerie d'Yssoire sont commandées par M. Chasselin, capitaine, chevalier de la Légion d'Honneur.

La compagnie des sapeurs-pompiers comporte 1 capitaine, 1 lieutenant, 1 sergent-major, 4 sergents, 8 caporaux, 3 tambonrs, 3 clairons, 34 sapeurs, en tout 55 hommes et 3 pompes.

Une usine à gaz assure d'ailleurs l'éclairage de la ville.

Yssoire est un centre commercial très important, discipliné par un Tribunal de Commerce ainsi composé : MM. Minjard, président ; Chambe, Rivière, juges ; Tinayre-Doré, Florand, suppléants; Sayet, Pignol, Vedrine, agréés.

Tous les samedis sont jours de marché. Les transactions sont d'ailleurs facilitées par des foires, excellentes en général, qui se tiennent les 26 et 27 janvier, le 10 août, le deuxième lundi de Pâques, la veille de Notre-Dame de septembre, les premiers samedis de janvier, mars, mai, juillet, octobre et décembre, ainsi que le second samedi de novembre.

Le nombre des commerçants s'élève à plus de 340. Le tableau ci-dessous, par ordre alphabétique de profession, achèvera de donner une idée de l'importance de la place :
MM. Tinayre, Auwerter, agents d'affaires ;
G.-A. Fournier, Astier, apiculteurs ;
Borne, Guimbal, Chassaing, Bincteux, architectes ;
Contou, armurier ;
Ve Parrain aîné, Parrain jeune, Barrier, Pradat, Roussel, Moing, Blazy, Raymond, Vacher, Montdanel, Sauvat, Durand, Coudert, Amouroux, Chabrillat, Boyre, Nicolas Fargette, Pruneyrol, aubergistes ;
Loche, banquier ;
Faure, Fayard, Guidy, Fouilloux, Gendre, Peyrend fils, bijoutiers ;
Mme Estieux, Espagnon, Gidon, Marc-Pupidon jeune, Bounoure, Barreire, Mingon, Canaguier, Chevalier, Ve Champroux, Barreyre, de Vergèses, Genestier, marchands de blanc ;
Esclatine, Muel, J.-F. Cohade, marchands de bois ;
Guidy, Gauttier, Pécoil-Moneyron, fabricants de chandelles ;
Chaput, brasseur ;
Brunet père et fils, J.-F. Cohade, marchands de briques et tuiles ;
Canaguier, Vaurillon, bourreliers ;
Amouroux, Barthélemy, Adam, Nicolas, Boyer, Charrier, Faure, Fouilloux, Mazet-Tixier, Courtine, Verdier, Raynaud, Bounoure, Pautonnier, Ve Bayle, Chauchat, Vinais, Micot, Jouvet, Gladel, Pourrat, Taillandier, Herrier, boulangers ;
Contou-Besson, Boutonnet, Toutel, Contou, Julien, couteliers ;

MM. Parrain, Herrier, COTTIER, Touchebeuf, Lafarge, Pallasse, TRILLON, Genelioux, Dupuy, Sauvat, Fernando, Boubon, Roard, Louis, Fournier, Payre, cafetiers ;

Capdeville Denis, Bourneria, cardeurs ;

Bonhomme, Vᵉ Ligneras, Grandet père, Rivière, Grandet fils, chapeliers ;

Raymond, Estieux, Valence, Vacher, chapellerie de paille ;

Espéron, Bressat, Marnat, chaudronniers-poëliers ;

Combette, Raymond, Terrasse, Mazet, Fournier, Lery, Dupoit, Montdanel, marchands de charbon ;

Fontlupt, Cellier, marchands de chiffons ;

Tinayre, directeur de la compagnie d'assurances *la Générale* ; Boëte, *la Nationale* ; Vᵉ Herrier, *l'Union* ; Rougier-Verdier, *l'Urbaine* ; Chassaing, *le Phénix* ; Lafarge, fils, *la France* ;

Ceytre, Favaron, Déserteix, Doucet, confiseurs ;

Brion, Fournier-Baud, Fanguet, Faure, Fournier, Gauttier-Faugères, Nouhen, Picard aîné, Delzongle, Verrières, Mourdon, Placier, Bon, Barbet, Thor, cordonniers ;

Ozol, Tissier, marchands crépins ;

Bayle, Mathieu aîné, Mathieu-Pialoux, Mathieu jeune, Seurot, cordiers ;

Duranton, Gidon, Emery, distillateurs ;

Roques, Vᵉ Auzat, Couriol, Florand, Duvert, Fournier, marchands de draperies, soiries et nouveautés ;

Chabrol, Badinier, Luquet, droguistes ;

Mᵐᵉˢ Girard, Rouvet, Fleury, Delarbre, confections pour dames ;

MM. Canaguier, Fombonne, chemisiers ;
Boucheron, Saby, Borgères, ébénistes ;
Coudert, Montroy, Vignal, Pourchon, frères, entrepreneurs ;
Ve Berka, Cladière, Laroux, Gauttier-Faugères, Enier, Esbelin, Ve Pourchon, Felut, Brossel, Pécoil, Bayle, Debaine, Giron, Joli, Blavat, Couriol, Dumas-Bonhomme, épiciers ;
Guimbal, Laval, Farghon, Sauvat, Bellard, experts-géomètres ;
Minjard, Vaure, Lieb, marchands de fers ;
Rodde, Plaut-Saunière, Chaussonnerie, Genelioux. Vacheron, ferblantiers ;
Roche, fondeur ;
Espéron, fumiste ;
Badinier, Clément Pirard, Morin, march^{ds} de grains ;
Guerrier Maximilien, gantier ;
Boyer, Plaut, Farge, Gaillard, Martin, Chanel, Raboisson, marchands de graines et farines en gros ;
Guidy, Pousadoux, Fouilhoux, Gendre, horlogers ;
EGAL, grand hôtel de la Poste ; Roussel, hôtel de France ; Fernando, hôtel de la Paix ; Bougheon, grand hôtel central ; Paulet, hôtel des voyageurs ;
CLAUDIUS CAFFARD *(Petit Issoirien)*; boulevard de la Manlière, 15 ; Bounoure et Ollier *(Moniteur d'Issoire)* ; F. Caffard *(Courrier d'Issoire)*, imprimeurs-typographes ;
CLAUDIUS CAFFARD, Bounoure et Ollier, F. Caffard, Chambe, libraires ;
Lafarge, Chaput, Nourisson, fabricants de limonades ;

MM. Mme Estieux, Espagnon, Pupidon, de Vergèses, Genestier, marchands de lingerie ;

Ceytre, Gauttier-Faugères, Felut, Deserteix, Delrieux, marchands de liqueurs et vins fins ;

Labourier-Tinayre, Gravière, Four Philippe, mécaniciens ;

Vèze, Bonneton, Gauthier, Ceytaire, Bérard, Montagnon, Vigier, menuisiers ;

Egal, Dupouyet, entrepreneurs de messagerie :

Mmes Estieux, Raymond, Deshors, Girard, marchandes de modes et de nouveautés ;

Cladière, Ve Assaleix, Ve Berka, Flat-Malpy, Flat, Chéri, Couriol-Baguet, marchands de mercerie et articles de Paris ;

Boyer, Farge, Desgeorge, Gaillard, Brive, meuniers ;

Pageix, Gilbert, Pouget, Flat, Laroche, Villeneuve, Delaigue, parfumeurs ;

Andrieux, Faure, Luquet, Domat, marchands de papiers peints ;

Rodde, Bouyoux, marchands de parapluies ;

Ve Auzat-Bugette, Ve Peghoux, Vacher, Meinier passementiers.

Aguillon, Genès, Herrier Voute, Bujette, Bayle, Armand, Peumaud, pépiniéristes-horticulteurs ;

Toulot, Gilbert, photographes ;

Nugère, fabricants de poterie ;

Malpy, Guidy, Ve Belly, marchands de porcelaines et cristaux ;

Chambe-Vacheron, Boucheron, relieurs ;

Ve Simonnet, Ve Pomeyrol, Pouget, Ve Fribaud, Duvert, marchands de rouennerie ;

MM. Szekoski, Bardy, Chomette, scierie mecanique ;
Gilbert, Martin, selliers ;
Montaille, Fouilhoux, tanneurs-mégissiers :
Thoumazou, Borgères, tapissier ;
Auduit, Fayard, Lavessière, Bélard, Boullanger, débits de tabacs ;
Imbert, Espagnon, Arnaud, Florand, Avon, Chaput, Tournadre, tailleurs ;
Chaleix, Laroche, teinturiers-dégraisseurs ;
Albanel, Dussaud, Esclauze, Raynaud-Minet, Dabert, Verdier, Fargier, Blachère, marchands de vins en gros ;
CLAUDIUS CAFFARD, sacs et papiers en gros.

L'Issoirienne, société de gymnastique, composée d'environ 45 membres exécutants et 210 membres honoraires ou participants, a été autorisée par arrêté préfectoral du 22 septembre 1884. Une assemblée générale du 10 août précédent en avait au préalable approuvé les statuts. M. Florand, François, est président de la société ; M. Vincent, professeur de gymnastique, en est le directeur.

Fondée en 1875, la Société Lyrique s'est reconstituée sur de nouvelles bases. Adoptés en assemblée générale du 26 octobre 1884, les statuts ont été approuvés par arrêté de M. le Préfet en date du 5 janvier 1885. Cette société a pour président M. Faure, Michel, agent-voyer d'arrondissement, et comme directeur, M. Violot Antony, chef d'orchestre et professeur de musique ; elle comprend de 35 à 40 membres exécutants et environ 160 membres honoraires.

Grâce à ces sociétés et à l'entrain de sa joyeuse

jeunesse, la ville d'Yssoire s'amuse encore. En ses jours fastes, elle prend un air d'animation et de gaieté assez rare ailleurs.

L'an de jubilation 1887, sur l'initiative d'un comité, élu en réunion publique le dimanche 20 février, avec M. Paul Veyrière comme président, la ville a su organiser de splendides fêtes de bienfaisance : une magnifique cavalcade représentant le passage de Charlemagne allant en guerre contre Belugant et les Sarrasins d'Espagne ; une gracieuse Kermesse toute pleine d'enchantements et de fééries. Ces fêtes ont brillé d'un éclat extraordinaire et attiré une affluence considérable d'étrangers. Les pauvres surtout y ont trouvé leur compte, car le produit net de ces mirifiques réjouissances s'est élevé à près de 5,000 francs. Tous les habitants d'ailleurs s'y sont prêté avec enthousiasme et chacun y a gagné, même ceux qui ont généreusement dépensé leur temps et leur argent : les plaisirs utiles ne coûtent jamais trop cher. Yssoire et les curieux accourus de toutes parts dans ses murs hospitaliers se rappelleront longtemps les journées des 29 et 30 mai, — une médaille commémorative en a d'ailleurs consacré le souvenir, — et aussi la journée du 21 août, résurrection de la Kermesse du 30 mai.

Des familles considérables sont originaires d'Yssoire, comme celles des du Prat, des Bohier ou Boyer, des Barillon, des Vialart, des Ardier, des Charrier qui ont possédé le fief de Varennes.

Au nombre des hommes marquants, il faut citer : le cardinal Antoine Bohier (1460-1519) ; son frère Thomas Bohier (1465-1525) général des Finances de Normandie ; Antoine du Prat (1465-1535), seigneur de Vérrières, chancelier de France ; le jurisconsulte P. Antony, né vers

1485; Thomas du Prat (1488-1528), évêque de Clermont; Guy Moranges, ministre protestant à Genève (1560); Paul Ardier (1590-1672), président à la Chambre des Comptes ; le curé Mathias Antoine, né en 1753 à Bourbon, banlieue d'Yssoire, mort à Pont-du-château en 1828, député à l'Assemblée nationale ; le romancier J.-B. Brès (1760-1817); G. Hainl (1807-1873), musicien célèbre, chef d'orchestre de l'Opéra de Paris ; Aug. Bravard, paléontologiste distingué, victime du désastre de Mendoza (1828) en Amérique; le baron de l'empire H.-J. Girot de Langlade (1782-1856), député et pair de France.

La ville d'Yssoire, nous l'avons vu, remonte à la plus haute antiquité, et pourtant, à l'exception de sa magnifique église abbatiale, elle n'a conservé que très peu de vestiges du vieux temps : le féroce duc d'Anjou, — *fléau de Dieu*, — y est venu en 1577. On retrouve toutefois çà et là quelques traces intéressantes qu'une dernière promenade dans les rues de la ville va nous permettre de signaler à l'attention des curieux.

Nous prenons l'église St-Austremoine comme point de départ. L'ancien cimetière était au nord sur la place dite St-Paul, et la vieille église de ce nom s'élevait, au nord-est, sur le marché aux échalas. A l'aspect du midi, nous trouvons le collège, puis la mairie.

L'habitation de l'abbé commandataire, la salle d'audience et de justice avec la prison abbatiale occupaient la mairie actuelle et les bâtiments attenants, y compris la maison numéro 8 à M. Dussaud, habitée par Pierre Dissay et à laquelle appartient la tour de l'escalier des prisons. — Dans la rue St-Antoine, derrière la mairie, on remarque une masure à pans de bois de la fin du XVIe siècle.

Nous prenons la rue Gambetta, où s'est trouvé un

instant l'ancien hôpital (maison numéro 10), pour déboucher sur la place de la République, la grande place du marché. Espèce de château d'eau, la fontaine manque d'élégance, mais les sculptures des mascarons sont habilement exécutées. En faisant le tour de cette place, nous trouvons à droite, dans un renfoncement, les vieilles maisons 42-38, et celles de l'entrée de la Berbiziale avec tourelle en encorbellement numéros 2-4-6.

Voici le pavillon de l'horloge et le théâtre : c'est l'ancien hôtel-de-ville. La rue va déboucher sur le boulevard en face de la halle ; c'est au débouché que se trouvaient la porte et les tours du *Ponteil*. Derrière la halle, cette rue se prolonge par la route de Perrier, où s'élevait le couvent primitif des capucins (1609) : le nom d'un terroir en rappelle le souvenir. — La place d'Espagne est à côté de la halle.

En continuant notre tour sur la place de la République nous passons devant la maison Raymond, numéros 29-31-33 où l'on admire encore une belle porte dans le style gothique flamboyant. — Plus loin, voici la rue Châteaudun sur l'emplacement de laquelle étaient bâtis le vieux palais de justice avec la Prévôté, l'Election, les prisons et leurs préaux, et le tout occupait sans doute aussi une partie des bâtiments à M. Girot-Pouzol. La rue a été percée à travers le massif des constructions.

De l'autre côté, à l'aspect du couchant, nous observons des bâtiments qui ne manquent pas de caractère et qui doivent dater de la fin du XVIe siècle : ce sont les maisons Clément, numéros 8 à 22, et Chassaing numéro 6. Cette dernière présente des arcades ogivales pouvant servir d'abri.

Poursuivons notre route par la rue du Pont afin de

gagner la rue de l'*Espaillat* dont nous avons déjà parlé au chapitre II de la IVe Partie. Sa maison romane passe ponr avoir servi au prêche des réligionnaires dans le XVIe siècle. Passons sous l'arche de cette construction, franchissons le canal qui fait marcher le moulin dont la grande roue tourne au milieu d'une impasse fort pittoresque. Nous sommes ici dans une ruelle traversière où nous trouvons à gauche une autre masure romane qui porte le n° 1 et appartient à madame Marc Magaud. La ruelle aboutit à la rue de la Fontaine vieille. Prenons sur la droite pour arriver dans la rue du Pont et gagner les boulevards par la porte de Parentignat, anciennement *la porte et les tours du Pont*. Nous sommes sur la rive gauche de la Couze, sur la route primitive de Saint-Germain et le Puy. L'ancien pont, refait il y a environ dix ans, avait une cinquième pile destinée à recevoir la retombée du pont-levis. Le vieux château d'Yssoire était situé près de là, rue des confins ; il avait été réédifié vers 1589-1595.

Si nous traversons la place de la Sous-Préfecture, puis la Couze sur la route nationale n° 9, nous passons devant la gentille église ogivale du couvent de Notre-Dame pour tourner à droite dans la rue du moulin Charrier. Là, nous trouvons six chapitaux renversés dont cinq sont surmontés de leur colonnes en pierre qui soutiennent l'auvent de l'escalier portant le n° 33 : ces épaves proviennent sans doute des démolitions d'une ancienne église.

En revenant sur nos pas, nous voyons le boulevard de la Manlière s'allonger dans la direction du grand hôtel Egal-Tible ; mais nous le laissons pour prendre celui qui mène à la gare et qui côtoie la Couze un instant.

Les boulevards actuels occupent à peu près l'emplace-

Place de la République a Yssoire
Logis du XVIe siècle

Place de la République a Yssoire
Fontaine et pavillon de l'horloge.

ment des fossés et des remparts de la vieille cité ; ils figurent assez bien l'enceinte des fortifications dont il ne reste que d'insignifiants vestiges. En suivant le boulevard Triozon-Bayle, nous passons devant le gymnase, le collége et l'église Saint-Austremoine. Laissant à droite l'avenue de la gare et son square, nous arrivons sur le boulevard de la caserne à proximité de la maison Coiffier-Bertrand, en face de laquelle se dresse un magnifique marronnier. C'est par là que s'élevait la grosse tour baptisée *Gente-môle* et où se trouvait le *pont-Charras.*

Prenons la rue du palais où nous voyons la caisse d'épargne, jolie construction neuve à l'angle de la Berbiziale. Dans la cour de l'édifice, M. Guimbal, architecte, a eu soin de conserver les restes d'une vieille maison à architecture romane.

Le palais de justice est installé dans le couvent des bénédictines fixées à Yssoire vers 1629. Sa construction ne fut terminée qu'en 1648.

Revenons sur nos pas pour monter dans la Berbiziale. A droite, voici la place Saint-Avit où s'élevait l'église du nom dont il ne subsiste plus pierre sur pierre. Au nord de cette place, on reconnait quelques vestiges de la chapelle des pénitents.

Du même côté, nous passons devant la maison qui porte le n° 54 : c'est la partie de l'ancien collége donnant sur la Berbiziale. Ce collége, appelé *grande école,* se trouvait compris dans le pâté de constructions bâties sur les n°s 105, 106, 107, 108 du plan cadastral.

C'est à l'endroit où la rue de la Berbiziale débouche sur le boulevard de la caserne que se dressaient *la porte et les tours* du nom, autrement dit *Barbigeau*. Ces tours commandaient la route de Clermont.

La gendarmerie occupe l'ancien couvent des sœurs de Sainte-Marie, même ordre que les religieuses de Notre-Dame, établies à Yssoire en 1654. La construction des bâtiments s'était achevée une dizaine d'années plus tard (1665). — La place de la montagne et le marché aux bestiaux sont à côté.

Continuant notre promenade sur la route de Clermont, nous gagnons la côte St-Georges derrière laquelle se trouve le joli château de Verrières qui appartient à la famille Touttée. Nous sommes ici dans une région qui ne manque pas d'intérêt, grâce à la présence de nombreux galets en *fibrolite* dont nous avons déjà signalé la présence dans le ravin des *Combes*, sous le château de *Boulade*.

Ainsi que nous avons eu occasion de le voir, les premiers hommes se sont servi de la fibrolite pour fabriquer une quantité de haches néolithiques en quelque sorte spéciales à notre pays, la Bretagne exceptée.—On a signalé en Auvergne plusieurs gîtes de fibrolite, espèce que l'on croyait originaire de l'Orient et qui fut décrite pour la première fois en 1802 par le comte de Bournon. Elle était connue depuis longtemps sous le nom de grammatite. C'est M. A. Damour, membre de l'Institut et chimiste distingué qui l'a spécifiée le premier. Plus récemment, M. Brihat, conducteur des ponts et chaussées, a retrouvé ce minéral, *in situ*, dans une tranchée ouverte à Pontgibaud pour le passage de la ligne du chemin de fer de Clermont à Tulle. Avec notre ami F. Gonnard, nous avons reconnu les gisements de galets en fibrolite des abords d'Yssoire, bassin de la Couze, et grâce au concours sympathique de M. Bareire, Juge de paix. Nous pensons même que M. Bareire aurait découvert un atelier de polissage au terroir des Combes : cette opinion nous semble confirmée par des trouvailles de fragments et d'ébauches de haches en fibrolite et quartz. Rapprochement remarquable, les *Combes* sont justement situés en prolongement du ravin des *Estouaires*, rendu fameux par les découvertes paléontologiques de A. Bravard, sur le même horizon que Bourbon, Ardeix, Perrier.

Nous sommes enfin au terme de la carrière. Pour tenter l'entreprise, pour la mener à notre but, il a fallu de l'audace et de l'énergie : nous le disons sans fausse modestie.

C'est avec une certaine fierté que nous regardons en arrière le chemin parcouru. Espérons que d'autres feront mieux. Cependant, tout imparfaite qu'elle est, notre œuvre même est la meilleure récompense de nos fatigues : de toutes les jouissances, le travail donne encore la plus complète. Quelqu'il soit en effet, le travail est la satisfaction du plus noble devoir.

En terminant, nous remercions notre ami le capitaine F. Broussouloux pour sa belle vue panoramique du Lembron prise de la butte de Nonette et reproduite avec bonheur par un artiste de talent, notre compatriote Silvain-M., imprimeur-lithographe, rue de l'Hôtel-Dieu, 10 et 13, à Clermont-Ferrand.

Il nous faut maintenant quitter à grand regret nos aimables compagnons de route. Les adieux sont chose bien mélancolique. Séparons-nous donc aujourd'hui, amis lecteurs et touristes, mais avec l'espérance de nous revoir et, si Dieu nous prête vie, de continuer des courses non moins utiles que salutaires.

Fin des Récits d'un Touriste Auvergnat

TABLE DES MATIÈRES

PREMIÈRE PARTIE

Le bassin de la Couze, d'Ardes et le Lembron. Le Dauphiné d'Auvergne.

CHAPITRE Ier. — Vichel- — Le puy de Montcelet et les ruines de son antique forteresse	9
CH. II. — Saint-Gervazy ; son vieux Sully.— La cabane du Loup ou grotte des Fées de Unsac ; souvenirs du dolmen guerrier	16
CH. III. — Augnat ; les débris fossiles de rhinocéros. — Madriat ; Barèges et leurs eaux minérales ; trouvaille de monnaies romaines. — La caverne du Diable. . .	23
CH. IV. — Ardes-sur-Couze. — La seigneurie de Mercœur.	31
CH. V. — Une excursion à Blesle et à Léotoing (Hte-Loire)	39
CH. VI. — Les ruines de Mercœur. — Le Fromental. — Les gorges de Rentières ; coup d'œil rétrospectif sur la géologie de cette région. — La catastrophe du 9 mars 1783.	50
CH. VII. — Les grottes de Strongoux, de la Roche, de Courbières ou Marcousse. — Aperçu préhistorique sur leurs habitants	57
CH. VIII. — La chapelle-sous-Marcousse. — Dauzat-sur-Vodable.	63

Ch. IX. — Saint-Herem et les ruines de son château.— La tour d'Ynard-l'ours 67

Ch. X.— Le pic de Lavoiron. — Le Val des Saints. — Boudes et Sansac.— Collanges.— Saint-Germain-Lembron 72

Ch. XI. — Chalus-Lembron. — Un vieux château féodal et son seigneur. — Tout; Rien 79

Ch. XII. — La chaud de Mezen et de Chalus. — Les Cheyrouses.— Le plateau du Cluzar.— Les caves de la Rode. 37

Ch. XIII. — L'allée des Fades. — La grotte de Fridayre.— Le dolmen de Tablou; la zòma, le Chandeza, l'ancien pagus gaulois. 91

Ch. XIV. — Ages crépusculaires. — Coup d'œil sur les traditions fabuleuses, sur les grandes épopées . . . 94

Ch. XV. — Le vieux Fort et la Tour du Mazet.— Villeneuve-Lembron et son château. — Un trésor 101

Ch. XVI. — Les ruines de Fa-Moura. — Les grottes de Grabié.— Le Mour de Sanha. — Mareugheol et son fort. — Antoingt 107

Ch. XVII, — Vaudable. — Le Dauphiné d'Auvergne. — Robert-le-magnifique, premier dauphin; son palais. . 112

Ch. XVIII. — Le chevalier Peyrols, gentil troubadour, et la dame de Mercœur, sœur du Dauphin d'Auvergne. . 121

Ch. XIX. — Cours d'amour.— Les troubadours des XIIe et XIIIe siècles. — Un poëte de haut lignage.— La langue et l'école des troubadours d'Auvergne; leur influence sur le midi de l'Europe. — Joutes littéraires; le Puy. 127

Ch. XX. — Louis VII le jeune; Henri d'Angleterre. — Philippe-Auguste; Richard, cœur-de-Lion. — Un sirvente du Dauphin d'Auvergne 139

Ch. XXI. — Le Dauphin et le Comte d'Auvergne. — L'Evêque de Clermont.— Coup d'œil historique sur Vaudable et le Dauphiné d'Auvergne. 147

Ch. XXII.— Mallesaigne et les environs de Vaudable. — Ronzières; Tourzel. — Mégemont; les grottes de Malnon. — Le Brugelet et les caves de Flat. — Los Chazau de la Gourby; les Bordes; haches en pierre. — Solignat 155

DEUXIÈME PARTIE

Les environs d'Yssoire, rive gauche de la rivière d'Allier. — Besse et Champeix : leurs montagnes et leurs Couzes ou vallées.

Ch. I. — Bergonne, Gignat, Magaud. — Les zéolithes de la pointe de Spinasse et Ferdinand Gonnard. — Le Broc et son château; pictographies; les grottes de Sangle .	171
Ch. II. — La montagne de Perrier et ses grottes. — Les fossiles de Bravard. — A. Julien et les glaciers du Plateau Central. — Saint-Yvoine ; Sauvagnat ; Boissac et Pardines.	178
Ch. III. — Meilhau ; Chidrac ; St-Cirgues. — Saint-Floret et la grotte ensorcelée. — La vallé de Saurier. — Le val des Loups (Valbleid).	192
Ch. IV. — Ranlaigue et Coteuge. — Saint-Diéry. — Les grottes de Jonas. — Besse-en-Chandèze ; le lac Pavin ; Vassivière. — Les montagnes des Monts-Dore. . .	203
Ch. V. — La vallée de Chaudefour. — Chambon et son lac. — Murols — Senecterre ou Saint-Nectaire. . .	219
Ch. VI. — Le saut de Sailhans ; dolmen. — Verrières — Montaigut-le-blanc et ses environs.	234
Ch. VII. — Champeix et le marchi-di-hall. — Neschers. — Chadeleuf. — Coudes et Montpeyroux.	244
Ch. VIII. — Plauzat ; la Sauvetat ; Authezat. — Coran et son puy célèbre.	250
Ch. IX. — Saint-Saturnin. — Saint-Amand-Tallende. . .	257
Ch. X. — La ville gauloise de Monton et les trois tours de danse ; une Prévôté. — La mésotype de puy Marman. — Les Martres-de-Veyre et les palafittes de Saint-Martial.	264

TROISIÈME PARTIE

Billom, Vic-le-Comte, Sauxillanges, Lamontgie et les campagnes d'alentour.

Ch. I. — Le puy Saint-Romain et son horizon. — Coup d'œil sur Gergovia : Vercingétorix. — Dieu-y-soit. . . . 275

Ch. II. Saint-Maurice. — Laps. — Enval. — Les eaux de Sainte-Marguerite. — Mirefleurs. — Les grottes de la Roche-Noire. — Saint-Georges-ès-Allier. 283

Ch. III. — Buscéol. — Saint-Julien-de-Coppel. — Billom ; Mauzun et Montmorin. 290

Ch. IV. — Sallèdes : Cremps. — Manglieu et son antique abbaye. — Les bois de la Comté. — La Chaux-Montgros. — Mercurol et les deux tumuli guerriers. 304

Ch. V. — Vic-le-Comte, ancienne capitale de la Comté d'Auvergne. La Sainte-Chapelle. 316

Ch. VI. — La butte de Buron et ses ruines ; légende du Garou. — Parent : la motte de Vellièra. — Les ruines du monastère du Bouschet alias Valluisant. . . . 318

Ch. VII. — Le massif de Four-la-Brouque : l'orthose du porphyre quartzifère et Ferdinand Gonnard. — Saint-Babel et sa région ; le Grand Rémond ; la cité préhistorique de Rayat. 342

Ch. VIII. — De Saint-Babel à Perthus. — Orbeil et la butte d'Ybois, — Brenat ; Fiat ; Aulhat : les ruines de la Suchère et le château de Peuchaud. — Sauxillanges. . 349

Ch. IX. — Coup d'œil sur les environs de Sauxillanges. — Usson et la reine Marguerite de Valois. — Le cours inférieur de l'Eaumère : Saint-Remy-de-Chargnat ; Varennes et le temple de Bassa-Gallia ; Parentignat. . 390

Ch. X. — La vallée de Parcelle : le château de Lagrange-Fort ; Saint-Martin-des-Plains ; Bansat et sa croix processionnelle. — Lamontgie ; l'église de Mailhat. — Nonette et Orsonnette. — Le Breuil. — La rive gauche de l'Allagnon : Moriat, Charbonnier, Beaulieu. . . . 377

QUATRIÈME PARTIE

De l'embouchure de l'Allagnon au gour de Blot. — Yssoire.

Ch. I. --- En nacelle! Les rives de l'Allier et la Limagne d'Yssoire. --- Yssoire dans les temps primitifs. --- Saint Austremoine. 397

Ch. II. --- Yssoire après la conquête romaine, sous les Francks et pendant le Moyen-âge. --- Fondations diverses. --- Visites royales. --- Maison romane de la rue de l'Espaillat. 404

Ch. III. --- Yssoire pendant les guerres de religion et de la ligue. 410

Ch. IV. --- Yssoire aux XVIIe et XVIIIe siècles 420

Ch. V. --- L'ancienne abbaye d'Yssoire. --- L'église paroissiale de Saint-Austremoine. 424

Ch. VI. --- Le collège d'Yssoire. --- L'enseignement . . . 432

Ch. VII. --- Aperçu cavalier sur Yssoire au XIXe siècle . . 441

Fin de la Table des Matières

RECTIFICATIONS ET ERRATA

Page 174. — Le gisement des zéolithes n'est pas *exclusivement* lavique (F. Gonnard). Ces minéraux sont aussi filoniens et se trouvent au Harz, à Arendal, au lac Supérieur, etc., associés à des minerais de plomb, d'argent, de cuivre et autres.

Page 181. — A propos des glaciers de l'Auvergne et pour être juste, il convient de rappeler la thèse de A. Julien (1869) intitulée : — Des phénomènes glaciaires dans le plateau central de la France, en particulier dans le Puy-de-Dôme et le Cantal. — L'avant-propos débute ainsi : « *Le point de départ de cette thèse, la découverte du phénomène glaciaire en Auvergne, est une œuvre qui m'est commune avec mon excellent ami EDMOND LAVAL.* » Ed. Laval est un ouvrier de la première heure qu'il ne faut pas oublier pour rendre hommage à la vérité.

Pages 22, ligne 3 *vieiiles*, lire : vieilles ;
    38, — 8 *Promental*, lire : Fromental ;
    40, — 32 *chemiu*, lire : chemin ;
    58, — 7 *Congoussat*, lire : Cougoussat ;
    87, *Chapitre IX*, lire : Chapitre XII ;
    117, ligne 14 *Effrayaute*, lire ; Effrayante ;
    127, — 11 *Pourpuoi*, lire : Pourquoi ;
    141, — 17 *Mécoutent*, lire : Mécontents ;
    142, — 30 *Fraurçais*, lire : Français ;
    156, — 8 *châtean*, lire : château ;
    176, — 9 *bataille*, lire : bataille ;
    176, — 15 *au milieu la*, lire : au milieu de la ;
    186, lignes 4, 6, 15 *d'Authezat*, lire : d'Authérat ;
    192, — 16 *il y a*, lire, il y avait ;
    197, — 12 *dépôts qui*, lire : dépôts que ;
    197, — 23 *silicieux*, lire ; siliceux ;
    211, — 16 *terriblee*, lire : terribles ;
    226, — 24 *colosssal*, lire : colossal ;
    258, — 23 *d'Albanie*, lire : d'Albanie ;
    269, — 24 *introduction*, lire : introduction ;
    300, — 18 *ardinal*, lire : cardinal ;
    311, — 24 *par la*, lire : à la ;
    312, — 9 *restes*, lire : rites ;
    313, — 8 *un vert*, lire : un verre ;
    323, — 20 *inauguration*, lire : inauguration ;
    328, — 1 *de Maise*, lire de Maistre ;
    332, — 6 *qu'il*, lire : qu'il ;
    332, — 10 *l'Allier*, lire : l'Allier ;
    339, — 10 *fille de Jean*, lire : fille de Jean ;
    344, dernière *porphyre*, lire : porphyre ;
    351, ligne 1 *bonne*, lire : bonne ;
    368, — 8 *Rochefaucault*, lire : Rochefoucault ;
    376, — 15 *at*, lire : et ;
    384, — 8 *plur*, lire : plus ;
    402, — 7 *Un*, lire : Un ;
    406, — 6 *c'ets-à-dire*, lire : c'est-à-dire ;

LISTE DES SOUSCRIPTEURS

MM. Bardoux A., Sénateur du Puy-de-Dôme.
    Girot-Pouzol A., — id. —
    Goutay (de Joze), — id. —
    Guyot-Lavaline C., — id. —
    Salneuve, — id. —
    Barrière, chevalier de la Légion d'honneur, député du Puy-de-Dôme.
    Chantagrel, professeur de droit, député du P.-d.-D.
    Guyot-Dessagne, chevalier de la Légion d'honneur, député du P.-d.-D.
    Laville, chevalier de la Légion d'honneur, député du Puy-de-Dôme.
    Reboul, préfet du département du P.-d.-D.
    Bourget Justin, recteur de l'Académie de Clermont-Ferrand.
    Gautheron, sous-prefet d'Yssoire.
    Madame Coiffier Pauline, à Allègre (Haute-Loire).
    De Chirac, Ch., maire d'Antoingt.
    Augée-Dorlhac Ad., notaire à Ardes-sur-Couze.
    Chandezon Jean, propriétaire.
    Cohadon-Grand, id.
    Dupieux Charles, agent-voyer,

Guillaumont Jules, propriétaire.
Martin, percepteur.
Monier E., propriétaire.
L'abbé Chassaigne Cl., chevalier de la Légion d'honneur, curé d'Aurières.
Vacher-Postoly, expert à Authezat.
L'abbé Béal Côme, curé de Bansat.
Bellot François Rapary, maire.
Pipet Antoine-Alfred, notaire à Besse-en-Chandèze.
L'abbé Baraduc J.-M., curé de St-Loup à Billom.
Chevans Antoine, notaire.
Collangettes F., receveur de l'Enregistrement.
Teilhac, L., percepteur.
Auvergnon Auguste, propriétaire à Blesle (Haute-Loire)
Barrès-Chassignard Jean, notaire.
Barrès M., docteur en médecine.
Roussel Alfred et André.
Roux Charles, contrôleur principal des contributions directes en retraite.
Sabatier Jules, greffier du juge de paix.
L'abbé Levadoux François, curé à Brenat.
Béringer-Bénezit, négociant au Breuil.
Méynial, Vital, propriétaire.
Mezin Mallet J., propriétaire.
Fournier-Latouraille, avoué à Brioude (Hte-Loire).
Le Blanc, Paul, propriétaire.
Touchebœuf J., avocat.
Vernière Antoine, avocat.
De Croze, propriétaire à Chassaignes par Paulhaguet.
Anglade Auguste, instituteur au Broc.

LISTE DES SOUSCRIPTEURS

Tixier de Brolac, Henri, à Grezins.
Chabrit Jean, An. maire à Buron.
Travers, propriétaire à Chadeleuf.
Gaillard Raoul à Chamalières.
Batifolier, notaire à Champeix.
Brassier-Planet, propriétaire.
Dourif, pharmacien et maire.
Andrieux, conseiller municipal de Clermont-F[d];
Billiet, Pierre, Percepteur,
Blanc Médéric, directeur des grands magasins *aux Armes de France*.
Bresson, percepteur.
Broussouloux J., capitaine d'Artillerie attaché à l'Etat-major.
Carrès Jules, avocat.
Chantegrellet, avocat.
Charmaison G., employé à la Préfecture.
Chomette F,. juge d'instruction.
Durif, sous-chef de bureau à la Préfecture.
Egal, café de Paris, place de Jaude.
Escot Alfred, étudiant en pharmacie.
Fabry Jean Blanc, chevalier de la Légion d'honneur.
Four, François et Charles, relieurs.
Gasquet A., professeur à la Faculté des lettres.
Girod, Paul, professeur à la Faculté des sciences et à l'école de médecine.
Grenouilleau Auguste, président du tribunal civil.
Guittard, rédacteur à la Préfecture.
Herbault, inspecteur d'académie.
Jaloustre Elie, percepteur.
Jaubert J., receveur municipal.
Julien A.. professeur à la Faculté des sciences.

Kuhn E., s.-bibliothécaire.
Lagoguey A., proviseur du lycée Blaise-Pascal.
Laudouze Antoine, chef de bureau à la Préfecture.
Lenoir, Louis-Joseph, professeur.
Lhéritier Lucien, constructeur.
Maire Albert, bibliothécaire des Facultés et de l'école de médecine.
De Mandet Gabriel, avocat.
Mazen A., percepteur,
Merle, inspecteur de l'enregistrement et des domaines.
Montlouis Georges, imprimeur, chevalier de la Légion d'honneur.
Poiret, chef de bureau à la mairie.
Pradelle E. commis de direction des contributions indirectes.
Renon, notaire.
Roturo Achille, propriétaire.
Rouchon G, archiviste à la Préfecture.
Rougeot E., rédacteur à la Préfecture.
Rousseau, Jean-Baptiste, libraire,
Saint-Rame, Emile, avocat, maire.
Scheffler, chef de division à la Préfecture.
Silvain Charles, imprimeur lithographe.
Vallier Paul, professeur.
Vazeilles F., avoué.
Veyssières Léon, sous-chef de bureau à la Préfecture.
Veysseyre J., conseiller municipal.
Viallefond Paul, secrétaire général de la section d'Auvergne du club alpin, président de la Société de tir du P.-d.-D.
Vimont, bibliothécaire de la ville de Clermont-Fd.

Vernet Jean Quesne, propriétaire à Coran.

L'abbé Viallet, curé.

Borel Pierre Courtial, coiffeur à Coudes.

Dusson Louis Ravel, vétérinaire.

Milon Dupuy de la Grand'Rive, vice-président du tribunal civil de Dijon (Côte-d'or).

Des Roys (le marquis) Ernest-Gabriel propriétaire à Eschandelys.

Genébrier Antoine, notaire.

Sauvat Antoine, instituteur à Flat.

Sauzegros Jean à Girard, maire.

Bibliothèque populaire de Gannat (Allier),

Tardy Jean, trésorier de la caisse d'épargne.

Imberdis Louis, percepteur à Herment.

Chauvet Jean Lostal, maître d'hôtel à Lamontgie.

Robin Frank Ribeyre, propriétaire.

Souligoux François Faury, maire.

Depailler-Besseyre, officier de l'instruction publique, instituteur à Laps.

L'abbé Gillet, curé.

Vacher Michel, maire et expert.

Gonnard F., ingénieur des Arts et manufactures à Lyon (Rhône).

De la Rochette J. au château d'Auger, Manglieu.

Madame Grillet-Rougier Marguerite à Marnand (Rhône).

Bertrandon Léon-Michel, notaire aux Martres-de-Veyre.

Jouandon, Anatole, avocat.

Rodier J.-B.-Georges, percepteur.

Robe Léonce, notaire à Mauzun.

Chosson-Pallier Alexandre, maire de Mirefleurs.

Dugnas Antoine, instituteur.
Monange Emmanuel, percepteur de Montaigut-en-Combrailles.
Fraisse-Regnier, propriétaire à Montpeyroux.
Tardif Jean Faure, propriétaire.
Amilhon, maire de Montaigut-le-Blanc.
Chabory Léon, conseiller général de Veyre, maire du Mont-Dore.
Vaissière Henri, percepteur à Moulins (Allier).
Dupuy de la Grand'Rive René à Neschers.
L'abbé Fayolle, curé.
Mouillard Henri, propriétaire.
Laparnoncie, instituteur à Orcines.
Queyrat Jules, maire.
Courtine Jean Hélias, courtier au pont d'Orbeil.
Augier Antoine Chouvet, fabricant de chaux à Orsonnette.
Chabrit Jean Verdier-Carme, maire de Parent.
Montagnon, entrepreneur de travaux publics.
Perrin, Joseph, instituteur.
Boyer-Terrisse H., négociant, maire de Parentignat.
De Lastic Jean (le comte) au château.
Bouton Louis, graveur à Paris.
De Faugère A.. attaché au Ministère des affaires étrangères.
Lagé A. Aglaé, propriétaire.
L'abbé Ronayette, curé de Pardines-Perrier.
Giraudon Jean, entrepreneur, maire de Perrier.
Pressoir Joseph Pœuf, fabricant de chaux.
Roux, Léopold, propriétaire.
Bonneton Joseph, conseiller à la cour d'appel de Riom.

LISTE DES SOUSCRIPTEURS

Mars C., conseiller à la cour d'appel.
Voyret Gaston, percepteur.
Portenseigne Emile, négociant à Romorantin (Loir-et-Cher).
Girard Alexis, propriétaire à Saint-Amand-Tallende.
Burin-Desroziers O., avocat, maire de Saint-Babel.
Madame Collas Jules, propriétaire.
Gallet-Omaly, instituteur.
Roucher Jean Gauthier, propriétaire.
Roux Maxime, propriétaire au château du Buisson.
De Montgolfier, ancien sénateur, directeur des hauts fourneaux, forges et aciéries de la marine à Saint-Chamond (Loire).
Bony-Cisternes, conseiller d'arrondissement, maire de Saint-Cirgues.
Boudat Jules, maire de Saint-Floret.
Félidas Joseph, propriétaire à St-Germain-Lembron.
Gérard Félix. propriétaire.
Groisne Victor, receveur de l'enregistrement.
Mosnier A., percepteur.
Rouveix-Lhéritier M., docteur en médecine.
Tournadre G.-J., docteur en médecine.
Triozon Adrien, propriétaire.
Verdier Elie, avocat.
Vidal François, juge de paix,
Duché Marie, institututeur à St-Remy-de-Chargnat.
F. de Saint-Mande E., au château du nom à Saint-Yvoine.
Gros Jean, fabricant d'huile à Salon (Bouches-du-Rhône).
Andraud Jean, avocat à Sauxillanges.
Brun Francisque, notaire.

Brun Maurice, notaire honoraire, maire.
Force Victor, docteur en médecine.
Tournadre Jérôme, directeur de l'école communale.
Jay Philibert, maire de Sayat.
L'abbé Voldoire, Maurice, curé du Valbeleix.
Andraud Jean, Juge de paix de Sauxillanges à Varennes.
Chautard Louis, maire de Vaudable,
Bélident H., propriétaire à Vic-le-Comte.
Bernardin Louis, propriétaire.
Besseyre, distillateur.
Bonjour Antoine Solois, propriétaire.
Bonjour Eugène, propriétaire.
Boste Baptiste (café Baptiste).
Cormier, docteur en médecine.
Mme Duvernin Angéline, propriétaire.
Fabre-Combette, pharmacien.
Faucher Guillaume, agent-voyer.
François-Camille Etienne, conseiller d'arrondis[mt].
Gaillard P., directeur de l'école communale.
Gardel Eugène Pradat, percepteur.
Gauthier Joseph Mally, conseiller municipal.
Genestoux, docteur en médecine.
Jay Jean, percepteur.
De Lamolinière G., notaire.
Mallet Jean-Baptiste, notaire.
Monget Antoine Solois, propriétaire.
De l'Ombre Armand, propriétaire.
De l'Ombre Paul, propriétaire.
Pintrand, boulanger.
Quayret Antoine, vétérinaire.
Mlle Rougier Caroline, propriétaire.

LISTE DES SOUSCRIPTEURS

Valeix-Fauriat, notaire, f.f^{ons} de maire.
Auzat B.-B. professeur à Villeneuve-Lembron.
Haudour Jules propriétaire à Yronde.
Alliotaux L., avoué à Yssoire.
Anglaret François, notaire stagiaire.
Audibert P., notaire, conseiller général.
Auwerter-Herrier, agent d'affaires.
Bareire Jérôme, juge de paix.
Barissat, Charles Maucourt, garde-champêtre.
Barland Joseph, employé de la Sous-Préfecture.
Bibliothèque du collège.
Boëtte, agent d'assurances.
Borne, architecte.
Bouchet A., avocat.
Bounoure-Bienfait L., boucher.
Brunel, directeur de l'école communale.
Charles, sous-inspecteur de l'enregistrement.
Chassaing Norbert, architecte.
Cheminat Jean-Baptiste-Félix, avoué.
Clément Léonce, président honoraire du tribunal civil, chevalier de la Légion d'honneur.
Combris Florent, substitut du Procureur de la République.
Cottier Etienne, (grand café Laporte).
Couillard Valéry-Gaston, docteur en médecine.
Coupat Julien, docteur en médecine.
Delbos Pierre, professeur au collège.
Dumontier Prosper, notaire stagiaire.
Egal-Tible, grand hôtel de la Poste.
Fauchery V., Président du tribunal civil.
Faure Michel, agent-voyer d'arrondissement.
Faure, avoué.

Felut-Estape, négociant.
Florand François, négociant.
Fouilloux Georges, propriétaire.
Foureau Henri-Félix, conducteur des P^{ts}.-et-Ch^{es}.
Fournier A., huissier.
Fournier Elie, greffier du tribunal civil.
Garenne François, avoué.
Gauttier-Faugères, maire, conseiller d'arrondissem^{nt},
Genébrier, agent-voyer.
Girard-Courtille, juge du tribunal civil.
Grangier Charles, vérificateur des poids et mesures.
Grosseuil, agent-voyer.
Guimbal Etienne, architecte.
Guittard, principal du collège.
Hardy Th.-Joseph, ancien sous-préfet.
D'Hauterive George (le comte) au château du nom.
Hervieu, Adrien, notaire (Pont-de-Veyse — Ain).
F. Hilduard Louis, directeur des F.F.
Laroche Désiré, percepteur-surnuméraire.
Laurent F., avocat.
Lebreton André, percepteur-aspirant.
Lieb L., marchand de fers.
Loche Amédée, banquier.
Loussert, avoué.
Martial Pierre.
Mazet-Pommeyrol, négociant.
De Missiessy Jehan (le vicomte).
Morand Alexandre, ancien notaire.
Morand fils, notaire.
Morizot Ch., procureur de la République.
L'abbé Murol G., vicaire.
Ondet F., avoué.

Parrain Guillaume Rigollet, maître d'hôtel.
Pascal, notaire.
Passion O., juge suppléant au tribunal civil.
Pautonnier, Louis-Antoine.
Petit, huissier.
Peyrend-Jalady, J-L., bijoutier.
Raynard, receveur municipal.
Redon, chef de bureau à la Sous Préfecture.
Renard Jean-Louis, vétérinaire.
Renier Ed., receveur particulier des Finances, chevalier de la Légion d'honneur.
Rouillac Etienne, professeur au collège.
Roussel, vétérinaire,
Roux Ferdinand, avocat.
Sanvoisin H., inspecteur primaire.
Sauret Claude, juge honoraire.
Talobre, Auguste, pharmacien.
Tézenas du Montcel Henri, percepteur.
Tézenas du Montcel Léonce Vernière, propriétaire.
Toulot A., photographe.
Tournadre Eugène, pharmacien.
Touttée Emilien, propr^{re} au château de Verrières.
Trillon, grand café du Globe.
Védrine Annet, huissier.
Veisseyre Emile, juge d'instruction.
Veyrières Paul, propriétaire.
Vèze-Gauttier J., entrepreneur.
Vieillard, agent-voyer.
Vimal Joseph, propriétaire.

Auzelles, Chambon, Eglisolles, Grandval, St-Martin-des Ormes, Novacelle, St-Pierre-la-Bourlhonne, Valcivières.

Aydat, Billom, Bongheat, St-Bonnet-près-Orcival, Bort, Bourg-Lastic, Busséol, Ceyrat, Chamalières, Chanonat, Chas, Cournols, St-Dier, St-Flour, St-Georges-ès-Allier, Isserteaux, Lussat, Manglieu, Les Martres d'Artière, Les Martres-de-Veyre, Mazayes, Mezel, Mirefleurs, Moissat, Murat-le-Quaire, Orcines, Orcival, Parent, Pérignat-les-Sarliève, Pignols, La Roche-Blanche, La Roche-Noire, Sallèdes, St-Sandoux, Saulzet-le-Froid, La Sauvetat, Sayat, Sugères, Tortebesse, Le Vernet-Ste-Marguerite, Vertaizon, Vic-le-Comte, Yronde-et-Buron.

Ars, Bas-et-Lezat, Beauregard-Vendon, Bussière-près-Pionsat, Bussières-et-Pruns, Champs, Chapdes-Beaufort, Charbonnier-les-Varennes, Charbonnier-les-Vieilles, Château-sur-Cher, Châteaugay, Chavaroux, Combrailles, Combronde, La Crouzille, St-Denis-Combanazat, Effiat, St-Eloy-les-Mines, St-Genès-l'enfant, Saint-Gervais, Gimeaux, La Goutelle, Gouttières, St-Hilaire-la-Croix, Mauzat, St-Maurice-près-Pionsat, Moureuille, Saint-Ours, Saint-Pardoux, Pessat-Villeneuve, Pionsat, Pontaumur, Randan, Varennes-sur-Morge, Villneuve-les-Cerfs, Virlet.

Néronde.

Aulhat, Bergonne, Besse, Brenat, Breuil, Broc, Chadeleuf, Champeix, Chambon, Charbonnier, La Chapelle-Marcousse, Chidrac, Collanges, Compains, Coudes, Courgoul, Dauzat-sur-Vaudable, Egliseneuve-d'Entraigues, Flat, Gignat, Grandeyrolles, Issoire, Ludesse, Madriat, Nonette, Orbeil, Orsonnette, Pardines, Perrier, Picherande, Rentières, Saint-Alyre-ès-montagne, Saint-Babel, St-Cirgues, St-Donat, St-Genès-Champespe, St-Gervazy, St-Hérent, St-Jean-en-Val, St-Martin-des-Plains, St-Pierre-Colamine, St-Remy-de-Chargnat, St-Victor-la-Rivière, Saurier, Solignat, Ternant, Usson, Vaudable.

Isssoire. — Imprimerie CLAUDIUS CAFFARD, 15, Boulevard de la Manlière.

OUVRAGES DU MÊME AUTEUR

Le Polonisme latin, le Panslavisme moskovite et l'Europe, 1863 (épuisé).

Boutade d'un Etudiant auvergnat, 1866 (épuisé).

Souvenirs d'Auvergne et impressions de jeunesse, 1867 (épuisé).

Histoire de la Comté d'Auvergne et de sa capitale Vic-le-Comte (1re édition), 1868 (épuisé).

32me RÉGIMENT de MOBILES. — Histoire du Bataillon de Riom : Campagnes de la Loire et de l'Est (1870-1871) (épuisé).

Tableau des Outils et Haches en pierres polies, recueillis dans les environs d'Yssoire, 1885 (épuisé).

Histoire de la Comté d'Auvergne et de sa capitale Vic-le-Comte (2e édition avec 14 gravures inédites) 1887. — Prix 6 francs.

www.ingramcontent.com/pod-product-compliance
Lightning Source LLC
Chambersburg PA
CBHW070601230426
43670CB00010B/1369